Bendix & Pawelczyk · Fußballheimat Sachsen-Anhalt

Michael Bendix & Peer Pawelczyk

Fußballheimat Sachsen-Anhalt

100 Orte der Erinnerung

Arete Verlag Hildesheim

Die Autoren

Michael Bendix, geboren 1971, hat sich sein Fußballrüstzeug bei der BSG Chemie Leuna Halle-Neustadt geholt.

Peer Pawelczyk, geboren 1979, spielte 20 Jahre aktiv für die SG Union Sandersdorf und den FSV Löberitz.

Druckerzeugnis
www.natureOffice.com/DE-703-MNSC8C9
klimaneutral
durch CO2-Ausgleich

Bibliografische Information der Deutschen Nationalbibliothek
Die Deutsche Bibliothek verzeichnet diese Publikation in der Deutschen Nationalbibliografie; detaillierte bibliografische Daten sind im Internet über http://dnb.ddb.de abrufbar.

Layout, Satz und Umschlaggestaltung: Composizione Katrin Rampp, Kempten
Fotos: Cover: Peer Pawelczyk (Stadion des Friedens - Braunsbedra); Klappen: Michael Fuhrmann und Peer Pawelczyk; Fotos 7, 33, 72, 76, 82, 83: Michael Fuhrmann; Fotos 26 und 60: Dirk Schulz; Foto 31: Patrick Pysall; Foto 52: Christian Sauer; Foto 88: Mike Sachse; Foto 95: Petra Pawelczyk; Fotos 96 und 97: Oliver Tille; Fotos 100: Stadtarchiv Zörbig; alle anderen Fotos: Autoren
Titelfoto: Stadion des Friedens in Braunsbedra
Grafiken: Matthias Hunger
Druck und Verarbeitung: Color+, Holzminden
ISBN: 978-3-96423-102-4

Inhaltsverzeichnis

Seite

Vorwort

Als aufmerksame und begeisterte Leser dieser Bücherreihe war es uns nicht entgangen, dass bisher noch keine Ausgabe über unsere Heimat Sachsen-Anhalt veröffentlicht wurde. Wenn man alle Bundesländer aufzählen müsste, würde den meisten wahrscheinlich ausgerechnet Sachsen-Anhalt als Letztes einfallen, obwohl es sowohl kulturgeschichtlich und auch landschaftlich sehr viel zu bieten hat. Solch eine Dichte an UNESCO-Weltkulturerben gibt es in keinem anderen Bundesland. Aber es ist eben auch eins von nur zwei Bundesländern, die noch nie einen Verein in der 1. Bundesliga hatten.

Die Fußballhochburgen befinden sich natürlich in den beiden größten Städten Magdeburg und Halle. In der Landeshauptstadt Magdeburg ist der einzige Europapokalsieger aus der ehemaligen DDR beheimatet. Solch weltbekannten Fußballidole wie der DDR-Rekordnationalspieler Joachim Streich, der WM-Torschütze Jürgen Sparwasser und Dauerbrenner Wolfgang Seguin liefen in Blau-Weiß auf. In Halle an der Saale hießen die erfolgreichen Vereine zunächst Wacker, dann Turbine und später VfL 1896 Halle und natürlich der HFC. Dessen Vereinslegende Klaus Urbanczyk wurde anno 1964 sowohl Fußballer als auch Sportler des Jahres in der DDR. Doch auch in den kleineren Städten und Gemeinden wurden viele eigene Erfolgsgeschichten geschrieben, ob bei Lok Stendal in der Altmark, oder in Völpke inmitten der Magdeburger Börde, in Wernigerode im Harz, in Eisleben im Mansfelder Land oder in Merseburg im Mitteldeutschen Chemiedreieck.

In Gesprächen mit den Vereinsverantwortlichen und Ehrenamtlichen spürten wir die Liebe und das Engagement, aber auch die Verbundenheit mit ihren Sportvereinen. Ohne sie könnte der Fußball an der Basis nicht existieren. Leider hat auch Sachsen-Anhalt mit dem demografischen Wandel und einem Bevölkerungsrückgang zu kämpfen, was die Fußballvereine ebenfalls zu spüren bekommen. Fehlende Jugendmannschaften und viele Spielgemeinschaften sind die Folge. Aber die Begeisterung beim Fußballsport ist ungebrochen.

Abtsdorf 001

Sportplatz am Hang

SV Graf Zeppelin 09 Abtsdorf

Am Rande einer Wohnsiedlung am Ortsrand Abtsdorf bei Wittenberg, wo noch Anfang des 20. Jahrhunderts ein Feld war, steht heute ein Erinnerungsstein. Er erinnert an den bedeutendsten Moment der Ortsgeschichte, als an jener Stelle die „fliegende Zigarre“, das Luftschiff Zeppelin Z III, am 30. August 1909 wegen eines Propellerschadens auf dem Rückweg von Berlin nach Friedrichshafen notlanden muss. Hier findet damals eine vielbeachtete Reparatur am Boden statt, was unzählige Schaulustige aus der nahen Umgebung anlockt. Als sich das Luftschiff am Abend wieder in Bewegung setzt, ahnt noch keiner, dass nur wenige Tage später aus dieser spektakulären Landung ein Fußballverein mit dem Namen SV Graf Zeppelin 09 Abtsdorf hervorgeht.

101 Jahre später, ein neues großartiges Ereignis. Der Verein möchte sein neues schickes Vereinsgebäude eröffnen und hat die Uwe-Seeler-Traditionself geladen. Der Verein feiert vor der Rekordkulisse von fast 2.000 Zuschauern sich selbst und einstige Bundesligahelden wie Frank Mill, die am Ende mit 10:4 gegen die „Grafen“ gewinnen. Um den Sieg geht es aber nicht, eher um den Spaß und die Freude, mit einem gebührenden Anlass die Einweihung des neuen Sportler- und Funktionsgebäudes zu zelebrieren. Am markanten Haus thront ab da ganz groß und in den Farben des Vereins der Fußballleitspruch „You never walk alone“, und dieser Spruch hat abgesehen vom abwechslungsreichen Vereinsleben, die Kicker sportlich in die Landesklasse gebracht, was bei der Einwohnerzahl von 1.202 aller Ehren wert ist.

Auch mit den sportlichen Großen des Landes wie dem 1. FC Magdeburg und dem Fußballverband legte man sich schon kurzzeitig mächtig an, wenn auch nur in einem Rechtsstreit, in welchem die Frage nach dem Pokalsieger 2021 des Landes Sachsen-Anhalt hinterfragt werden sollte. Nach einer kleinen Entschädigung und konstruktiven Gesprächen kam es zu einer einvernehmlichen Lösung und „Graf Zeppelin flog weiter“.

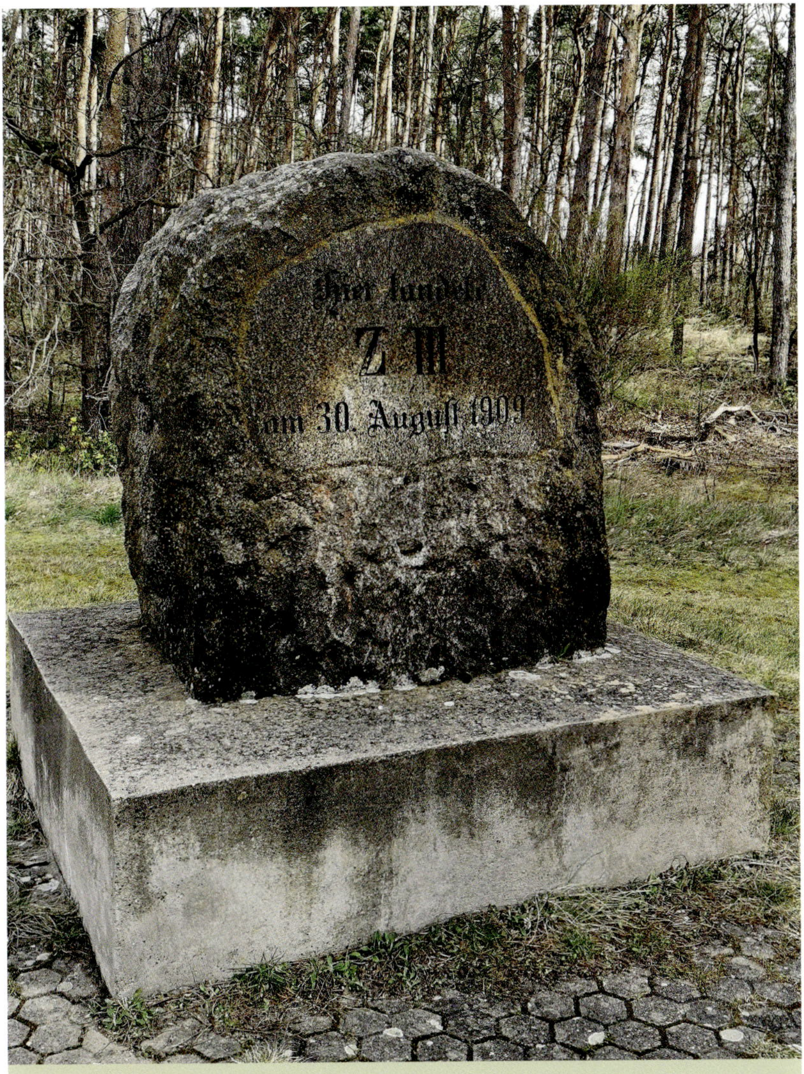

HARTE 4 FAKTEN

Adresse: Am Hang, 06888 Lutherstadt Wittenberg-Abtsdorf

Kapazität: 1.500

Gedenkstein: Am Zeppelinberg, ca. 1 km vom Sportplatz

Vereinsfarben: Gelb-Schwarz

Sportzentrum Peter Müller

Mit Montanwachs zu beachtlichen Erfolgen

Schon von Weitem, wenn man die B80 von Halle kommend Richtung Mansfelder Land entlangfährt, entdeckt man aus der Ferne den 170 Meter hohen Schlot der „Romonta", dem weltgrößten Hersteller von Montanwachs. Hier bei Romonta wird im eigenen Tagebau Braunkohle abgebaut, welches zu Montanwachs veredelt wird. Im Windschatten dessen wird seit 1921 Fußball gespielt. Im Gasthof Hecht als 1. FC Eintracht Amsdorf gegründet, spielt man in den ersten Jahren sportlich keine Rolle. Im Zuge der Neuorientierung nach dem Zweiten Weltkrieg treten die Amsdorfer 1948 erst unter dem Namen BSG Glückauf Amsdorf an, ab 1952 dann als BSG Aktivist Amsdorf. Unter diesem Namen zieht der Verein 1953 in die Bezirksliga Halle, damals dritthöchste Liga der DDR, ein, wo man bis 1960 beachtliche Erfolge erzielt. Unter anderem erreicht der Verein 1957 große Beachtung, als die vierte Runde im FDGB-Pokal erreicht wird, wo erst nach Verlängerung gegen den Oberligisten SC Lokomotive Leipzig Schluss ist.

Nach dem Abstieg in die Bezirksklasse steigt die BSG Mitte der 70er-Jahre nochmals in die Bezirksliga auf, schaffte es aber nicht mehr, durchgängig die Qualität zu halten, und konnte sich erst nach der Wiedervereinigung, jetzt unter dem Namen 1. FC Eintracht Romonta Amsdorf, sportlich wieder stabilisieren. Da das Unternehmen Romonta und der Verein eine Partnerschaft bildeten, heißt der Klub seit 1998 nur noch 1. FC Romonta Amsdorf. Im Jahr 1996 ein schwerer Schicksalsschlag, als das Vereinsheim komplett niederbrennt und viel historisches Vereinsinventar vernichtet wird.

Der Landesmeistertitel Sachsen-Anhalts in der Saison 2018/19 ist dann der absolute Höhepunkt. Das größte Spiel der Vereinsgeschichte fand aber bereits im Jahr 1974 statt, als eine mit zahlreichen Amsdorfern bestückte Mansfelder Auswahl auf dem Amsdorfer Sportplatz vor 3.500 Zuschauern den frisch gebackenen Europapokalsieger aus Magdeburg begrüßt und nur 3:4 verliert. Kürzlich der Schock, als der Verein aus der Verbandsliga absteigt und auf Kreisebene einen absoluten Neubeginn wagt. Dafür: „Glück auf"!

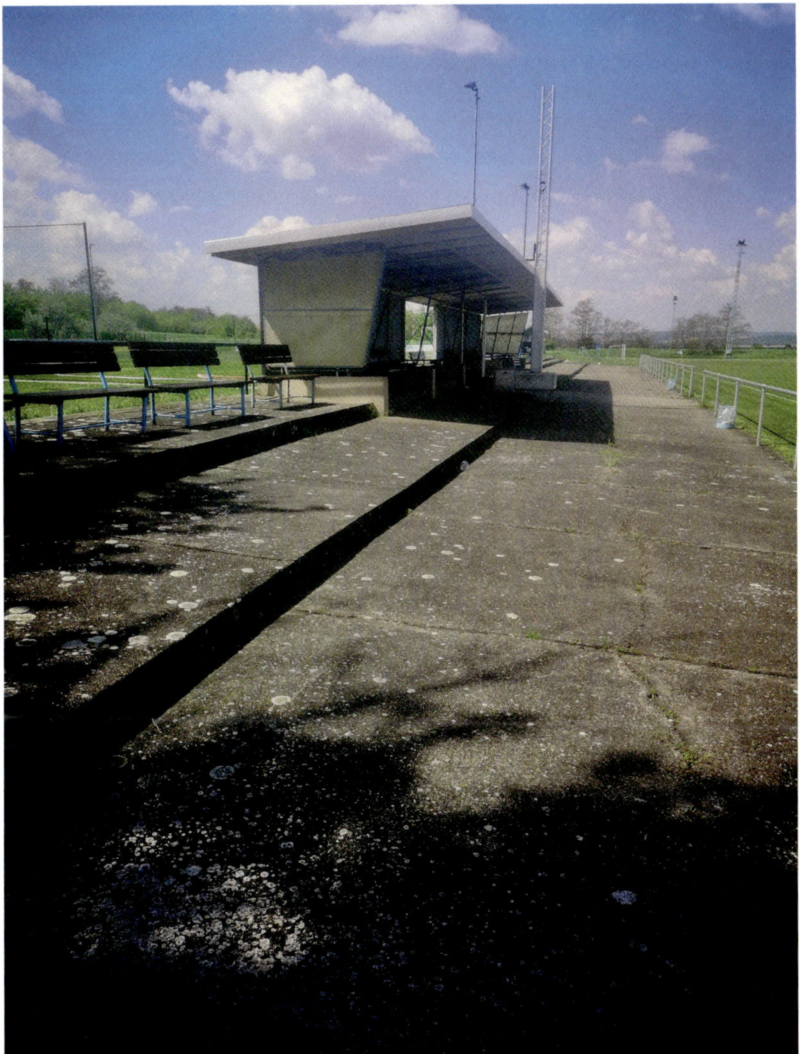

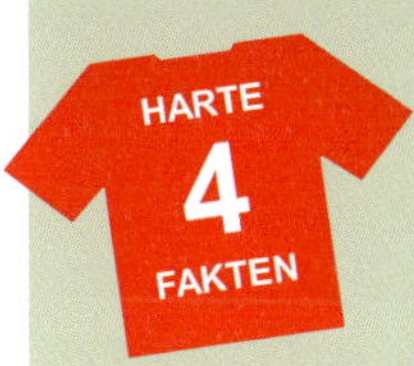

Adresse: Hauptstraße 29, 06317 Seegebiet Mansfelder Land

Deutscher Meister im Verein: Ivica Banovic

Ewige Verbandsligatabelle: erster Platz im Land

Persönlichkeiten: Günter „der Schwede" Riedl und Kurt Vorkauf (Trainer)

Sportanlage Wilslebener Straße

Eine Stadt mit viel Fußballgeschichte(n)

Aschersleben ist die älteste urkundlich erwähnte Stadt Sachsen-Anhalts und war Stammsitz der Askanier, einem altsächsischen Hochadelsgeschlecht. So ist es nicht verwunderlich, dass auch einer der ersten Fußballvereine der Stadt den Namen FC Askania Aschersleben trug. Trotz einer Vielzahl anderer Vereine wie SpVgg 08, SV Teutonia, FC Britannia und dem 1. FC Burgund war Askania der erfolgreichste bis zu seiner Auflösung 1945. Die neugegründeten Sportgemeinschaften nannten sich wie in der DDR üblich Stahl, Dynamo, Rotation, Fortschritt und Lokomotive. Aus der BSG Stahl wurde 1952 nach dem Wechsel des Trägerbetriebs die BSG Motor Aschersleben.

1957 kehrte Reinhard Gehlhaar in seine Heimatstadt zurück, die er als 17-Jähriger aufgrund seiner fußballerischen Leistungen verlassen hatte. Mit der BSG Fortschritt Meerane und dem SC Lokomotive Leipzig spielte er in der Oberliga. Bei der BSG Motor Wismar war er mit 13 Saisontoren bester Torschütze des Teams in der II. DDR-Liga 1956. Mit Motor Aschersleben stieg er 1957 erst in die Bezirksliga Halle und zwei Jahre später sogar in die II. DDR-Liga auf. Als Neuling wurde man dort auf Anhieb Tabellenvierter. Nach insgesamt drei Spielzeiten folgte 1963 der Abstieg. 1966 beendete Reinhard Gehlhaar seine Fußballkarriere.

Sein Sohn Roland hatte sein Talent geerbt und spielte zunächst beim Halleschen FC und danach mit Motor Nordhausen und Dynamo Eisleben in der DDR-Liga. Im Jahre 1989 wechselte er zu Motor und konnte mit dessen Nachfolgeverein, dem 1. FC Aschersleben, 1994 in die Oberliga Nordost aufsteigen. Leider konnte diese Klasse wie auch beim zweiten Anlauf 1998/99 nicht gehalten werden. In der Verbandsliga Sachsen-Anhalt verweilte der 1. FC Aschersleben anschließend noch bis 2001. Danach folgte der langsame Abstieg bis in die Kreisoberliga des Salzlandkreises. Nach der Saison 2010/11 wurde der Verein aufgelöst.

Auf der altehrwürdigen Sportanlage an der Wilslebener Straße ist heute der SV Rotation beheimatet, der 2014 sein eigenes Sportgelände auf der gegenüberliegenden Straßenseite, die einstige Spielstätte vom FC Askania, aufgeben musste, da es in ein Regenrückhaltebecken umgewandelt wurde.

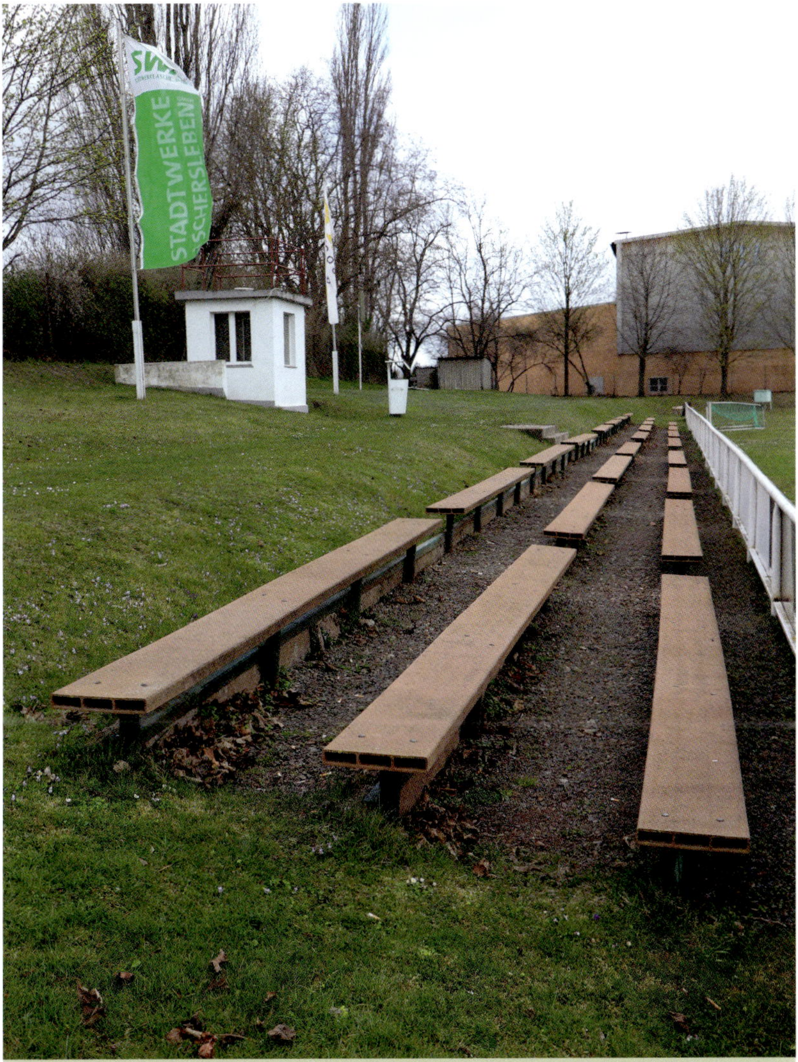

HARTE 4 FAKTEN

Landkreis: Salzlandkreis

Adresse: Wilslebener Straße 1, 06449 Aschersleben

Fassungsvermögen: 5.000

Eröffnung: 7. September 1941 als Billeter-Stadion

Anton-Zinner-Sportstätte

SG Blau-Weiß Bad Kösen

Wer Ruhe und Erholung sucht, ist im beschaulichen Bad Kösen inmitten seiner prächtigen Kuranlagen entlang der Saale bestens aufgehoben. Seit 1935 als Heil- und Badeort anerkannt und seit 2010 von der Stadt Naumburg eingemeindet, bietet Bad Kösen wertvolle Gelegenheit für stressfreie Auszeiten. Geht man zu Fuß am 325 Meter langen Gradierwerk oberhalb des Ortes entlang, kommt man zur nach dem ehemaligen Bürgermeister (1953–1974) benannten Anton-Zinner-Sportstätte, wo Blau-Weiß Kösen beheimatet ist. Anton Zinner ist es zu verdanken, dass Anfang der 70er-Jahre das Stadion gebaut wurde und der ehemalige Sportplatz unten an der Saale beim heutigen Campingplatz verlassen werden konnte.

Offiziell wird in Bad Kösen bereits seit 1920 Fußball gespielt. Als VfB Rudelsburg am 7. Juli 1919 ins Leben gerufen, ist man heute noch stolz auf den Sieg im ersten offiziellen Spiel, ein Jahr nach Gründung, als der Naumburger SV mit 5:4 bezwungen werden konnte. Ein Sieg gegen die Konkurrenz aus der „großen" Stadt nebendran zählt halt immer doppelt.

Die Vereinsnamen verändern sich in den Jahren, über Blau-Gelb bis zur SG Medizin in der DDR. Ab 1991 wird der heutige Name aktuell. Sportlich in Erscheinung tritt der Verein zuletzt 2022, als die Herrenmannschaft in die Landesklasse aufsteigt.

Eines fällt beim Betreten der Anlage sofort ins Auge: Auf einem der Trainerbänke prangert der auffällige Schriftzug „Ultras Schulpforte", was auf das nahe Zisterzienserkloster hindeutet. Eine Art Spaß für zwei ältere Brüder aus Schulpforte, die so ihre eigene überdachte Tribüne haben. Also nichts mit heißblütigen Ultras, die den Verein in allen Lebenslagen unterstützen. Dennoch hat auch der einzige Fußballverein Bad Kösens mit rund 170 Mitgliedern und 8 Teams im Spielbetrieb treue, langjährig tätige Ehrenamtliche. Folgt man dann dem malerischen Saaleradweg südlich vom Fußballplatz, grüßen Burg Saaleck und die Rudelsburg, wo das bekannte Volkslied „An der Saale hellem Strande" das Licht der Musikwelt erblickte.

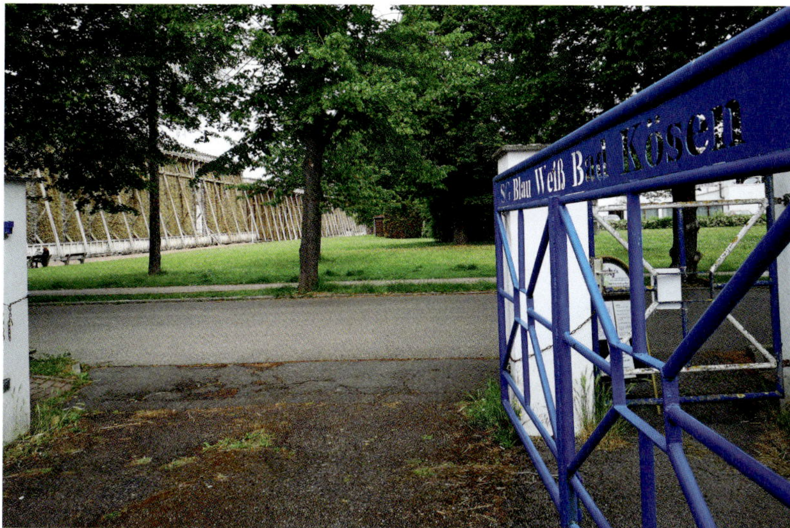

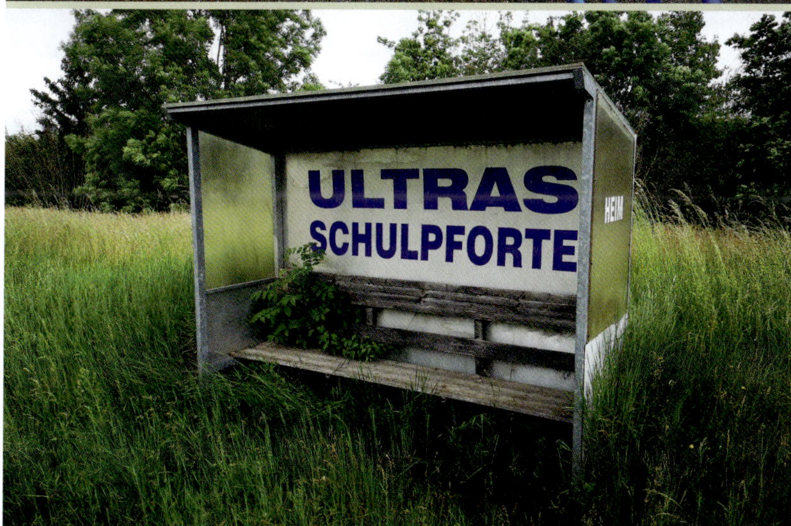

HARTE 4 FAKTEN

Adresse: Hufelandstraße 1, 06628 Naumburg / Bad Kösen

Andere Sparten: Kegeln, Judo, Gymnastik, Reha-Sport

Clubheim-Empfehlung: „Discos“ Currywurst

Erfolge: Kreispokalsieger Burgenland 2013 und 2015

Sportanlage an der alten B80

FSV Bennstedt: Mit Herthinho auf Augenhöhe

Es ist der 23. Mai 2003, Abpfiff im flutlichtaufgehellten Kurt-Wabbel-Stadion in Halle. Die Spieler vom FSV Bennstedt wissen nicht, ob sie träumen. Zum einem hat der FSV gerade dem Bundesligisten Hertha BSC halbwegs mit 1:7 getrotzt und zum anderen saß kein geringerer als Udo Lattek auf ihrer Auswechselbank und gab Anweisungen. Und dann spielte der FSV zum Schluss auch noch gegen einen völlig „übermächtigen" Gegner, als Hertha-Trainer Stevens die große Endoffensive mit der Einwechslung des pelzigen Hertha-Maskottchens Herthinho einläutete. Für alle Beteiligten ein Riesenspaß, nur für das „Innenleben-Mensch" der Puppe eine schweißtreibende Angelegenheit. Das größte Spiel der Vereinsgeschichte hatte der Verein aus Bennstedt in einem Gewinnspiel ans Land gezogen. „Warum Hertha BSC ausgerechnet …", so lautet die Frage, die der Verein zu pfiffigen Antworten animierte, um dann einer Jury um Barbara Schöneberger zu gefallen. Da der kleine Sportplatz den Machern des Sportfernsehens für eine Übertragung zu klein ist, wird mit dem Spielort Halle Ersatz gefunden. Sonderbusse bringen fast alle der 1.500 Einwohner in die 10 Kilometer entfernte Großstadt. Keiner will dieses Ereignis verpassen.

Fußball hat in Bennstedt Tradition. In den 1920er- und 30er-Jahren gab es sogar zwei Vereine im Ort. Rot-Weiß Bennstedt und VfR Bennstedt, wobei ersterer wegen seiner Gesinnung 1933 von den Nationalsozialisten verboten wurde. Den Erzählungen nach vergruben die Rot-Weißen ihre Trikots, Bälle und Fahnen nachts im Lieskauer Feld. Der Sportplatz diente während des II. Weltkrieges als Kartoffelacker der Grundversorgung der Bevölkerung. Nach dem Krieg wurde der VfR aufgelöst. Der örtliche Verein hieß nun nacheinander SG Bennstedt, BSG Traktor Bennstedt und BSG Aktivist Bennstedt.

Nach der „Wende" wurde der FSV Bennstedt gegründet. Seit vielen Jahren schafft man es, sich in der Landesliga zu etablieren und die Vereinsarbeit mit Leben zu füllen. Es wird nach 20 Jahren Zeit für ein Rückspiel – Herthinho?

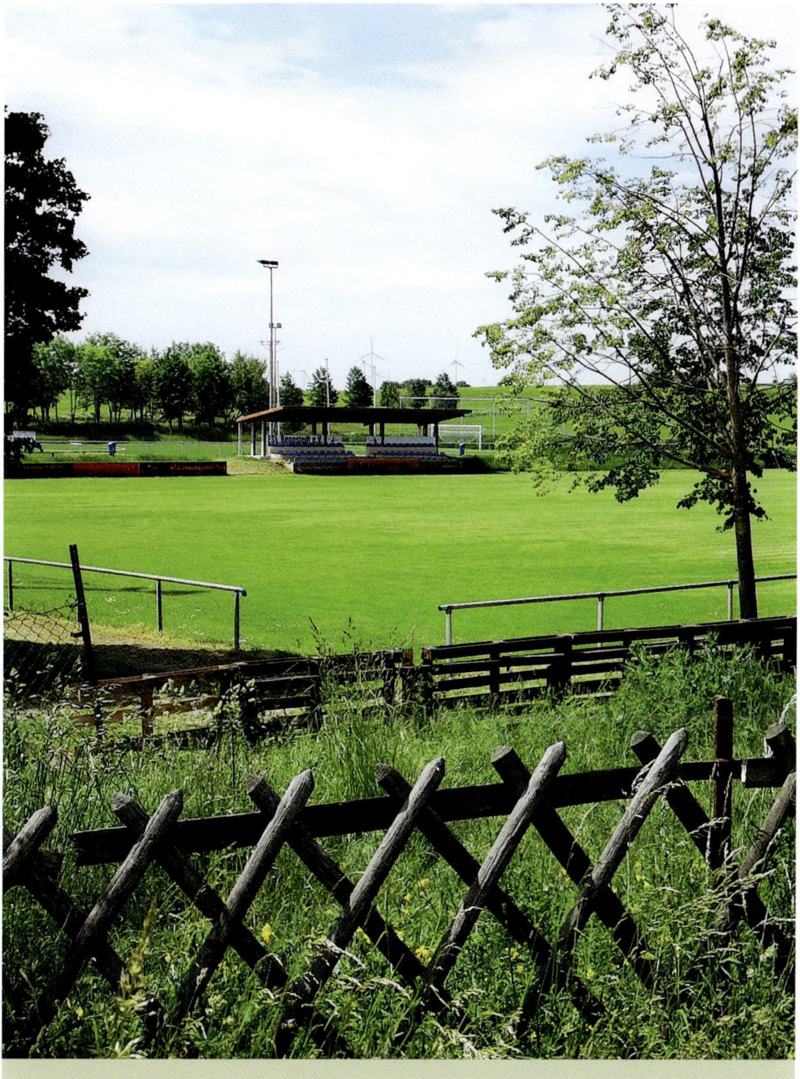

HARTE 4 FAKTEN

Adresse: Eisdorfer Straße 28a, 06179 Bennstedt-Salzatal

Fassungsvermögen: 1.700

Bekanntester Spieler: Adolphus Ofodile (Bayern-Bezwinger mit dem 1. FCM)

Emblem: Blau-Weiß mit Anker, steht für Wasserdorf

Sparkassen-Arena (Askania-Platz)

SC Bernburg – neuer Verein, neues Glück?

Anfang des letzten Jahrhunderts wurden in der Saalestadt nahezu ein halbes Dutzend Fußballvereine gegründet. Der erste Vergleichswettkampf fand am 14. Juni 1908 zwischen dem SV 07 Bernburg und Viktoria Güsten auf dem hiesigen Schützenplatz statt. Die erfolgreichsten Fußballclubs waren die 07er und der SV Wacker, die beide in der Gauliga Anhalt zu Meisterehren kamen.

In der DDR war die BSG Chemie Bernburg die unumstrittene Nummer eins der Stadt. Unter wechselnden Vereinsnamen spielte man von 1948 bis 1952 in der Landesklasse Sachsen-Anhalt und wurde dann in die neugeschaffene Bezirksliga Halle eingegliedert. Als Zweiter scheiterte Bernburg 1959 sowie 1963 nur knapp am Aufstieg in die DDR-Liga. Nach dem Abstieg 1966 trat der Verein bis 1991 in der Bezirksklasse Halle an. Nach der „Wende" wurde er unter dem alten historischen Namen TV Askania Bernburg neugegründet. Der 1879 entstandene gleichnamige Turnverein war einer der ältesten Sportvereine der Stadt. Dank großzügiger Spenden konnte am 7. September 1913 in der kleinen Aue an der Krumbholzallee ein eigener Sportplatz mit Turnerheim eingeweiht werden. 100 Jahre später wurde der Askania-Platz saniert und umgebaut. Die alten Holzbänke und die ovale Aschenbahn mussten weichen und ein reines Fußballstadion entstand. Der Besucherrekord in der neuen Sparkassen-Arena wurde in der Umbauphase am 16. November 2013 beim Landespokalspiel gegen den 1. FC Magdeburg aufgestellt. Vor 1.797 Zuschauern unterlagen die Askanen mit 0:2.

Danach schienen die Bernburger mit der Glücksgöttin Fortuna im Bunde zu sein. Erst stieg Askania 2014 nur durch den Verzicht von Landesmeister BSV Halle-Ammendorf als Zweitplatzierter erstmals in die Oberliga Nordost auf. In der Premierensaison belegte man zwar den letzten Tabellenrang, aber durch die Auflösung der zweiten Mannschaften von Dynamo Dresden, Erzgebirge Aue und dem Chemnitzer FC gab es keine sportlichen Absteiger. So verblieb Askania in der Oberliga und behauptete sich dort bis 2020. Nur der coronabedingte Abbruch der Verbandsliga-Saison 2020/21 bewahrte die Saalestädter vor dem zweiten Abstieg in Folge. In 2021 fusionierte der TV Askania Bernburg mit dem SV Schwarz-Gelb Bernburg zum SC Bernburg.

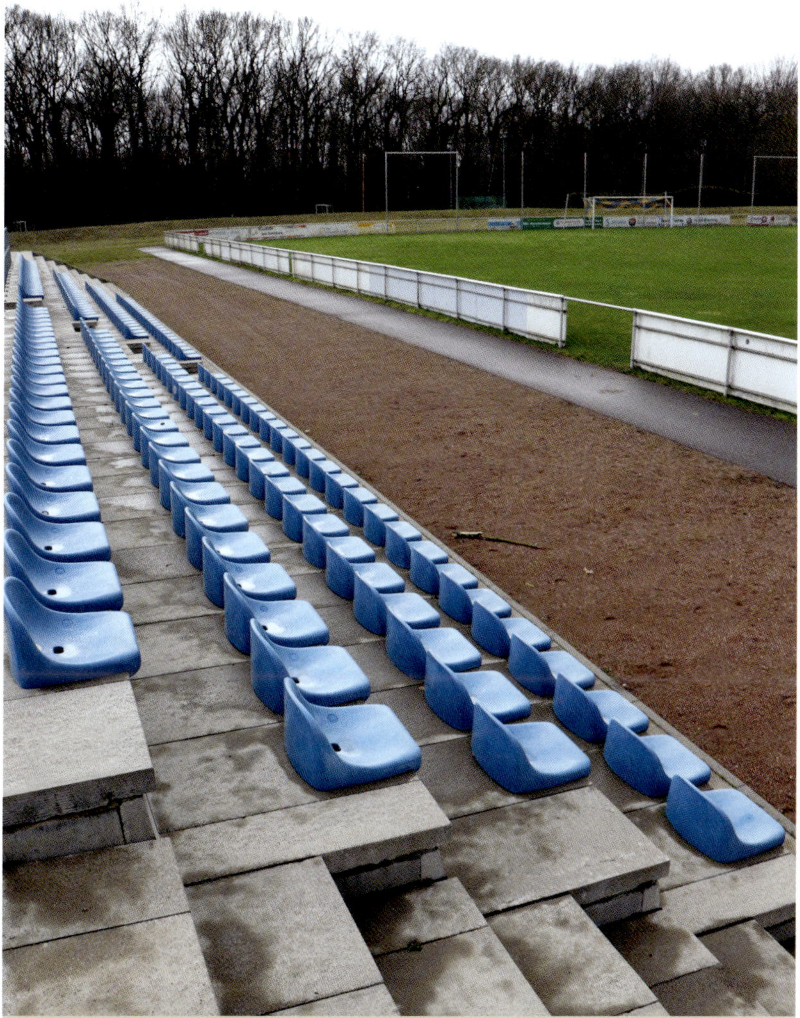

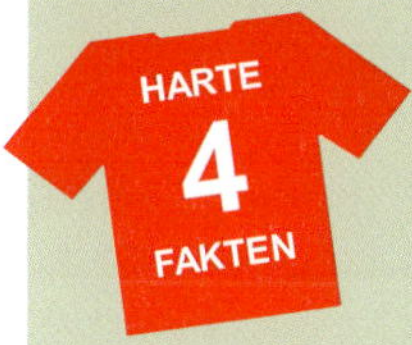

Landkreis: Salzlandkreis
Adresse: Krumbholzallee 5, 06406 Bernburg / Saale
Fassungsvermögen: 5.000
Sitzplätze: 200

Bismark 007

Waldstadion

TuS Schwarz-Weiß Bismark

Einen Männer-Turn-Verein gab es in Bismark schon seit 1863, doch erst am 24. Juni 1920 gründeten zwölf Herren im Lokal Jänsch in der Alten Straße den Fußball-Club Bismark von 1920. In den Anfangsjahren stellte der MTV den Fußballern auch seinen Turnplatz für Training und Spiele zur Verfügung. Der erste eigene Fußballplatz wurde 1927 an der Holzhausener Chaussee errichtet. Doch nach dem Zweiten Weltkrieg konnte sich der Fußball in der strukturschwachen Altmark nur langsam wieder erholen. Aber die lokalen Gewerbetreibenden unterstützten den Verein, boten Mitfahrgelegenheiten zu den Auswärtsspielen, besorgten Lederbälle aus dem fernen Berlin und stellten aus Lumpen neue Trikots in den schwarz-weißen Vereinsfarben her.

1947 wurde der Verein erst in SG Freundschaft und 1948 dann schließlich in BSG Traktor Bismark umbenannt. Ihr Trägerbetrieb war die MAS Bismark, eine Maschinen-Ausleih-Station für Landtechnik.

Ende der 50er-Jahre musste der Verein sein größtes Talent Gerd Backhaus nach Stendal ziehen lassen. Dort reifte er bei der BSG Lokomotive Stendal zum Oberligaspieler, Nationalspieler und sogar Torschützenkönig der Oberliga 1963/64 mit 15 Toren vor Bernd Bauchspieß und Peter Ducke.

Bereits 1971 wurde mit dem Bau eines neuen Sportplatzes mit modernen Leichtathletikanlagen begonnen, doch erst am 9. August 1975 wurde das Waldstadion Werner Seelenbinder unter den Augen von Ehrengast Gustav „Täve“ Schur eröffnet. Auch sportlich ging es bergauf. 1981 gelang der Aufstieg in die drittklassige Bezirksliga Magdeburg. Spiele gegen Lok Stendal und die zweite Mannschaft des 1. FC Magdeburg lockten bis zu 1.000 Zuschauer ins Waldstadion. Nach vier Spielzeiten bedeutete der 16. Tabellenplatz in der Saison 1984/85 den Abstieg in die Bezirksklasse.

Im April 1990 wurde die Änderung des Vereinsnamen in TuS Schwarz-Weiß Bismark beschlossen. Mit dem Aufstieg in die Verbandsliga gelang 2002 der größte Erfolg der Vereinsgeschichte. Nach zwei Spielzeiten folgte der Abstieg in die Landesliga Nord, in der Bismark bis heute spielt.

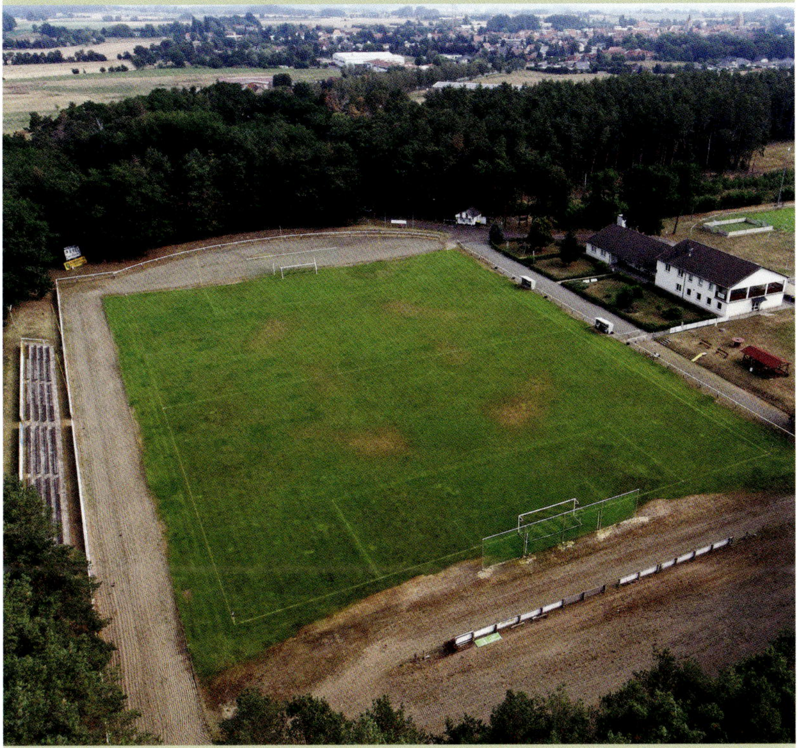

HARTE 4 FAKTEN

Landkreis: Stendal
Einwohner: ca. 8.000
Adresse: Wartenberger Chaussee 12, 39629 Bismark
Zuschauerkapazität: 3.000

Bitterfeld-Wolfen 008

Ernst-Thälmann-Stadion

VfB Preussen Greppin 1911

Noch vor Gründung des Fußballvereins war der Ort durch den Greppiner Klinker bekannt, einen hartgebrannten hochwertigen gelben Ziegelstein aus Braunkohleton, der zwischen 1871 und 1900 zur Klinkerverblendung von zahlreichen repräsentativen Gebäuden genutzt wurde.

Der Fußballverein schloss sich nach dem Ersten Weltkrieg dem Verband Mitteldeutscher Ballspiel-Vereine an, trat ab 1923 in der neugebildeten Gauliga Mulde an und konnte diese 1924, 1925 und 1929 gewinnen und sich damit für die Endrunde zur Mitteldeutschen Fußballmeisterschaft qualifizieren. Dort ermittelten die 27 Gaumeister im K.-o.-System den Mitteldeutschen Meister und Teilnehmer an der Endrunde zur Deutschen Meisterschaft. Die Greppiner scheiterten jedoch jedes Mal knapp in der 1. Runde am Halleschen FC Wacker. 1933 wurde die Gauliga Mulde aufgelöst und in die Gauliga Mitte integriert, und Greppin verschwand in den unteren Spielklassen. Doch nach einer Siegesserie auf regionaler Ebene qualifizierte man sich völlig überraschend für die 1. Schlussrunde des Tschammerpokals im Jahre 1938. Dort unterlag man jedoch am 28. August 1938 vor fast 10.000 Zuschauern deutlich mit 0:13 dem Dresdner SC mit dem Nationalspieler und späteren Bundestrainer Helmut Schön.

1946/47 wurde man unter dem Namen SG Greppin Kreismeister Bitterfelds. Mitglied dieser Mannschaft war Franz Klepacz, der anschließend die Region verließ und zwischen 1951 und 1960 für den Hamburger SV in 201 Spielen 22 Tore erzielte und zum Karriereende 1960 noch Deutscher Meister wurde. Auch in Greppin wurde weiter erfolgreich Fußball gespielt; seit dem Jahre 1950 als BSG Chemie Greppin mit der Farbenfabrik Wolfen als Trägerbetrieb. Durch den ersten Platz in der Bezirksliga Halle sicherte man sich 1954 den Aufstieg in die DDR-Liga, der zweiten Spielklasse im DDR-Fußball. Von 1955 bis 1959 spielte man in der neugeschaffenen II. DDR-Liga, der dritthöchsten Spielklasse mit Vereinen wie Stahl Riesa, Lok Weimar und Dynamo Dresden. Danach ist der VfB Preußen Greppin, der seit 1991 wieder unter dem alten historischen Namen antritt, nicht mehr überregional in Erscheinung getreten.

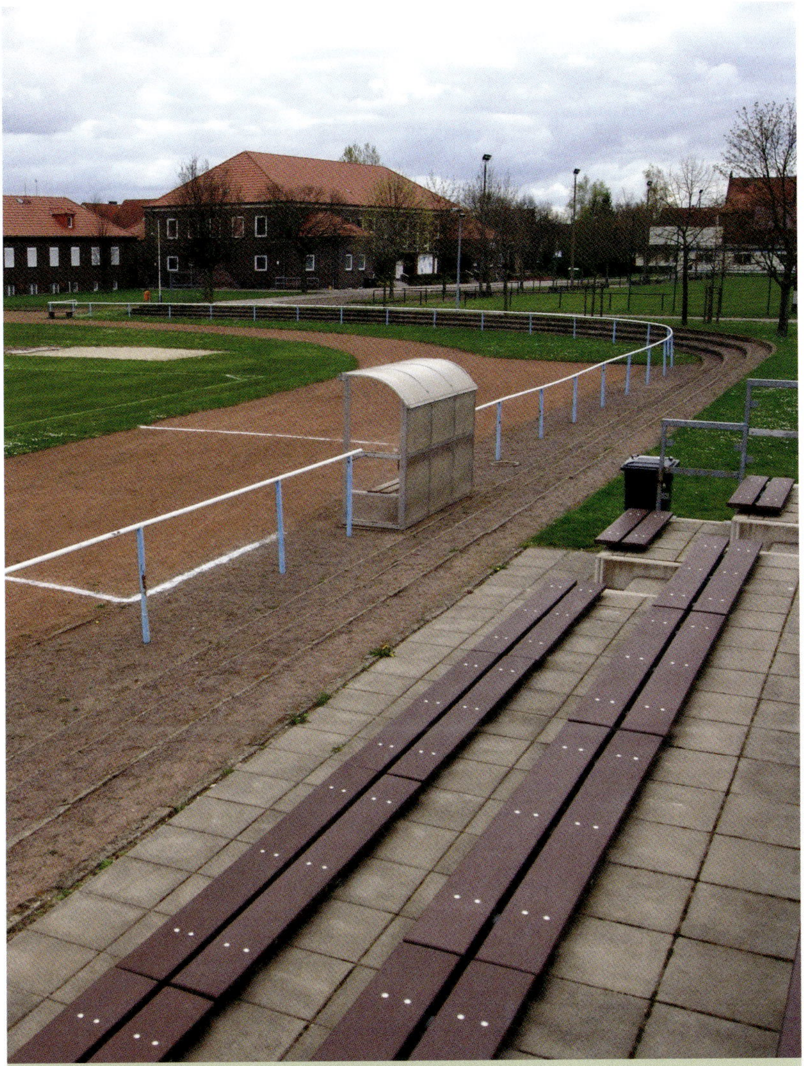

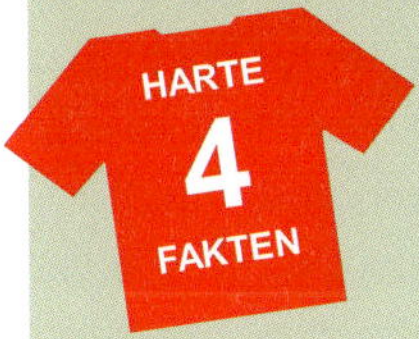

Adresse: Karl-Marx-Straße 4, 06803 Bitterfeld-Wolfen
Zuschauerkapazität: 5.000
Ewige Tabelle II. DDR-Liga: 57. Platz
Spielklasse 2023/24: Kreisliga Anhalt-Bitterfeld

Fritz-Heinrich-Stadion

VfL Eintracht Bitterfeld / 1. FC Bitterfeld-Wolfen

Das Fritz-Heinrich-Stadion ist das einzige von drei Bitterfelder Stadien, welches heute noch existiert. 1931 als Städtisches Stadion eingeweiht, war es Ende des Zweiten Weltkriegs von den US-Streitkräften verwüstet und kontaminiert worden. Nach der Wiederherstellung wurde es 1950 nach dem von den Nazis ermordeten Arbeitersportler Fritz Heinrich benannt.

In den 70er-Jahren fiel das Stadion fast dem Braunkohleabbau zum Opfer und trotzte vor einigen Jahren auch Jahrhundertflut und Hochwasser. Aus dem Tagebaugebiet wurde eine Seenlandschaft und das Stadion liegt heute am Ufer des Goitzschesees unweit des Bitterfelder Stadthafens. Das 1952 eröffnete Stadion der Chemiearbeiter dient hingegen heute als einziger Gasballonstartplatz in den neuen Bundesländern und der Sportplatz am Krankenhaus, der 1925 errichtet und zumeist von der BSG Einheit Bitterfeld genutzt wurde, fiel im Jahre 2002 der Flut zum Opfer und ist nun verwildert.

Seit 1911 wurde in Bitterfeld organisiert Fußball gespielt. Der VfL Bitterfeld dominierte die Gauliga Mulde und triumphierte sieben Mal. Danach spielte man in der neugegründeten Gauliga Mitte, stieg jedoch 1935 in die Bezirksliga ab. Im selben Jahr traf man im nationalen Tschammerpokal auf Hertha BSC, den Deutschen Meister von 1930 und 1931, und musste sich im Heimspiel vor 3.500 Zuschauern knapp mit 1:2 nach Verlängerung geschlagen geben. Unter dem neuen Namen BSG Chemie Bitterfeld mit dem Elektrochemischen Kombinat Bitterfeld als Trägerbetrieb gewann man 1957 die Bezirksliga Halle und stieg in die drittklassige II. DDR-Liga auf und konnte bis zu deren Auflösung 1963 die Klasse halten. Nach dem Abstieg spielte man bis zum Ende der DDR immer mindestens auf Bezirksebene.

Auch nach der „Wende“ kickte der VfL Eintracht Bitterfeld stets in der Bezirksliga / Landesklasse oder Landesliga. Doch erst nach Insolvenz und Auflösung des Konkurrenten FC Grün-Weiß Wolfen im Jahr 2012 konnte man die entstandene Lücke in der fusionierten Stadt nutzen und unter dem neuen Namen 1. FC Bitterfeld-Wolfen im Folgejahr 2013 den Aufstieg in die Verbandsliga Sachsen-Anhalt feiern. Die Heimspiele trägt die Mannschaft jedoch im Wolfener Jahnstadion aus.

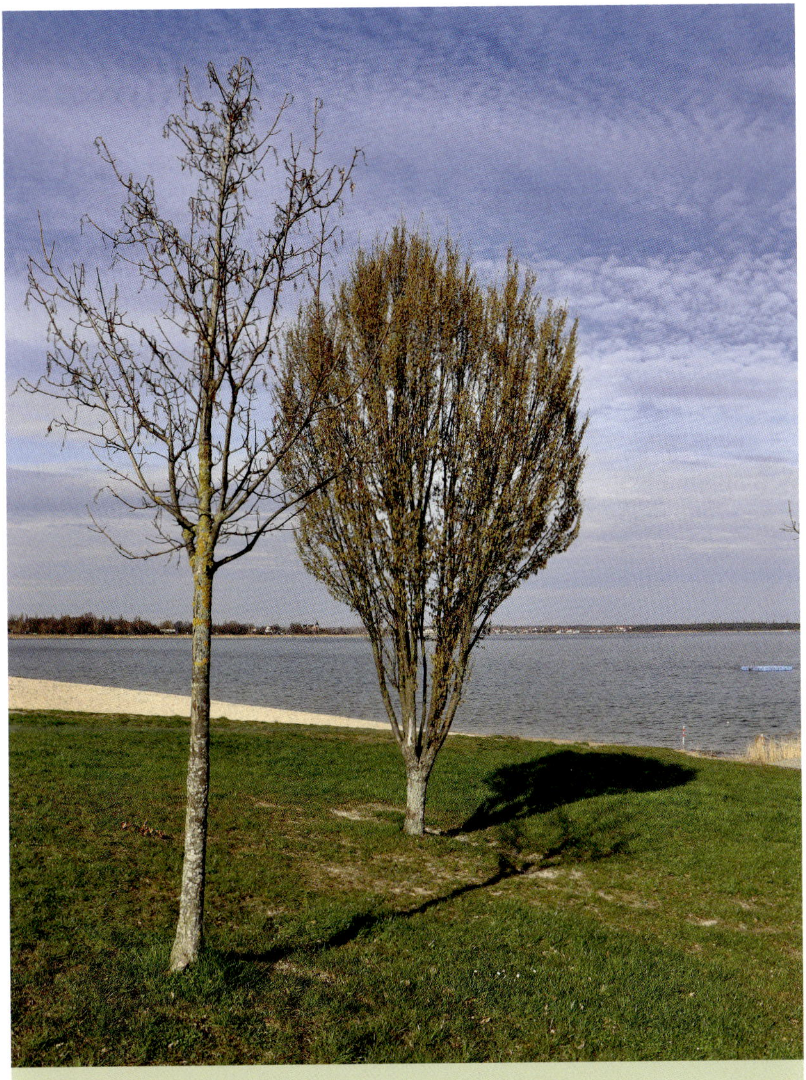

HARTE 4 FAKTEN

Landkreis: Anhalt-Bitterfeld
Adresse: Am Stadion, 06749 Bitterfeld-Wolfen
Fassungsvermögen: 4.000
Ewige Tabelle der II. DDR-Liga: 21. Platz

Jahnstadion

Fußball in Wolfen – Erfolg um jeden Preis

Die kleine Gemeinde Wolfen wuchs durch die Ansiedlung des Agfa-Konzerns im Jahre 1909 zu einem wichtigen Chemiestandort, wo 1936 der erste mehrschichtige Farbfilm der Welt hergestellt wurde. Zu DDR-Zeiten war Agfa bzw. später die Filmfabrik Wolfen der Trägerbetrieb des Fußballvereins. Die BSG Chemie Agfa Wolfen wurde 1951/52 Landesmeister Sachsen-Anhalts und blieb bis 1964 ununterbrochen in der DDR-Liga.

Erst 1968 gelang unter Gerhard Richter der Wiederaufstieg. Zur Saison 1969/70 löste ihn Gerhard Gläser ab, der u.a. in Halle und Rostock als Trainer in der Oberliga gearbeitet hatte. Mit Hansa Rostock erreichte er das FDGB-Pokalfinale 1967 und die Vizemeisterschaft 1967/68. Wolfen feierte die Herbstmeisterschaft in der Staffel Nord der DDR-Liga 1970/71 und träumte vom Aufstieg, beendete die Saison aber nur als Dritter hinter Stralsund und Wismar. Dann kam es zum Skandal! Die BSG Chemie Wolfen wurde im Sommer 1971 durch einen Beschluss des Deutschen Fußball-Verbands in die drittklassige Bezirksliga Halle strafversetzt. Der BSG wurden ungerechtfertigte Vorteile durch illegale Zahlungen und materielle Zuwendungen an Spieler und Trainer vorgeworfen. Das gleiche Schicksal hatte zum Saisonbeginn bereits Aktivist Schwarze Pumpe und Stahl Eisenhüttenstadt ereilt. Jedoch kehrten alle drei Vereine in kürzester Zeit auf sportlichem Weg in die DDR-Liga zurück.

Nach der „Wende“ war der Nachfolgeverein FC Grün-Weiß Wolfen fester Bestandteil der Verbandsliga Sachsen-Anhalt und konnte mit Unterstützung des Hauptsponsors Q-Cells den Landesmeistertitel 2007/08 erringen. Doch anstatt auf die Aufstiegstruppe zu vertrauen, wurden fast die gesamte Mannschaft sowie Trainer Olaf Schaller ausgetauscht. Der neue Sportlicher Leiter René Tretschok spielte bis zu seinem 16. Lebensjahr in Wolfen und wechselte dann zum Halleschen FC. Mit Borussia Dortmund gewann er zweimal die Meisterschale sowie die Champions League 1997. Doch auch sein Comeback als Spieler konnte den Abstieg nicht verhindern. Als Spätfolge dieser Oberliga-Saison und wegen eines Insolvenzverfahrens stellte der Verein im November 2011 den Spielbetrieb ein und wurde aufgelöst.

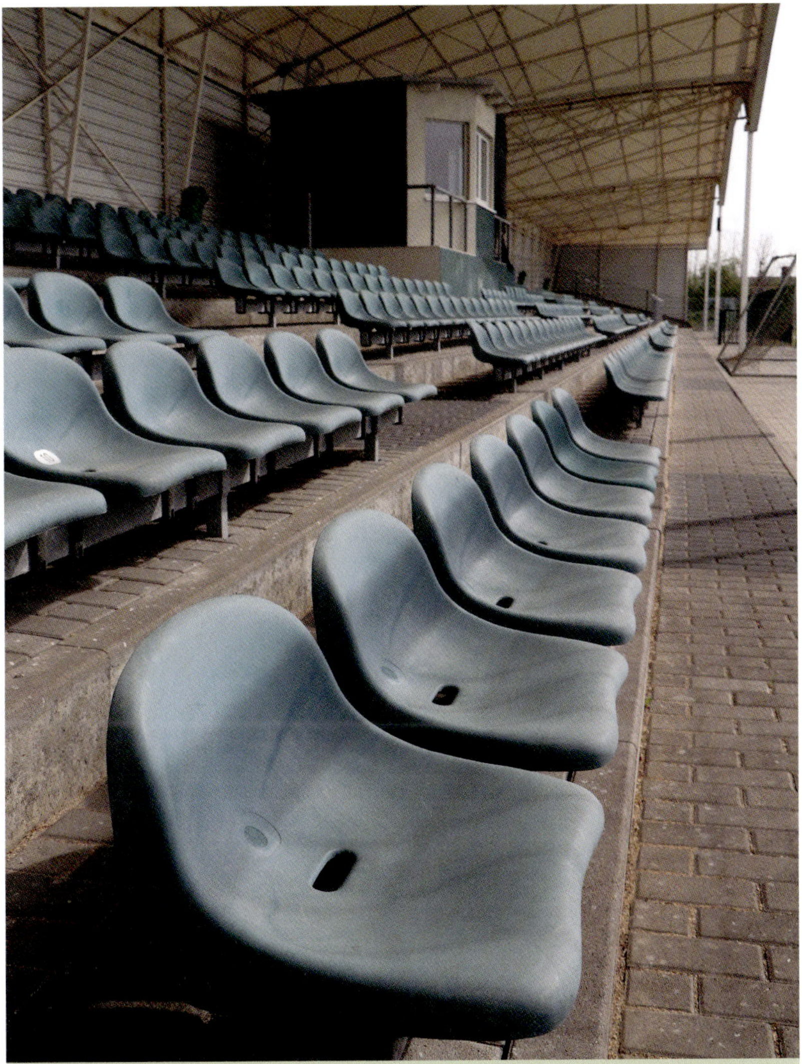

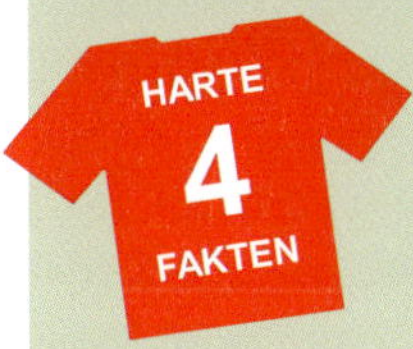

Landkreis: Anhalt-Bitterfeld
Adresse: Jahnstraße 32, 06766 Bitterfeld-Wolfen
Zuschauerkapazität: 5.000
Heimverein: 1. FC Bitterfeld-Wolfen

Blankenburg (Harz) 011

Sportforum Blankenburg

Blankenburger FV – dann kam Nils

Der Blankenburger FV wurde am 20. Mai 1921 als VfB Blankenburg gegründet. Im Jahr 1934 schlossen sich der VfB und die Blankenburger Turnerschaft zur SG VfB/BT zusammen, die dann 1945 wie alle Sportvereine aufgelöst wurde. Nach dem Zweiten Weltkrieg wurden im bereits 1931 eröffneten Sportforum mithilfe von 6.000 Kubikmetern Erdreich große Zuschauerdämme errichtet. Unter dem neuen Namen BSG Motor Blankenburg zählte man im Jahr 1952 zu den Gründungsmitgliedern der Bezirksliga Magdeburg. Erst nach der Umbenennung in BSG Stahl Blankenburg und über 20 Spielzeiten in der Bezirksliga gelang 1973/74 der Aufstieg in die DDR-Liga, die zwischen 1971 und 1984 aus fünf Staffeln bestand. In den ersten beiden Spielzeiten konnte man nur mit Mühe die Klasse halten, aber dann wurde Stahl zu einer echten Spitzenmannschaft, da sie sich mit Spielern des 1. FC Magdeburg verstärken konnte. So zum Beispiel Mittelfeldspieler Peter Kohde, Stürmer Heinz Oelze und vor allem Ulrich Schulze, der langjährige Stammtorhüter des 1. FCM, mit dem er Meisterschaften, FDGB-Pokale sowie 1973/74 den Europapokal gewann. So wurde Blankenburg 1976/77, 1977/78 und 1978/79 jeweils Zweiter hinter der BSG Chemie Leipzig. Als Leipzig im dritten Anlauf endlich der Aufstieg in die DDR-Oberliga gelang, erwiesen sich Böhlen und Schkopau als zu stark.

Als DDR-Ligist war man automatisch startberechtigt für den FDGB-Pokal. Drei Mal konnte man die zweite Hauptrunde erreichen. 1977 unterlag man Rot-Weiss Erfurt mit 2:3 vor 3.000 Zuschauern. 1979 musste man sich Carl-Zeiss Jena mit 2:3 vor 4.800 Zuschauern geschlagen geben. Und 1980 siegte der Hallesche FC mit 3:2 vor 5.000 Zuschauern im Sportforum.

Nach dem Abstieg aus der DDR-Liga 1983 spielte man bis 1991 in der Bezirksliga. In der Saison 1996/97 kickte der Blankenburger FV das einzige Mal in der Verbandsliga Sachsen-Anhalts und pendelt seitdem zwischen Landesklasse und Landesliga. Um einmal mit Mannschaftskapitän Christoph Pinta, seinem besten Freund und Trauzeugen, gemeinsam auf dem Platz zu stehen, lief Nils Petersen nach seinem Karriereende als Bundesligaprofi im August 2023 erstmals für den BFV in der Landesliga auf.

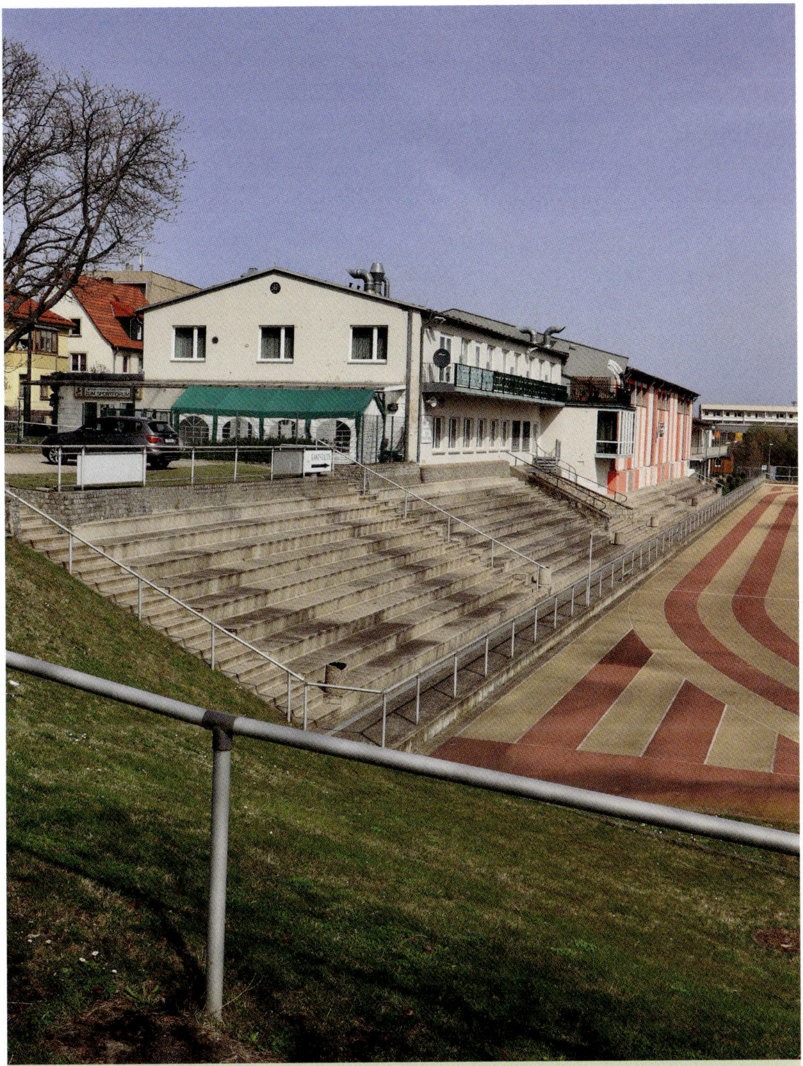

HARTE 4 FAKTEN

Adresse: Regensteinsweg 9, 38889 Blankenburg (Harz)
Fassungsvermögen: 6.000
Zuschauerrekord: 7.300 (Stahl Blankenburg gegen Einheit Wernigerode – DDR-Liga 1978)
Ewige Tabelle DDR-Liga: 63. Platz

Blau-Weiß-Arena

SG BW 1921 Brachstedt – Legenden in der Kreisliga

Die 1. Herrenmannschaft der SG Blau-Weiss 1921 Brachstedt spielt seit 2006 nahezu ununterbrochen in der Landesliga Sachsen-Anhalt Süd und hat sich in den letzten Spielzeiten zu einer Spitzenmannschaft entwickelt. Die Erfolgsgeschichte startete mit dem Aufstieg in die Saalekreisliga 1994. Als der Klassenerhalt in Gefahr geriet, nutzte der sportliche Leiter und Autowerkstatt-Besitzer Rüdiger Bergmann seine Kontakte und überredete einige ehemalige Oberligaspieler des HFC zu einem Comeback. Unter Leitung von Trainer Ulrich Rothe, der selbst beim HFC und der BSG Chemie Leipzig in der Oberliga kickte und später SG Dynamo Eisleben trainierte, gelang es, eine schlagkräftige Elf zu formieren, obwohl die meisten HFC-Legenden schon älter als 40 waren. Zu ihnen zählten Jan Helling, Manfred Fülle, Roland Wawrzyniak und Hartmut Meinert, der mit 272 DDR-Erstligaeinsätzen nur 19 Spiele weniger absolvierte als der HFC-Rekordspieler Bernd Bransch, der oft als Zuschauer auf dem Brachstedter Sportplatz anzutreffen war.

Später gesellte sich der 6-malige DDR-Nationalspieler Dieter Strozniak dazu, der 330 Spiele für den HFC absolvierte, davon 245 in der Oberliga. Im Alter von 39 Jahren setzte ihn Klaus Urbanczyk aufgrund von Verletzungssorgen ein letztes Mal im DFB-Pokalspiel gegen Bayer Uerdingen im August 1994 ein. Aber ein Mitspieler war noch bekannter und das obwohl er seine Fußballkarriere eigentlich in jungen Jahren zugunsten des Wasserspringens aufgegeben hatte. Aber darin war er so gut, dass er 1980 sogar Olympiasieger im Turmspringen wurde. Die Rede ist vom Multitalent Falk Hoffmann, der auch ein guter Tennisspieler und Skiläufer war.

Eine Vereinslegende ist David Reza. Als 19-Jähriger erzielte er gleich in seinem ersten Landesligaspiel am 25. August 2007 alle Tore zum 4:3-Erfolg seiner Mannschaft beim Naumburger BC und bewahrte diese Treffsicherheit auch in über 300 Pflichtspielen in den folgenden 15 Jahren. Glanzvolles Ende seiner Karriere und ein Höhepunkt in der Vereinsgeschichte war das Spiel gegen den Drittligisten HFC zum 100-jährigen Vereinsjubiläum.

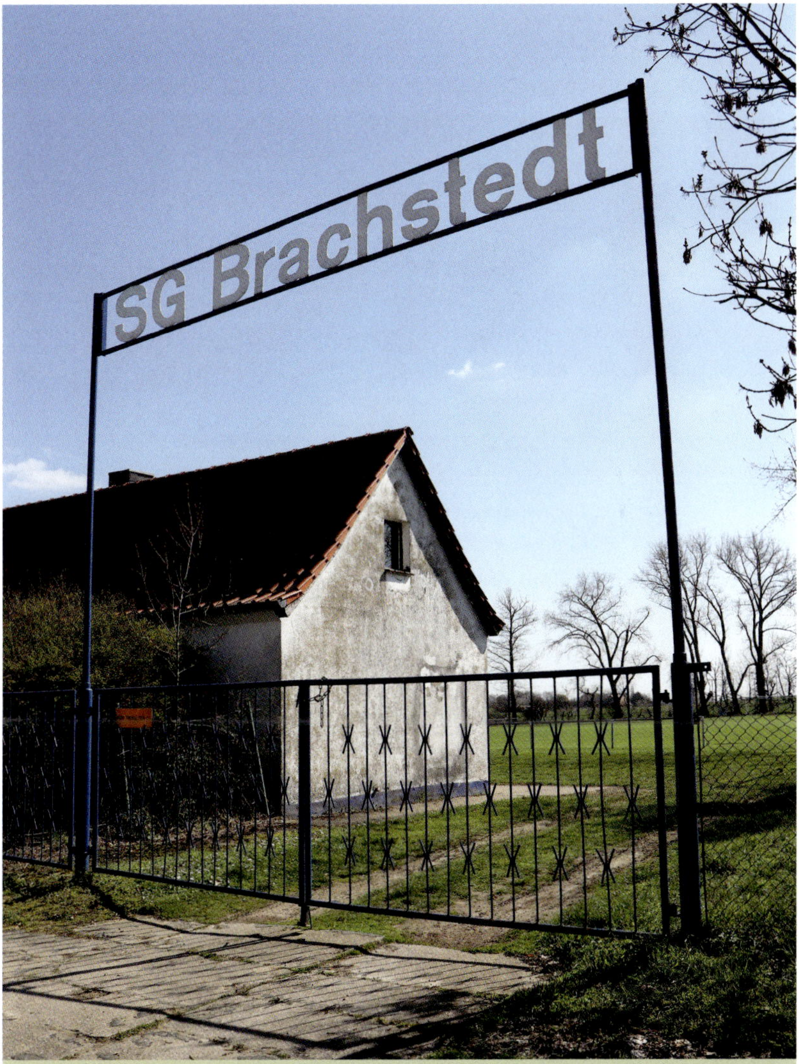

HARTE 4 FAKTEN

Landkreis: Saalekreis
Adresse: Am Sportplatz, 06193 Petersberg
Zuschauerkapazität: 1.500
Erbaut: 1955

Stadion des Friedens

Fußball war sein Leben, Fußball war sein Tod

Die Wunden der Vergangenheit sieht man kaum noch, seit 2011 die Flutung zu Sachsen-Anhalts größtem See, dem Geiseltalsee, nach fast acht Jahren abgeschlossen ist. Was über Jahrzehnte klassisches Braunkohleabbaugebiet war, hat sich zu einer idyllischen Seenlandschaft entwickelt.

Hier, 25 Kilometer südlich von Halle, im Saalekreis wurden 1943 die Orte Braunsdorf und Bedra zu einem gemeinsamen Ort. Der Fußball spielt, ähnlich wie im Kohlerevier „Ruhrpott“ schon immer eine wichtige Rolle. Im Jahr 1950 entstand aus dem Zusammenschluss der SG Neumark und der SG Mücheln die BSG Aktivist Geiseltal Mücheln, wo unter der Trägerschaft des Mitteldeutschen Braunkohle Fußball in der Bezirksliga Halle gespielt wurde. Nachdem sich 1960 Aktivist Neumark aus dem Verein abspaltete, wurde die BSG Aktivist Geiseltal-Mitte ins Leben gerufen, die seitdem im Stadion des Friedens beheimatet ist. Ein paar Jahre zuvor waren die „Revierfußballer“ nach einem zweiten Platz in der Bezirksliga in die aufgestockte II. DDR-Liga aufgestiegen.

Im Jahr 1990 fusionierten die Aktivisten mit der BSG Chemie Lützkendorf, der SV Braunsbedra entstand. Mit der neuen Bündelung der Kräfte erreichte der Verein 1995 die Verbandsliga Sachsen-Anhalt. Hier etablierte man sich, um dann im Jahr 2001 als Meister der Verbandsliga in die viertklassige Oberliga Nordost aufzusteigen. Dort war das Team allerdings gegen die halbe frühere DDR-Oberliga chancenlos und stieg mit 11 Punkten ab. Nun ging es bis in die Landesklasse runter, wo der Verein heute noch auf seinem ebenso schmucken wie großzügigen Vereinsgelände zu Hause ist. Über die Zeit wurde die Anlage mit einem tribünenartigen Zeltdach überspannt, ganz ähnlich den Bauten in Wolfen und Sandersdorf.

Große mythische Legende, so es überliefert, ist ein örtlicher Spieler mit dem Namen Bohne, der bei einem Nachwuchsländerspiel 1935 in Mühlhausen im Anschluss seinen dort erlangten inneren Verletzungen erlag und beigesetzt wurde. Auf dem Grabstein die Worte „Fußball war sein Leben, Fußball sein Tod“. Was besagt: Fußball ist mehr …

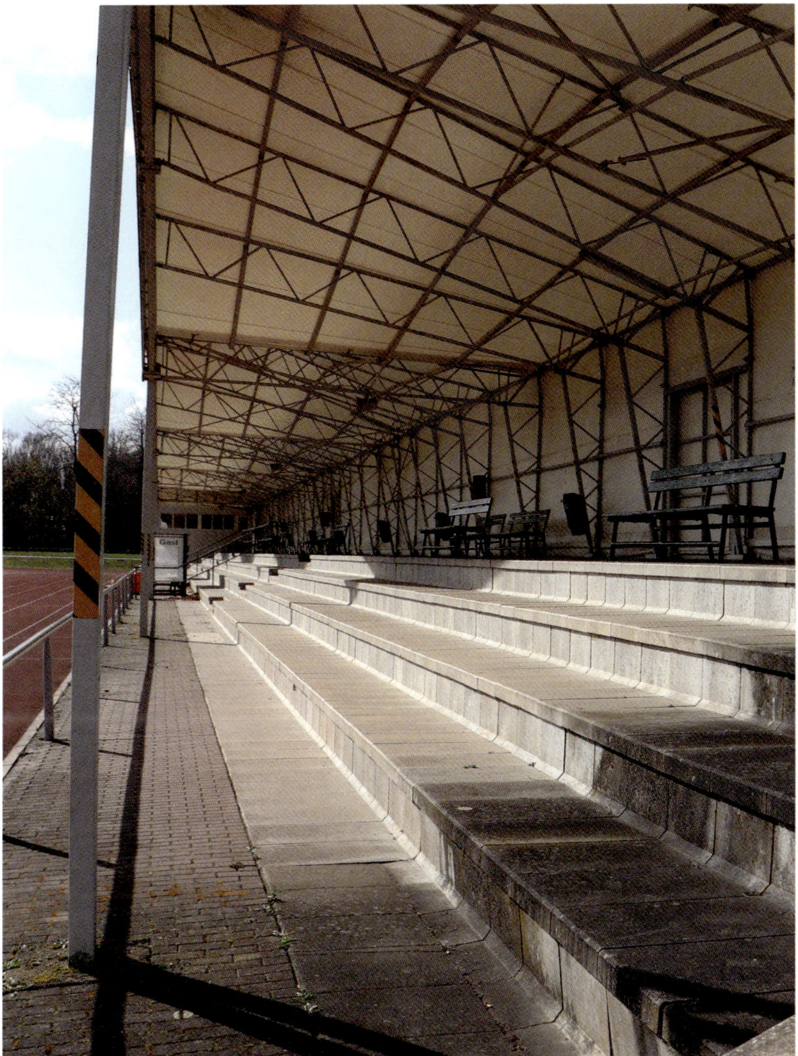

HARTE 4 FAKTEN

Adresse: Am Stadion 5, 06242 Braunsbedra

Höhepunkt: 2003 gegen Borussia Dortmund 0:6; 8.500 Zuschauer

Vereinsfarben: Grün-Schwarz-Gelb

Erfolge: Bezirksmeister 1956, Aufstieg Verbandsliga 1995, Landesmeister 2001

Burg (bei Magdeburg) 014

Parkstadion

Von einem, der auszog, das Siegen zu lernen

Am 7. Januar 1908 wurde der Burger Ballspielclub 08 in der Stadt der Türme gegründet. Seit 1925 wird auf der Sportanlage am Flickschupark gespielt. Als einer von zwei Vertretern Sachsen-Anhalts nahmen die Sportfreunde Burg an der ersten Ostzonenmeisterschaft 1948 teil und schieden im Viertelfinale in Leipzig gegen die SG Meerane mit 1:2 nach Verlängerung aus.

Die BSG Einheit Burg qualifizierte sich auch für die erste Austragung der DDR-Liga 1950/51, der neuen zweithöchsten Spielklasse. Die Mannschaft war lange Zeit souveräner Tabellenführer, jedoch gelang ihr in den letzten vier Spielen kein Sieg mehr und durch eine 1:3-Niederlage beim direkten Konkurrenten Anker Wismar am vorletzten Spieltag stand man am Saisonende als Dritter mit leeren Händen da. Am 19.10.1952 wurde das „Hermann-Matern-Stadion" mit einem Spiel gegen Wismut Aue vor 4.000 Zuschauern eingeweiht. Namensgeber war ein in Burg geborener Parteifunktionär (damals Vizepräsident der Volkskammer).

1953 war für Burg das Abenteuer DDR-Liga nach drei Spielzeiten beendet. Im selben Jahr begann der 7-jährige Wolfgang Seguin das Fußballspielen bei Einheit Burg und sah, wie die Herrenmannschaft zwischen 1958 und 1963 in der drittklassigen II. DDR-Liga, bis zu deren Auflösung, groß aufspielte. Er verfolgte die Spiele meist in der Nähe des damaligen Torhüters Paule, was ihm seinen Spitznamen „Paule" einbrachte. Auch seine Leistungen in den Nachwuchsteams blieben nicht verborgen und er wurde im Alter von 17 Jahren zum SC Aufbau Magdeburg delegiert. Seit 1964 gehörte er dem Oberligakader an und spielte nach der Ausgliederung der Fußballabteilung zum 1. FC Magdeburg bis 1981 dort. Seine wichtigsten Tore waren das 2:0 im Europapokalfinale 1974 gegen den AC Mailand und das Siegtor zum 1:0 im FDGB-Pokalfinale 1979 gegen den BFC Dynamo vor 50.000 Zuschauern im Stadion der Weltjugend. Mit 380 Einsätzen in der Oberliga und über 500 Pflichtspielen ist er der Rekordspieler des 1. FCM. 3 Meisterschaften und 5 FDGB-Pokalsiege konnte er in dieser Zeit erringen. Mit der Olympiaauswahl gewann er 1972 die olympische Bronzemedaille und mit der DDR-Nationalmannschaft nahm er an der WM-Endrunde 1974 teil.

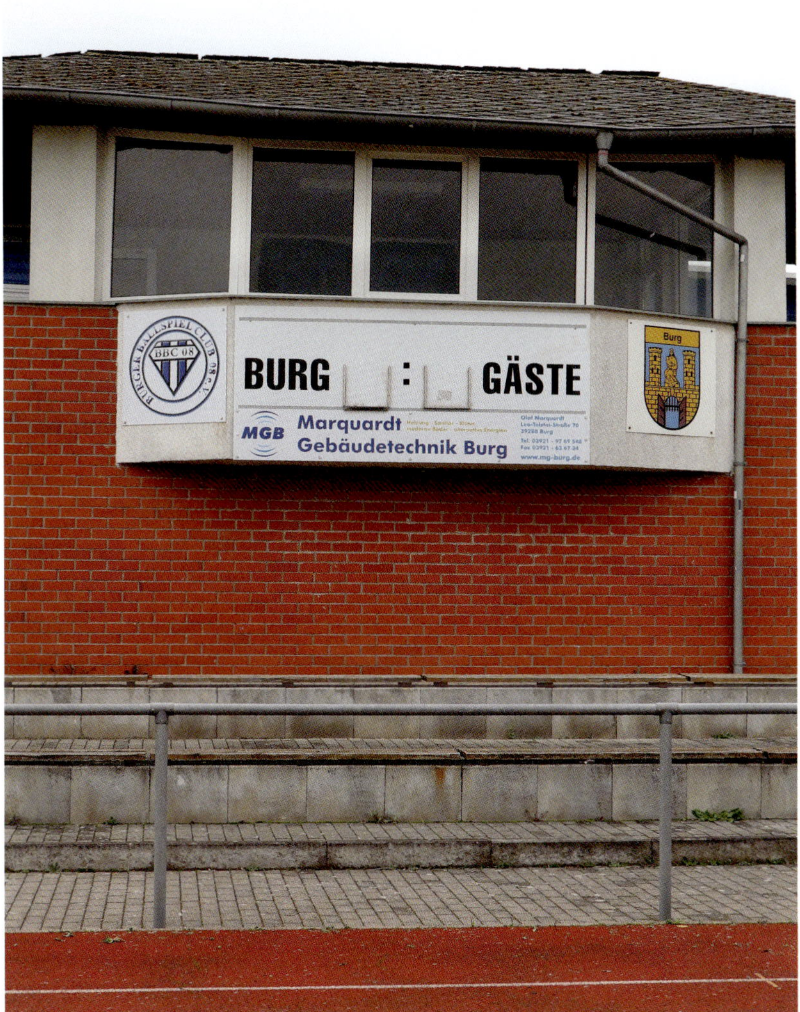

HARTE 4 FAKTEN

Landkreis: Jerichower Land
Adresse: Am Flickschupark 1, 39288 Burg
Zuschauerkapazität: 4.000
Heimatverein: Burger BC 08

Hegerstadion

Die Bundesliga als Dauergast beim TSG Calbe

In der Kleinstadt unweit des geographischen Mittelpunkts Sachsen-Anhalts wurde bereits am 31. Juli 1907 der Fußballverein Germania Calbe gegründet. Nach der Neugründung als BSG Stahl Calbe 1951 waren es aber nicht die Fußballer, sondern die Abteilung Feldhandball, die den Verein landesweit bekannt machte, als diese 1953 und 1954 DDR-Meister wurde. Am 21. Januar 1967 schlossen sich die drei Betriebssportgemeinschaften von Aktivist, Lok und Stahl zur Turn- und Sportgemeinschaft Calbe zusammen.

In den 1990er-Jahren gastierten vier Bundesligisten zu Freundschaftsspielen im Hegerstadion. 1992 siegte Borussia Mönchengladbach mit 12:1. Zwei Jahre später gewann Borussia Dortmund unter Ottmar Hitzfeld deutlich mit 10:1. Am Pfingstmontag 1996 gelang dem Hamburger SV mit Trainer Felix Magath ein ungefährdeter 11:3-Erfolg. Und nur ein Jahr später waren der VfL Wolfsburg und Publikumsliebling Roy Präger mit 9:0 erfolgreich. Der VfL Wolfsburg war es auch, der im September des Jahres 2013 noch einmal nach Calbe kam. Geschäftsführer Klaus Allofs reiste mit einer Delegation aus Fußballern der Herren- und Damenmannschaft und über 50 Mitarbeitern aus der Geschäftsstelle an, um im Stadion bei der Beseitigung der Schäden vom Saalehochwasser zu helfen. Diego und Co. baggerten, hämmerten und malerten im Hegerstadion.

Mit Andreas Brinkmann ist der sportliche Aufstieg des Vereins eng verbunden. Der ehemalige DDR-Oberligaspieler vom 1. FC Magdeburg war erst als Mittelfeldregisseur an den Aufstiegen in die Bezirksoberliga sowie in die Landesliga beteiligt und wechselte dann 1997 direkt vom Rasen auf die Trainerbank. Schon in seiner zweiten Saison gelang ihm der Aufstieg in die Verbandsliga Sachsen-Anhalt. Ausschlaggebend auf dem Platz waren die Neuzugänge Marko Bittersmann, Heiko Dannat, Christian Harant und Ralf Kassuhn, die dann auch in den folgenden Jahren zusammen mit den Calbenser Eigengewächsen wie Maik Hoffmann, Sven Noack und Marcel Würlich eine verschworene Truppe bildeten, die zwischen 1999 und 2006 immerhin fünf Spielzeiten in der Verbandsliga Sachsen-Anhalt verbrachte.

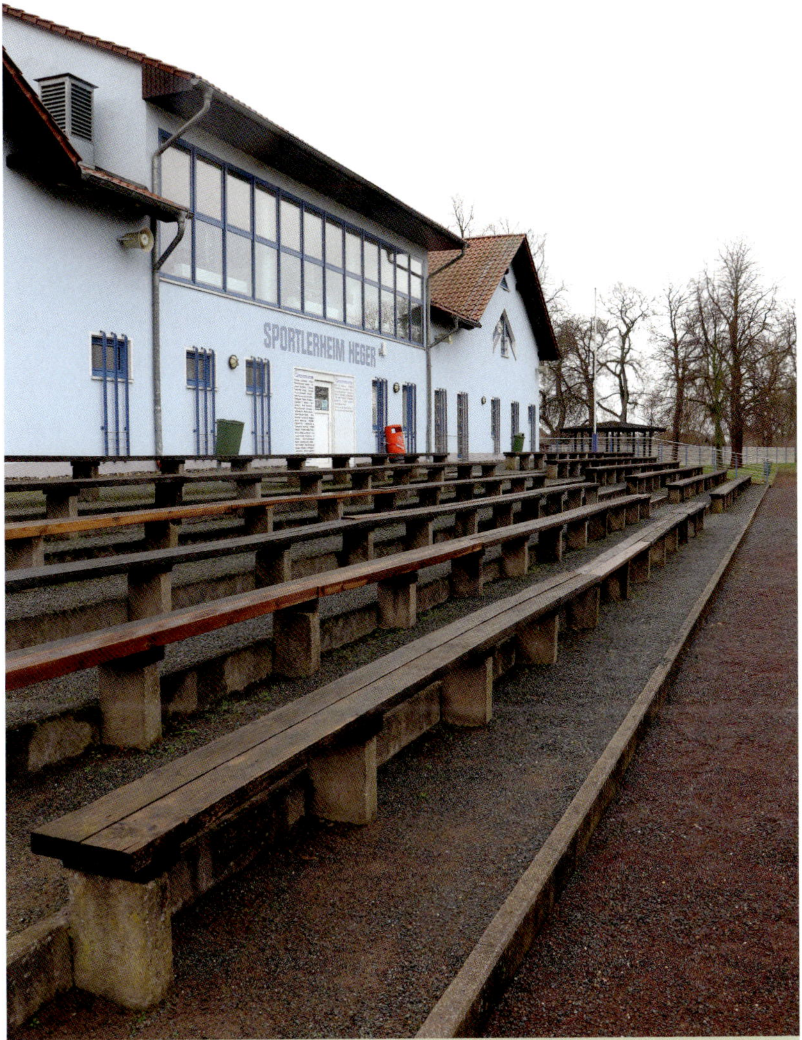

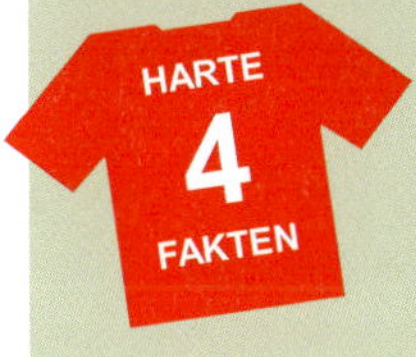

Landkreis: Salzlandkreis
Einwohner: ca. 8.000
Adresse: Heger 7, 39240 Calbe / Saale
Zuschauerrekord: 3.712 (TSG Calbe – HSV am 27. 5. 1996)

Coswig (Anhalt) 016

Sportplatz Lerchenfeld

Eine Sommernacht mit Folgen

Über den ersten Fußballverein der Stadt an der Elbe lässt sich nur wenig berichten. Er wurde 1905 gegründet und trug den Namen Askania. In den 1920er-Jahren erwarb und errichtete er seine Heimstätte im Lerchenfeld. Die Fußballer der 1950 gegründeten BSG Chemie Coswig spielten meist in der viertklassigen Bezirksklasse Halle und empfingen die Gegner auf ihrem gefürchteten schwarzen Schlackeplatz, den sie sich bis zum Ende der 1960er-Jahre noch mit ihrer weitaus erfolgreicheren Feldhandballabteilung teilten.

Erst seit 1979 verfügt der Sportkomplex Lerchenfeld über einen Rasenplatz, der am 16. Mai 1979 mit einem Freundschaftsspiel gegen den HFC Chemie vor ca. 2.000 Zuschauern eingeweiht wurde. 1985 und 1987 gaben dann auch die DDR-Oberligisten 1. FC Magdeburg und Carl-Zeiss Jena ihre Visitenkarten im sachsen-anhaltinischen Coswig ab. Seit dem Jahr 1990 geht der Verein als SV Blau-Rot Coswig auf Punkte- und Torejagd und war von 1997 bis 2001 in der Landesliga Mitte vertreten.

Im September 2018 waren plötzlich große Teile des Hauptplatzes verwüstet. Auf der Suche nach frischen Gräsern und feuchtem Boden gelangten Wildschweine nachts durch Löcher im alten Zaun auf das Sportgelände. Dort zerwühlten sie das Rasenspielfeld und hinterließen ein Schlachtfeld. Für den Abteilungsleiter René Gommert ein wahrer Albtraum, wie er mir berichtete. Der Schock war groß und guter Rat teuer. Der Schaden bzw. die Kosten für dessen Behebung waren dann höher als vermutet und für den Verein nicht so einfach zu stemmen. Es dauerte schließlich mehr als ein Jahr, bis wieder ein Fußballspiel auf dem Hauptplatz stattfinden konnte und dieser auch durch einen neuen Zaun abgesichert war. Während dieser Zeit stand den Fußballern zum Glück der alte Platz zur Verfügung, dessen Untergrund erst vor wenigen Jahren von Schlacke auf Rasen umgerüstet worden war.

Nach einem Jahrzehnt in der Kreisoberliga spielt der SV Blau-Rot Coswig seit 2021/22 in der Landesklasse und kann auf seiner Sportanlage wieder Derbys gegen Blau-Weiß Klieken und Germania Roßlau austragen.

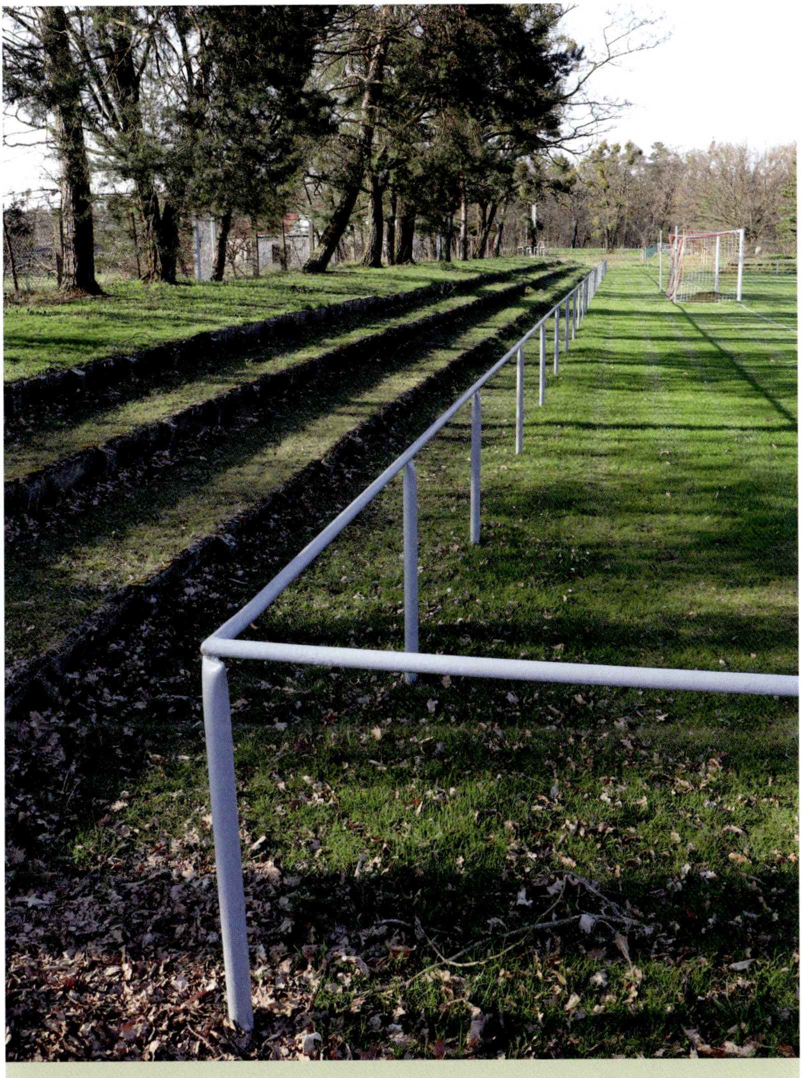

HARTE 4 FAKTEN

Landkreis: Wittenberg

Adresse: Lärchenstraße 40, 06869 Coswig / Anhalt

Zuschauerkapazität: 4.500

Eröffnung des Rasenplatzes: 1979

Chemie-Sportpark-Biethe „Rudolf-Harbig“

Chemie Rodleben – Das Ende nach 70 Jahren

Außer dem Gründungsjahr 1917 gibt es über den Fußballverein Eintracht Rodleben kaum Eintragungen in den Datenbanken und Archiven zu finden. 1949 wurde der Verein als SG Vorwärts Deutsches Hydrierwerk Rodleben neugegründet und ein Jahr später in BSG Chemie Rodleben umbenannt. Trägerbetrieb der BSG war weiterhin das ortsansässige Hydrierwerk, der wichtigste und größte Hersteller waschaktiver Substanzen in der DDR und ein unverzichtbarer Zulieferer für die Seifen- und Waschmittelindustrie.

Im Frühjahr 1952 wurde mit dem Stadionneubau direkt in der Biethe, einem Wäldchen am Stadtrand, begonnen, da der alte Sportplatz am Ortseingang nicht erweitert werden konnte. Im September 1954 wurde dann die neue Anlage als „Rudolf Harbig Chemie-Sportpark“ eröffnet. Benannt wurde es nach dem Leichtathleten Rudolf Harbig. Dieser war in den 1930er- und 40er-Jahren einer der weltbesten Mittelstreckenläufer, Olympiateilnehmer und Weltrekordhalter über 400, 500, 800 sowie 1.000 m.

Nach der „Wende“ und dem Ende als Betriebssportgemeinschaft musste der Mehrspartenverein Chemie Rodleben auf eigenen Füßen stehen. Das größte Ereignis in der jüngeren Historie war das Landespokalspiel gegen den 1. FC Magdeburg am 5. September 1998, das vor 430 Zuschauern mit 0:8 verloren ging. In der Landesklasse Sachsen-Anhalts traten die Fußballer letztmalig in der Spielzeit 2014/15 an. Am Saisonende musste der Aufsteiger aus Rodleben als Tabellenletzter sofort wieder in die Kreisoberliga absteigen.

Im Sommer 2019 war der Verein dann auf einmal zahlungsunfähig und wurde schließlich aufgelöst. Das letzte Spiel in der Geschichte des SV Chemie Rodleben am 8. Juni 2019 in der Kreisoberliga Anhalt gegen die zweite Vertretung vom Dessauer SV verfolgten nur noch 21 zahlende Zuschauer. Seit der Neugründung im Mai 2022 hat der 1. FFV Rodleben mit zahlreichen sportbürokratischen Hürden zu kämpfen und eine Spielberechtigung wurde zunächst nicht erteilt. Aber in der Saison 2023/24 nimmt erstmals eine Mannschaft des 1. FFV am Spielbetrieb teil.

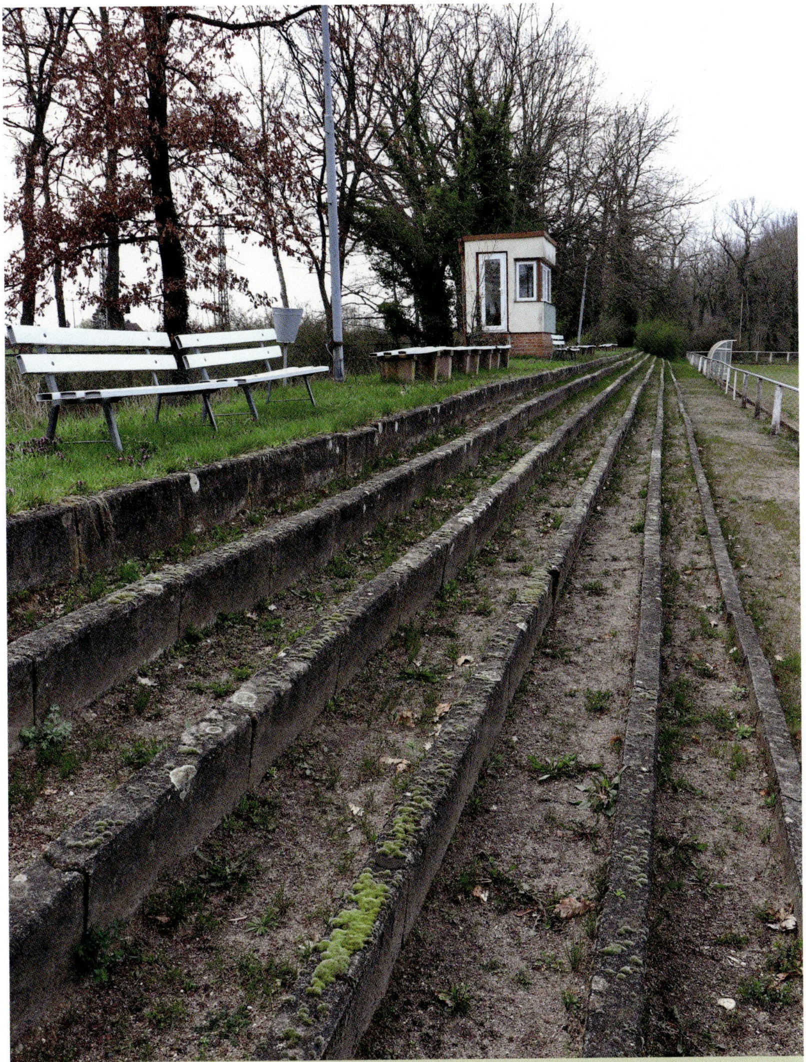

HARTE 4 FAKTEN

Adresse: Clara-Zetkin-Straße 40, 06862 Dessau-Roßlau
Zuschauerkapazität: 5.000
Eröffnung: 1954
Spielklasse 2023/24: Kreisliga Anhalt

Elbesportpark

Von englischen Jungs, die schon Männer waren!

Am 18. Mai 1980 trafen in der Endrunde des UEFA-Juniorenturniers in einem Gruppenspiel die U18-Mannschaften von England und Portugal im Elbesportpark vor 5.000 Zuschauern aufeinander. Doch ob diese wussten, wer da auf dem Rasen stand? Torhüter Mark Kendall stand bei Aston Villa unter Vertrag; ebenso wie Colin Gibson, der ein Jahr später Englischer Meister wurde und 1982 den Gewinn des Europapokals der Landesmeister durch einen Finalsieg gegen den FC Bayern München feiern konnte. Der Abwehrspieler David Barnes hatte schon 3 Einsätze für Coventry City absolviert. Sein Teamkollege dort und in dieser Auswahlmannschaft war der Stürmer Tommy English, der mit seinen 18 Lenzen schon 30 Einsätze und 10 Tore in der ersten Liga vorweisen konnte. Der dritte Spieler aus Coventry war Mark Hateley, der bereits mit 17 Jahren debütierte und über die Stationen FC Portsmouth, AC Mailand und den AS Monaco schließlich sein Glück bei den Glasgow Rangers fand und dort fünf Meisterschaften feierte. Verteidiger Colin Pates war schon Stammkraft beim Zweitligisten Chelsea London und führte sein Team als Kapitän 1984 zum Wiederaufstieg in die First Division. In der Verteidigung spielten noch Neil Banfield von den Queens Park Rangers und Gary Mabbutt von den Bristol Rovers, der später eine Vereinslegende bei Tottenham Hotspur werden sollte. In 16 Jahren an der White Hart Lane absolvierte er 611 Spiele und gewann den UEFA-Cup 1984 sowie den FA-Cup 1991. Im Mittelfeld agierten Steve MacKenzie von Manchester City und Andy Peake von Leicester City. Terry Connor aus Leeds spielte schon seit 1979 bei den Profis. Das Gleiche galt für seine Sturmpartner Paul Walsh, dieser jedoch nur in der dritten Liga bei Charlton Athletic. 1986 wurde er Englischer Meister mit dem FC Liverpool.

Kapitän der englischen Auswahl, die im Endspiel in Leipzig Polen besiegte, war Paul Allen, der nur eine Woche vor Turnierbeginn als zweitjüngster Spieler mit 17 Jahren und 256 Tagen in einem FA-Cup Finale auflief und es vor 100.000 Zuschauern durch ein 1:0 mit dem Zweitligisten West Ham United gegen den FC Arsenal gewinnen konnte.

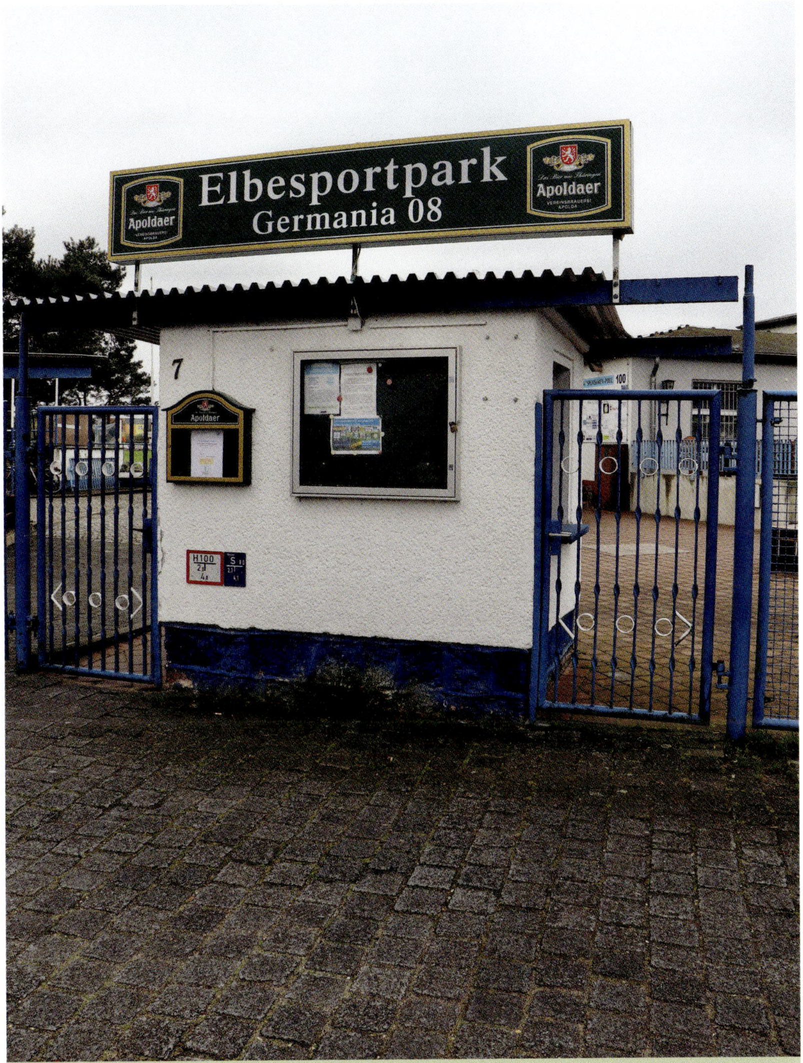

HARTE 4 FAKTEN

Adresse: Streetzer Weg 7, 06862 Dessau-Roßlau

Zuschauerkapazität: 5.000

Erbaut: 1933

Heimverein: SV Germania 08 Roßlau

Paul-Greifzu-Stadion

Die Oscar Schindlers von Suhl

Nachdem Dessau im II. Weltkrieg zu 80 % bei britischen Luftangriffen zerstört worden war, wurde das neue Stadion aus Trümmern und Kriegsschutt auf dem Gelände beim ehemaligen SV Tannenheger Dessau hochgezogen. Unter Zuhilfenahme der Dessauer Bevölkerung entstand ein imposantes Stadion, welches 1952 den Namen des bei einem Trainingsunfall an der A9 verunglückten Suhler Rennsportlers Paul Greifzu erhielt. Es war der 10. Mai 1952, als der erfolgreiche Rennfahrer Paul Greifzu etwa 500 Meter hinter der südlichen Ausfahrt an der A9 sein Leben verlor. Vermutet wurde ein Materialfehler an der Kurbelwelle, infolgedessen der Motor blockierte. Paul Greifzu wurde aus seinem „Silberpfeil" geschleudert und verstarb noch an der Unfallstelle.

Heute steht auf der Höhe des Unglücksortes wieder eine Stele, während der alte Gedenkstein, der Jahrzehnte an der Autobahn sichtbar war, mittlerweile am Stadion einen würdevollen Platz erhalten hat. Er hatte sich nicht nur um den Rennsport verdient gemacht, sondern sich zusammen mit seinem Bruder Fritz auch für Zwangsarbeiter eingesetzt, die sie aus Barackenlagern holten und versorgten. Daher wurden die Brüder Greifzu auch die „Oscar Schindlers von Suhl" genannt. Knapp ein halbes Jahr nach dem tragischen Tod wurde im Oktober das 35.000 Zuschauer fassende Paul-Greifzu-Stadion offiziell mit dem Oberliga-Spiel BSG Motor Dessau gegen Lokomotive Stendal eröffnet.

Was in den ersten Jahren noch für den erfolgreichen Dessauer Motor-Fußball erdacht war, ging später für den Ligabetrieb der Dessauer Armeefußballer von Vorwärts über, die dann ihre Spiele hier bestritten. Das Stadion kam in die Jahre und auch das Ende der DDR tat der Anlage nicht gut, sodass über einen Vielstufenplan Ende der 90er-Jahre eine Modernisierung erforderlich war. Eine moderne Leichtathletikanlage und eine Flutlichtanlage wurden gebaut und auch eine überdachte Tribüne für 2.048 Plätze errichtet, sodass sich Dessau mit seinen zahlreichen Sportveranstaltungen zurecht den Beinamen „Sportstadt" zugelegt hat.

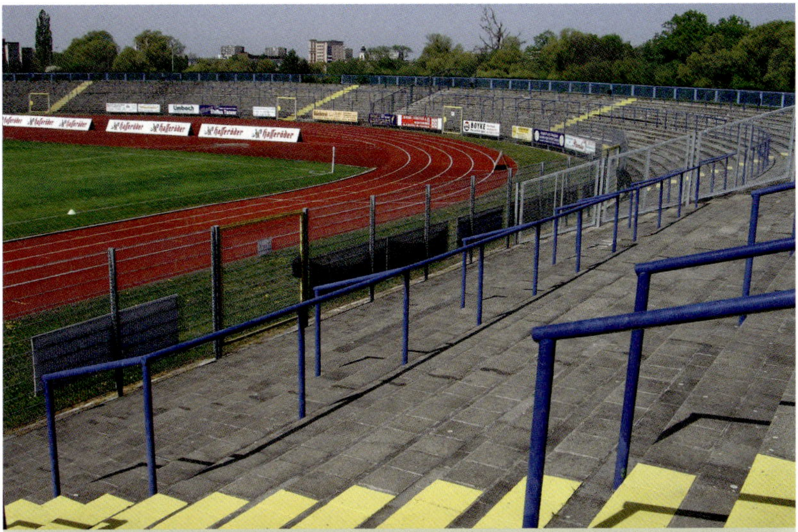

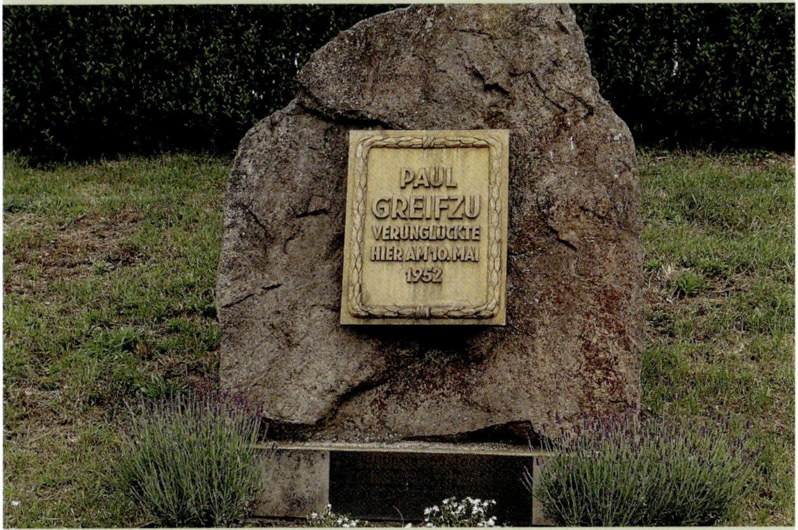

HARTE 4 FAKTEN

Adresse: Ludwigshafener Straße 69, 06842 Dessau

FDGB-Pokalfinalort: 1964 (12.000 Zuschauer) und 1973 (30.000 Zuschauer)

U17 EM 2009: Halbfinale Deutschland-Italien (6.574 Zuschauer)

DFB-Pokal 2004: 1. Runde TSV Völpke-FC Bayern München (20.000 Zuschauer)

Stadion am Schillerpark

SV Dessau 05: An Schalke 04 aufgerieben

Was haben Friedrich Schiller und der SV Dessau 05 miteinander zu tun? Im Jahr der Vereinsgründung 1905, als FC Adler 1905, war der 100. Todestag des Dichters, was zum Anlass genommen wurde, den Park an der Heimstätte der 05er nach der schillernden Persönlichkeit zu benennen.

Die ersten Vereinsjahre sind geprägt von Fusionen mit anderen Dessauer Vereinen. Erst mit dem Zusammenschluss zum SV Dessau 05 Ende des Jahres 1921 beginnt die beste Zeit. In der damaligen höchsten Spielklasse Gauliga Mitte stehen mehrere Meistertitel zu Buche, die zur Qualifikation zur Endrunde um die Deutsche Meisterschaft berechtigten. Sechs Mal gelingt dieses Kunststück, wobei gegen Gegner wie Schalke 04 in der Vorrunde stets Endstation ist. Im Oktober 1938 wird das Stadion am Schillerpark mit einem Sieg vor 18.000 Zuschauern gegen Schalke 04 feierlich eingeweiht. 1942 kommen die Dessauer bis ins Viertelfinale des Tschammerpokals. Übermächtiger Gegner ist dort natürlich – Schalke 04.

Nach 1945 erfolgt die Neugründung als Blau-Weiß Dessau. Als BSG Waggonbau Dessau wird 1949 der erste FDGB-Pokalsieg gegen die BSG Gera Süd errungen. Dadurch qualifizierten sich die Dessauer für die neu erschaffene DDR-Oberliga. Im Februar 1950 erfolgt die letzte Umbenennung bis zum Umbruch in der DDR: Unter dem Namen BSG Motor schaffen die Dessauer in der Saison 52/53 einen Startrekord in der DDR-Oberliga: 12 Siege und ein Unentschieden. Weil Erfolgstrainer Willi Braun politisch nicht als linientreu gilt, wird er mitten im sportlichen Höhenflug entlassen und die Mannschaft bricht ein, auch wenn sie letztlich einen guten sechsten Platz erreicht. Die spätere Dynamo Dresden-Legende Walter Fritzsch übernimmt das Kommando, was kurz darauf zum Abstieg in die DDR-Liga führt. In den 70er-Jahren versinkt der Verein gar in den Niederungen des DDR-Fußballs.

Nach der Wende der Neubeginn als Waggonbau 05, um 1995 mit altem Namen zum Ursprung zurückzukehren. Ein Insolvenzverfahren leitet 2009 die dunkelste Geschichte des Vereins ein. Heute spielt man in der Verbandsliga und träumt von den großen Spielen gegen Schalke 04.

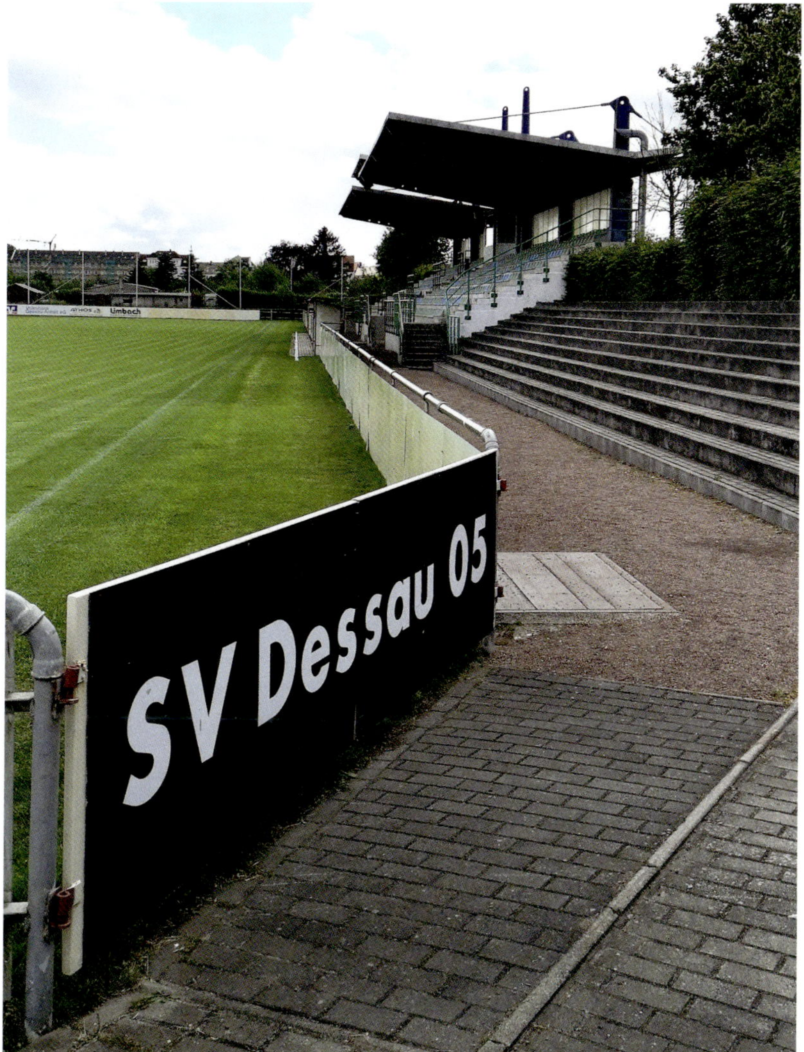

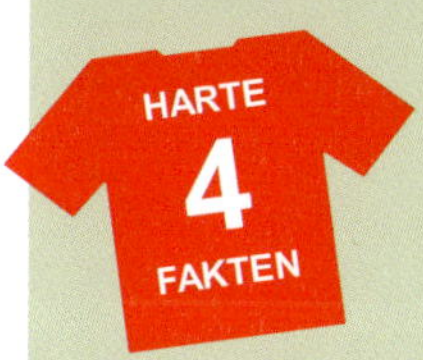

Adresse: Ringstraße 51, 06844 Dessau-Roßlau

Fassungsvermögen: 5.000

Erfolge: Gaumeister Mitte 1937-1939, 1942-1944; FDGB-Pokalsieger 1949; Landesmeister Sachsen-Anhalt 2004, 2006

Bekannteste Persönlichkeiten: Wolfgang Klank (erster DDR-Nationaltorwart); Walter Fritzsch (Trainer; Dynamo-Legende); Werner Welzel (DDR-Nationalspieler)

Sportforum am Friederikenplatz

Soldaten sind vorbeimarschiert ...

Die Geschichte des Vorwärtsfußball in Dessau beginnt nach der Saison 1973/74, als die komplette Liga-Mannschaft von Vorwärts Leipzig nach Dessau delegiert wird und von nun an als ASG Vorwärts Dessau am Ligabetrieb teilnimmt. Hier bestehen die Armeefußballer bis 1991 in der zweiten DDR-Liga. Erstaunlicherweise nimmt die Dessauer Bevölkerung die neue Vorwärtstruppe gut an und für eine Armeemannschaft in der DDR-Liga werden sehr gute Zuschauerzahlen erreicht. In den Jahren 1976 und 1984 nimmt Vorwärts nach den Staffelsiegen in der Liga sogar an den Aufstiegsspielen zur Oberliga teil. Hier scheitert man jedoch jeweils. Höhepunkt in den 70er-Jahren ist der Vorstoß ins Viertelfinale des FDGB-Pokals, wo Dynamo Dresden zu stark ist.

Als nach der „Wende" der Standort der NVA in Dessau aufgelöst wurde, war es auch um die Vorwärts Dessau geschehen. Vorwärts wurde in den zivilen Verein SG Dessau 89 übertragen, allerdings nicht sehr lang, weil daraus bereits im Juni 1990 der FC Anhalt Dessau hervorging. Bis ins Jahr 1998 hielt man sich in der Oberliga Nordost, erst drittklassig und dann ab 1994 viertklassig bundesweit eingestuft, stieg dann aber 1998 in die Verbandsliga ab. Es beginnt ein Hin und Her zwischen Oberliga und Verbandsliga, was in einem finanziellen Desaster mit Insolvenz im Jahr 2003 endet, sodass die Mannschaft zur Rückrunde schon gar nicht mehr antritt. Viele Spieler wechselten zum SV Stahlbau Dessau in die Kreisklasse, was zu einigen Unstimmigkeiten führte.

Im April 2005 gründeten einige ehemalige Spieler der SV Stahlbau in alter Verbundenheit die Anhaltinische Sportgemeinschaft Vorwärts Dessau. Mit dem Sportforum am Friederikenplatz wird alsbald eine neue Sportstätte mit einem Fassungsvermögen von 1.000 Plätzen gefunden, wo man sich von der Kreisklasse bis in die Landesklasse hochkämpfte. Heute spielt der Verein mit den alten Armeekluberinnerungen samt der dazugehörigen Farben Rot-Gelb in der Kreisoberliga Anhalt um Punkte und wer noch aus Tagen der DDR stammt, hat noch das Pionier-Lied „Gute Freunde" „Soldaten sind vorbeimarschiert" im Ohr.

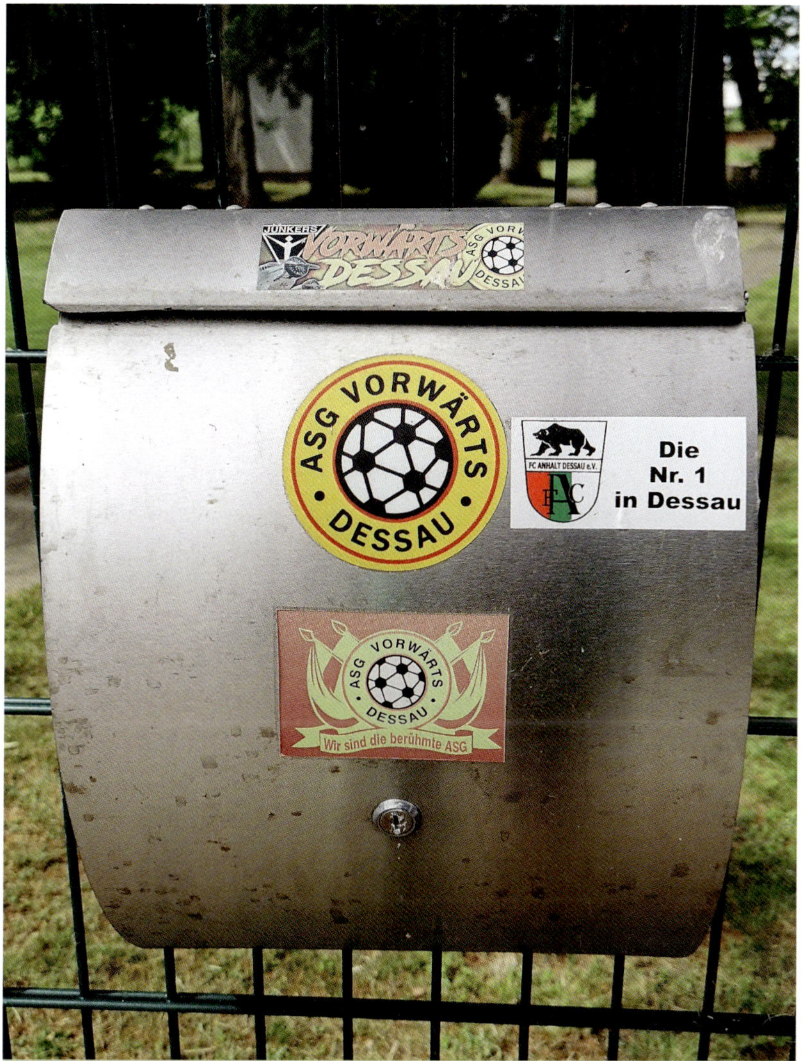

HARTE 4 FAKTEN

Adresse: Friederikenplatz 57, 06844 Dessau-Roßlau

Erstes Spiel: 4.9.1974 Vorwärts Dessau-Stadtauswahl Haiphong 4:2 (10.000 Zuschauer)

Rekordkulisse: 17.500 beim Aufstiegsspiel gegen Stahl Brandenburg 1984

Ewige DDR-Liga-Tabelle: Rang 4

Städtischer Sportplatz

Mansfelder SV Eisleben

Keine Frage, in der Lutherstadt drehen sich viele Dinge um den berühmtesten Einwohner, zumal Reformator Martin hier geboren und verstorben ist. Aber das größte Volksfest in Mitteldeutschland oder das populäre Comedy „Mundart" Duo „Elsterglanz" sind überregional bekannt.

Der Fußball backt da kleinere Brötchen, auch wenn der MSV Eisleben und sein Vorgänger Dynamo den Schnapszahl-Rang 33 in der ewigen DDR-Liga einnehmen. Früher passten auf den Städtischen Sportplatz 5.000 Zuschauer. So richtig voll war es hier nie, außer einmal, als 1984 der HFC hier mit seinen Fans gastierte und das Stadion in einen Hexenkessel verwandelte. Selbst in der sportlich besten Ligasaison 1964/65 kamen im Schnitt gerade 1.300 Zuschauer. Das hatte auch mit dem Stand als Polizeiverein in der DDR zu tun. Im Jahr 1950 als SV Deutsche Volkspolizei Eisleben ins Leben gerufen, drei Jahre später als Verein der DDR-Sicherungskräfte in SG-Dynamo umbenannt – der Klub hatte in der Außenwirkung einen schweren Stand in der Bevölkerung.

Immerhin gelang schnell der Sprung in die DDR-Liga, wo man sich mit kleineren Ausnahmen bis zur „Wende" hielt. Ab 1965 firmierte man zeitweise unter den Namen SG Dynamo Mansfeldkombinat (48.000 Mitarbeiter), um die Gunst des Publikums zu gewinnen. Sportlich blieb man der Hierarchie der Dynamo-Organisation unterstellt, die zur Aufgabe hatte, viele talentierte Spieler an die Dynamo-Klubs der Oberliga zu delegieren. Zahlreiche Oberliga- und Bundesligaspieler fanden so den Weg in die oberen Klassen.

Heutzutage ist es auf der Sportanlage noch ruhiger, wenn der seit 1990 in MSV umbenannte Verein seine Gäste in der Landesliga empfängt. Derbys, wie gegen Eintracht Lüttchendorf helfen, dass die Zuschauerzahlen mal über 600 klettern. Dann strahlt das neue Flutlicht auf die Fußballwiesen doppelt so hell und der Kassierer freut sich. Ansonsten spielt seit 1521 die Musik auf einer anderen Wiese, der Eisleber Wiese, beim größten Volksfest in Mitteldeutschland. Ein Grund mehr die Lutherstadt zu besuchen.

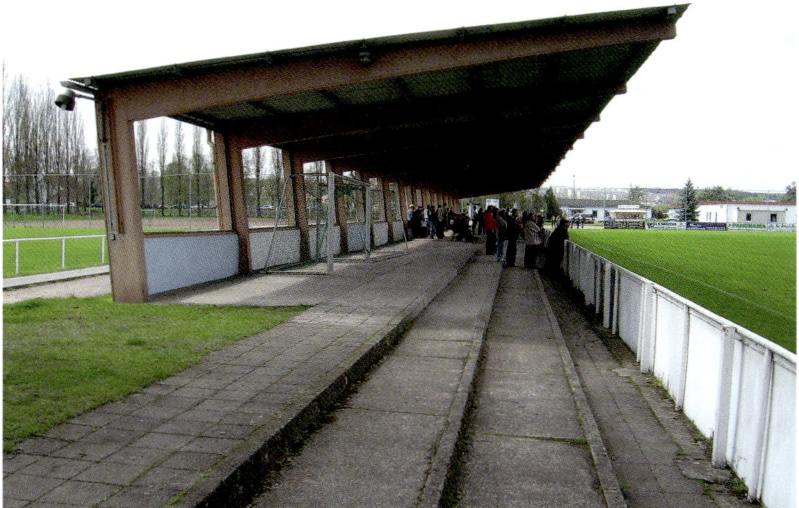

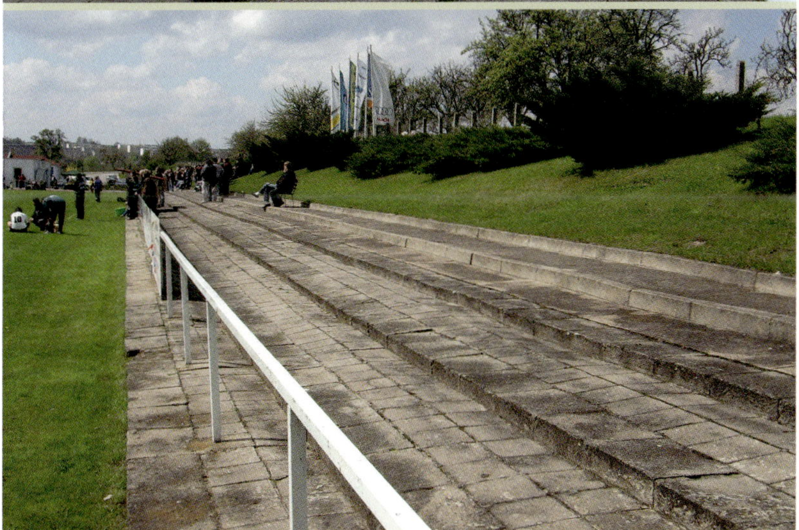

HARTE 4 FAKTEN

Anschrift: Am Sportplatz 7, 06295 Lutherstadt Eisleben

Farben: Rot-Blau

Ewige DDR-Liga-Tabelle: Platz 33

Persönlichkeiten: Lutz Schülbe, Henrik Herzog, Otto Werkmeister

Elster (Elbe) 023

ElsterBau-Sportpark

SV Eintracht Elster – ganz ohne diebischen Rabenvogel

Etwa 15 Kilometer östlich der Lutherstadt Wittenberg, direkt am Strom der Elbe liegt der beschauliche Ort Elster. Der Ort mit 2.000 Einwohnern heißt so, weil hier die Schwarze Elster in die Elbe mündet. Der SV Eintracht Elster wurde 1919 gegründet. Mehrere Jahre hielt man sich in Elster vorwiegend in unteren Fußballklassen auf, um dann auch noch im II. Weltkrieg große Teile der Mannschaft an Hitlers Fronten zu verlieren.

Am 12. Dezember 1952 folgte die Neugründung als BSG Lokomotive Elster, wobei der Andrang in der Sparte Fußball am größten war. Die Bedingungen nach dem Krieg waren am alten Sportplatz sehr bescheiden, mussten sich die Fußballer da noch im nahen Lokal „Anker" umziehen. Nach der Kreismeisterschaft 1958 holte man sich 1964 den Bezirksklasse-Titel: diesen dann schon im 1962 eröffneten „Stadion der Jugend".

Mit der „Wende" folgten Auflösung und Neugründung unter dem alten Namen SV Eintracht Elster. Mit den Jahren kam es zu baulichen Veränderungen an der Sportanlage, die von 2012 bis 2022 BRALE-Sportpark hieß. Der Name BRALE, ein Massivhaus-Hersteller aus der Region, zog sich 2022 als Namenssponsor des Sportparks zurück. Ab da sicherte sich der langjährige Hauptsponsor ElsterBAU die Namensrechte der gepflegten Sportanlage. Eine schmucke kleine Tribüne, eine neue Laufbahn, Bewässerungsanlage und ein neuer Kunstrasen zeigen, dass aus den tüchtigen Fischern von einst ein lebendiger und vorzeigbarer Verein geworden ist.

Nur vor einer Sache hat man in Elster etwas Angst, nicht vor Dieben im Federkleid, sondern vor Elbe-Hochwasser, weil das, wie zuletzt 2002, das Vereinsleben mächtig durcheinanderbringen kann. Apropos Vereinsleben: Aus dem angestrebten Höhenflug in die Verbandsliga wurde aus den verschiedensten Gründen nichts. Nun backt man in der Landesliga Mitte zwar sportlich wieder kleinere Brötchen, hat dadurch jedoch wieder mehr Leben im Verein. Ein Abstieg kann also auch was Gutes haben.

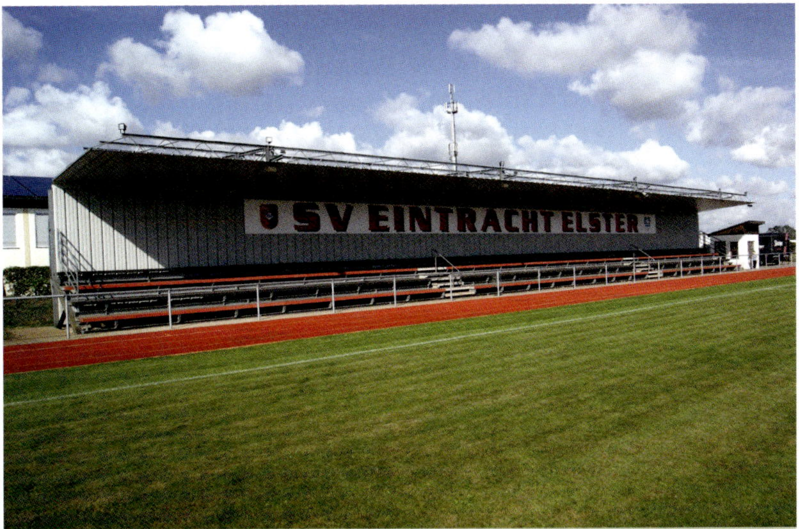

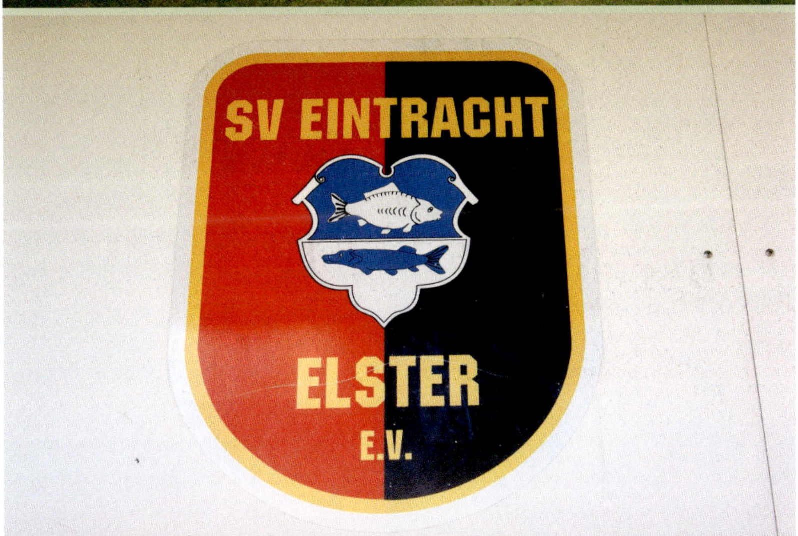

HARTE 4 FAKTEN

Adresse: Wilhelm-Pieck-Straße 8, 06895 Zahna-Elster
Kapazität: 2.000 (1.800 Steh- und 200 Sitzplätze)
Radweg: Internationaler Elberadweg (R2)
Fährmann über die Elbe: Gierseilfähre

Otto-Wolf-Kampfbahn

„Wer nicht aufräumt, darf nicht mitspielen"

Den 12. August 2017 dürfte sich jeder in Farnstädt gut gemerkt haben. Erste Runde im FSA-Pokal und am Ende stehen zwei Rekorde: Ein Zuschauerrekord von 800 Zuschauern in der „schmucken" Otto-Wolf-Kampfbahn, aber auch eine rekordverdächtige Heimniederlage gegen den Drittligisten Hallescher FC.

Im Jahr 1921, im Jahr der Gründung als VfB Oberfarnstädt, war das noch ganz anders. Nicht mal ein Fußballplatz stand zur Verfügung und so kickte man auf den Wiesen und Koppeln der Umgebung. Als Tore fungierten Stecktore und so besagt es die Chronik, dass sich beim Spiel gegen Mignon Halle auf dem „Nennewitzens Acker" ein großer Werbe-Zeppelin näherte, der die Werbebotschaft Mignon-Schokolade hinter sich herzog und es Schokoladentafeln vom Himmel regnete.

Im Jahr 1932 haben die Verantwortlichen genug vom „Feldgebolze" und stellen einen Antrag für eine Bereitstellung eines Sportplatzes bei der Gemeinde. 1935 findet die feierliche Einweihung des neuen Platzes statt. Rekordverdächtige 2,50 Meter Höhenunterschied waren immer noch besser als Fußball auf schlechtem Geläuf und so nimmt man dieses Defizit als gegeben hin. Wenige Jahre später wird es ruhig, der Krieg holt sich die Soldaten und somit die Spieler. Der Spielbetrieb findet erst nach dem II. Weltkrieg unter zunächst widrigen Umständen seine Fortsetzung.

Der Wiedergründung 1946 folgt 1949 die Umgestaltung des Vereinswesens in die BSG Traktor Farnstädt. Hier rückt der spätere Namensgeber des Platzes in den Vordergrund, der erst als Spieler, dann als Trainer, Kassenwart und als Präsident die Geschicke des Vereins leitet. Von ihm geht auch der markige Spruch aus „Wer nicht aufräumt, darf nicht mitspielen". Der Zusammenhalt prägt den Verein bis heute und so macht es auch nichts, dass das Pokalspiel 2017 rekordverdächtig endete. Fleißig sind die Verantwortlichen des Vereins ihren Weg weiter gegangen und haben die erste Mannschaft bis in der Verbandsliga getragen. Nicht so wichtig der Endstand: Farnstädt 0, HFC 15.

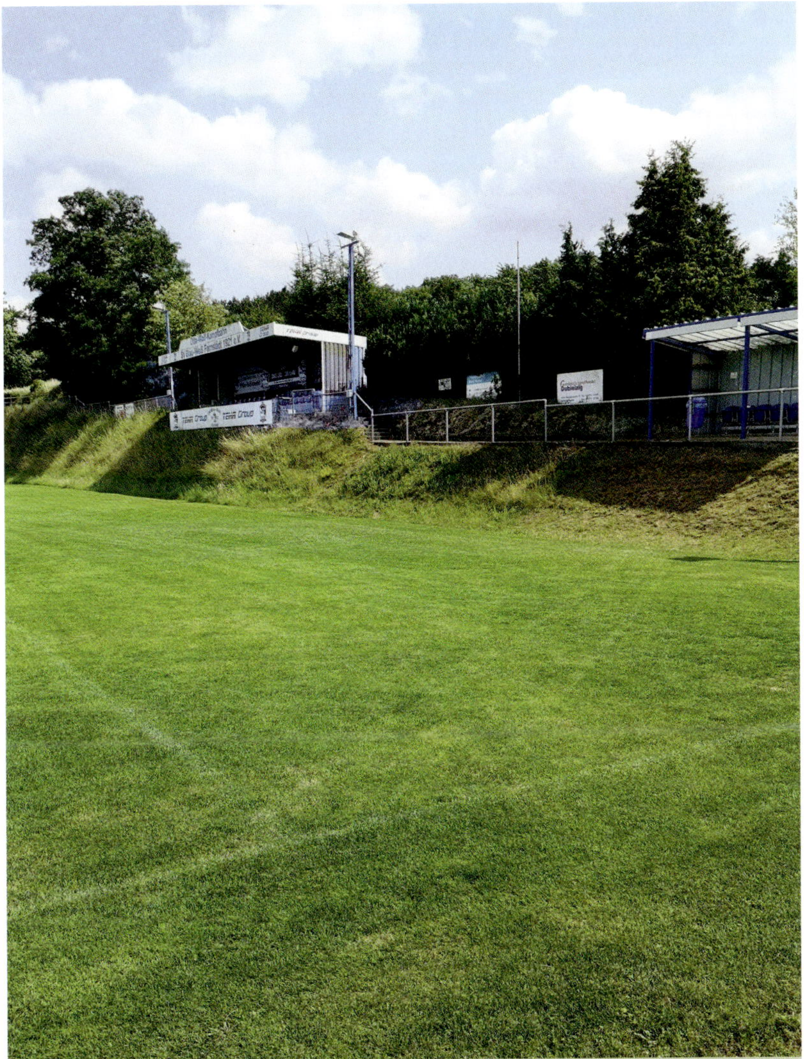

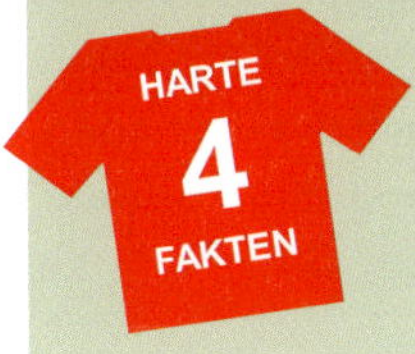

Adresse: Eislebener Straße 4, 06279 Farnstädt
Kapazität: 800, davon 80 überdacht
Hochburg: des Karnevals in Sachsen-Anhalt
Aktuelle Spielklasse: Landesliga Süd

Friedrich-Ludwig-Jahn-Sportpark

Frisch, fromm, fröhlich, frei

Das vermutlich malerischste Stadion in Sachsen-Anhalt finden wir im Unstruttal in Freyburg, an der Straße der Romanik. In einem Gebiet, wo bereits seit über 1.000 Jahren Wein angebaut wird, welches auf dem 51. Breitengrad zu den nördlichsten Weinanbauflächen der Welt gehört. Eingebettet in üppige Weinberge auf der einen Seite, thront von der anderen auf den Hängen das Schloss Neuenburg. Beim Blick über die Tribüne ins Land lässt sich fast vergessen, dass hier Fußball gespielt wird.

Gegründet im Jahr 1929 unter dem Namen FC Freyburg / Unstrut mit der Unterstützung von Paul Rieks, spielt man die ersten Jahrzehnte wie auch die Handballer auf dem Schützenplatz. Der Wiederanfang nach dem II. Weltkrieg ist zunächst schwierig. In den 1950er- und 60er-Jahren verbessert sich die Situation merklich und die Heimspiele auf der „Kampfbahn heißen Erde“ werden bei Zuschauerzahlen von über 1.000 in der Bezirksklasse zu heißen Tänzen. Der regionale Busverkehr kommt kaum nach, Busse für die Auswärtsspiele bereitzustellen, zu sehr steigt das Interesse am Fußball.

Anfang der 1960er-Jahre wird auch dank Turnvater Jahn das neue Stadion eröffnet, da hier dem berühmtesten Sohn der Stadt jährlich mit einem großen internationalen Turnfest gedacht werden soll. Eine weltweite Besonderheit am Stadion sind die im Rasen eingelassenen Fundamente mit Ösen für die Befestigung der Turngeräte. Ab 1974 spielen die Fußballer unter dem Namen TSG Jahnstadt, werden aber 1982 ausgegliedert und treten mit der Unterstützung der gleichnamigen Sektkellerei fortan unter dem Namen BSG Rotkäppchen Sektkellerei an.

Nach der „Wende“ wird aus der BSG der FC, der es bis in die Landesliga schafft. Alljährlicher Vereinshöhepunkt ist das Knabenturnier, welches seit 1975 ausgetragen wird und wo sich spätere National-, Oberliga- und Bundesligaspieler ein erstes Stelldichein gaben. Hier trugen sich u. a. Feyenoord Rotterdam, FC Bayern oder BFC Dynamo in die Siegerlisten ein. Turnvater Jahn mit seinem Spruch, „frisch, fromm, fröhlich, frei“ hätte sicherlich seine wahre Freude an der Spielweise der kleinen „Großen“.

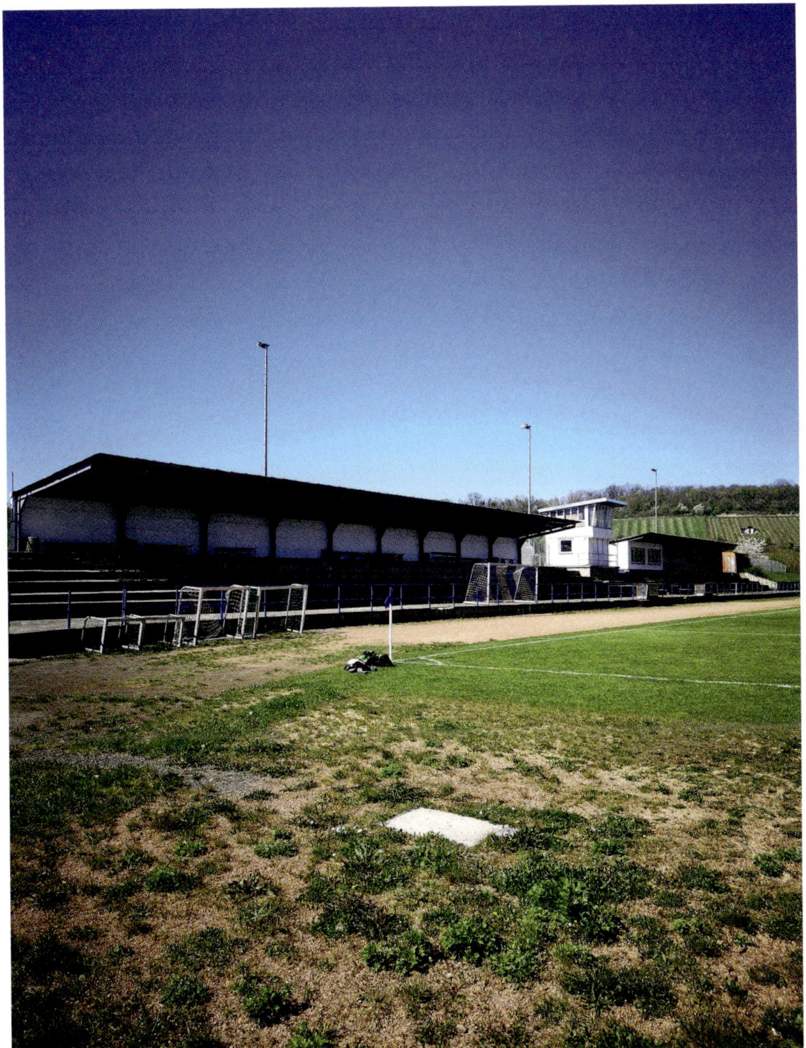

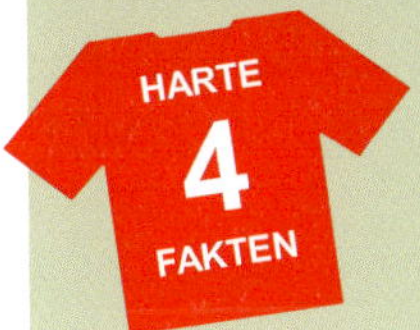

Adresse: Nordstraße 1, 06632 Freyburg / Unstrut

Kapazität: 3.500, davon 800 Sitzplätze

Lieblingsgegner und Derby: BSC 99 Laucha (früher Empor)

Turnvater Jahn: geb. 1778 in Lanz; gest. 1852 in Freyburg

Sportforum

SV Eintracht Gommern

Gommern ist eine Kleinstadt mit ca. 11.500 Einwohnern und einer schönen historischen Wasserburg auf halbem Weg zwischen Zerbst und Magdeburg. Der erste Sportverein der Stadt war der Männer-Turn-Verein von 1865, unter dessen Dach auch die Fußballer spielten. Diese traten aber im Jahre 1923 aus und gründeten einen eigenen Verein, den SV Germania Gommern. Gespielt wurde auf den Sportplätzen am Schützenhaus und an der Plötzkyer Chaussee. 50 Jahre später wurden die Rufe nach einer neuen und modernen Sportanlage lauter. Unter Federführung des ortsansässigen ZRAW (Zentrales Reparatur- und Ausrüstungswerk), dem Trägerbetrieb der am 27. Juni 1953 gegründeten BSG Aktivist Gommern, entstand zwischen 1972 und 1974 das Sportforum „Martin Schwantes". Dazu zählten ein Rasenplatz mit Laufbahn und einem Sprecherturm, ein Nebenplatz, eine Turnhalle, eine Sportgaststätte sowie ein Mehrzweckgebäude mit Umkleidekabinen und eine automatische Kegelbahn. Der Namensgeber Martin Schwantes war KPD-Mitglied und ein Widerstandskämpfer gegen den Nationalsozialismus. Er wurde 1944 zum Tode verurteilt und 1945 im Zuchthaus Brandenburg hingerichtet.

Seitdem das Prestigeobjekt fertig ist, fanden dort wichtige Meisterschaften und internationale Vergleiche in den Sportarten Fußball, Handball, Basketball und Kegeln statt. Ein Höhepunkt war das UEFA-Qualifikationsspiel der DDR-Junioren gegen Jugoslawien am 30. März 1975, in welchem unter dem Jubel der 5.000 Zuschauer der Gommeraner Uwe Grüning das Tor zum 2:0-Endstand erzielte. Fünf Jahre später fand auch das Gruppenspiel der Endrunde des UEFA-Juniorenturniers am 18. Mai 1980 zwischen der BRD und Finnland in Gommern statt. Endstand 6:2 für die Westdeutschen. Besonders gute Erinnerungen an das Sportforum haben die Kicker vom FSV Lok Altmark Stendal, denn sie gewannen dort ihre beiden Endspiele um den Landespokal Sachsen-Anhalts 1992 (2:0 gegen Anhalt Dessau) und 1996 (3:0 gegen VfL Halle 96) jeweils vor ca. 1.000 Zuschauern.

Zum 75-jährigem Vereinsjubiläum des SV Eintracht 1998 empfing man den Bundesligisten VfL Wolfsburg und verlor vor 1.000 Zuschauern mit 1:11.

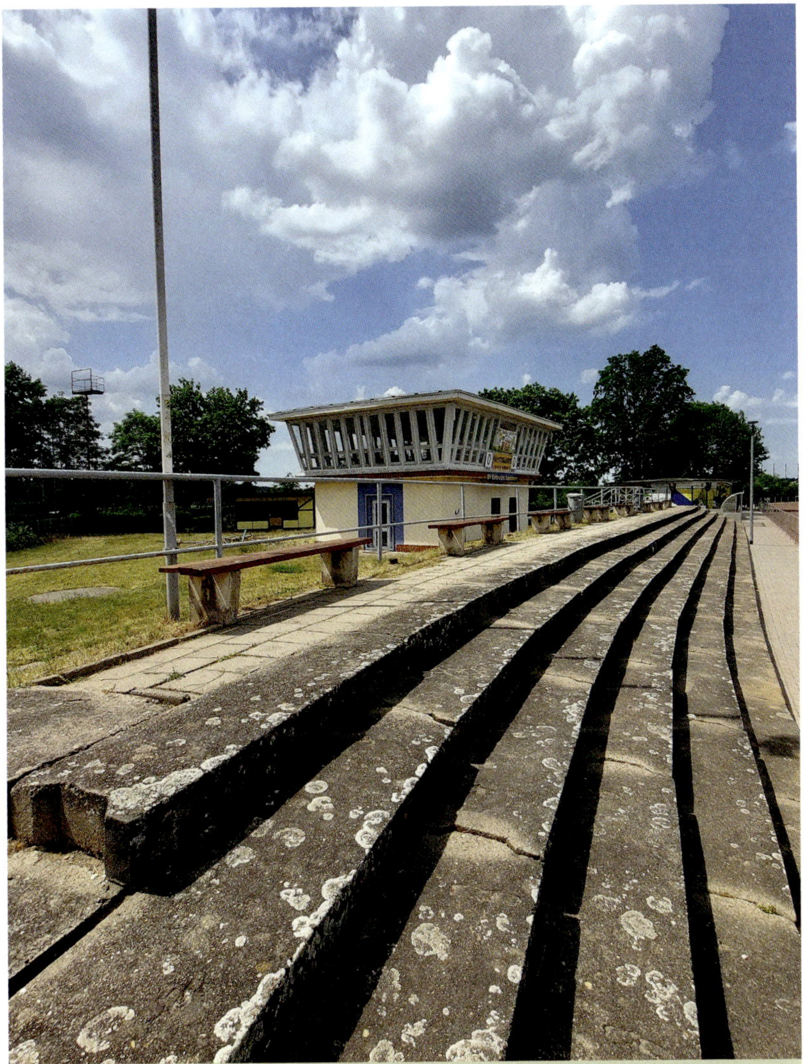

HARTE 4 FAKTEN

Landkreis: Jerichower Land
Adresse: Magdeburger Straße 11, 39245 Gommern
Zuschauerkapazität: 4.000
Eröffnung: 27. Juni 1973

Gräfenhainichen (Zschornewitz) 027

Stadion am Pöplitzer Weg

Turbine Zschornewitz – Volle Kraft voraus!

Zschornewitz war ein kleines Dorf am Rande der Dübener Heide. Doch ab 1915 war es mit der Idylle in der Gemeinde vorbei, denn seit dem Bau des Braunkohlekraftwerks brummten die riesigen Turbinen, die Werkssirene ertönte mehrfach am Tag und die Grubenbahnen brachten Braunkohle aus den nahegelegenen Tagebaugebieten. Für die vielen Beschäftigten entstand eine moderne Werkssiedlung und die Einwohnerzahl verzehnfachte sich. Im August 1919 kam es dann zur feierlichen Gründung der Spielvereinigung Zschornewitz-Golpa. Die Vereinsfarben waren Blau und Weiß. In der ersten Auflage der Gauliga Mulde 1923/24 landete die SpVgg weit abgeschlagen auf dem letzten Platz und spielte danach in unterschiedlichen Spielklassen im Gau Mulde.

Ab 1952 ging der Verein als BSG Turbine Zschornewitz an den Start. Nie war ein Vereinsname treffender vergeben worden, denn der Trägerbetrieb war natürlich das örtliche Großkraftwerk. Im Jahr 1956 gelang zum ersten Mal der Aufstieg in die Bezirksklasse Halle. Nach dem Abstieg im Sommer 1961 kamen bis zum Ende der DDR nur noch zwei weitere Spielzeiten in der Bezirksklasse dazu: 1974/75 sowie 1980/81. 1977 wurde mit dem Bau eines neuen Sportzentrums am Pöplitzer Weg begonnen, da die in die Jahre gekommene Turbine-Kampfbahn „Stefan Szajkowski" nicht mehr den Bedürfnissen der Sportler gerecht wurde. 1981 wurde der neu geschaffene Fußballplatz im Sportkomplex eingeweiht.

1997 errang Turbine die Meisterschaft im Kreis Bitterfeld und stieg in die Landesklasse auf, die immerhin bis zum Jahr 2000 gehalten werden konnte. 2002 wechselte dann der SV Turbine Zschornewitz auch fußballtechnisch zum Landkreis Wittenberg, nachdem man in der Vergangenheit auch in den Kreisen Gräfenhainichen und Bitterfeld am Spielbetrieb teilgenommen hatte. Seit der Saison 2022/23 tritt der Verein in einer Spielgemeinschaft mit dem SV Glück Auf Möhlau unter dem Namen SV Golpa in der Landesklasse an. Gespielt wird jedoch in Möhlau, sodass auf der gepflegten Sportanlage in Zschornewitz zumeist nur noch die Nachwuchsmannschaften auflaufen.

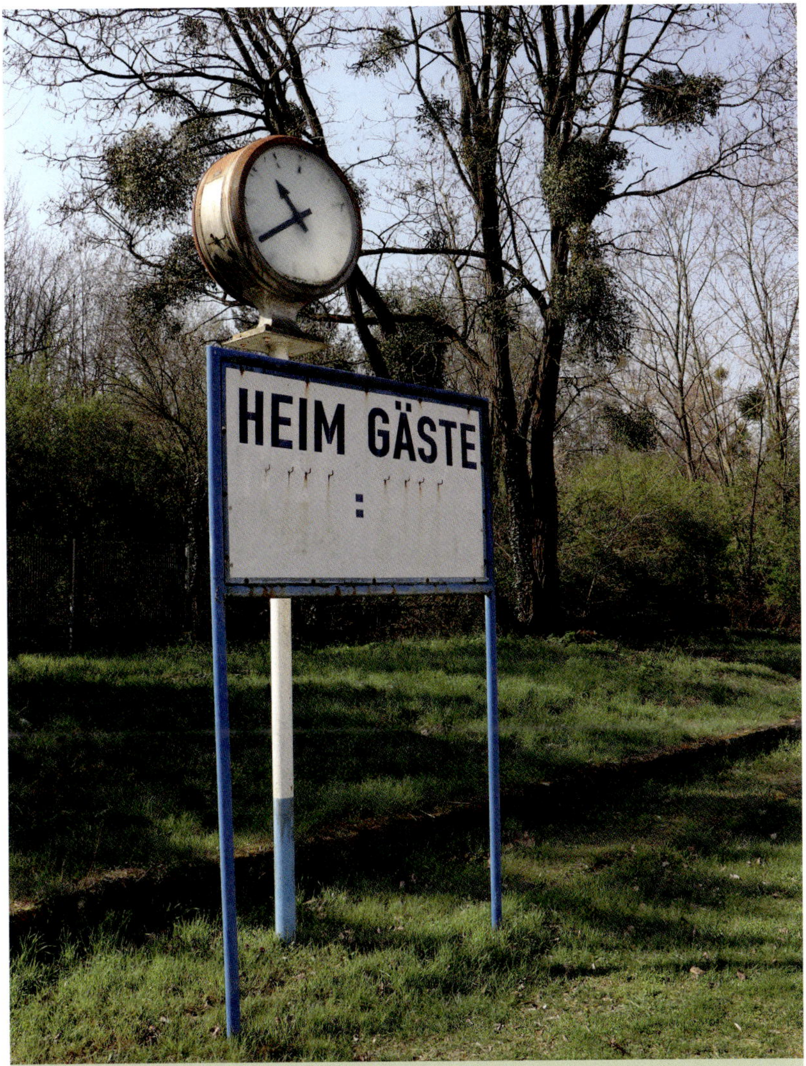

HARTE 4 FAKTEN

Landkreis: Wittenberg

Adresse: Pöplitzer Weg 49, 06772 Gräfenhainichen

Fassungsvermögen: 2.500

Einweihung: 30. August 1981

Stadion im Sportforum Aktivist

VfB Gräfenhainichen

Das Sportforum liegt nur 300 Meter vom Ufer des Gremminer Sees entfernt, wo sich auf einer Halbinsel die „Stadt aus Eisen“ (Ferropolis) befindet. Das dortige Industriemuseum mit fünf riesigen Baggern und Absetzern erinnert an 100 Jahre Braunkohleförderung in der Region und eine Arena für 25.000 Zuschauer dient als Veranstaltungsort für große Konzerte und Festivals.

Auch die Fußballer vom VfB Gräfenhainichen können bereits auf eine über 100-jährige Geschichte zurückblicken, denn seit 1919 wird dort organisiert Fußball gespielt. Erste Erfolge stellten sich in den 1960er-Jahren unter dem Namen BSG Aktivist Gräfenhainichen ein, die 1951 gegründet worden war. 1960 wurde man Kreismeister Wittenbergs und stieg in die Bezirksklasse auf. Nur drei Jahre später glückte auch der Aufstieg in die Bezirksliga Halle. Im Jahr 1965 gelang sogar der Staffelsieg in der Bezirksliga Nord. In den beiden Spielen um den Aufstieg zur DDR-Liga unterlag man jedoch BSG Chemie Buna Schkopau mit 2:4. Das Hinspiel in Gräfenhainichen verfolgten ca. 3.500 Zuschauer.

Der 1927 eröffnete städtische Sportplatz war in die Jahre gekommen und 1964 wurde mit dem Bau des neuen zukunftsträchtigen Sportforums begonnen. Das Millionenprojekt wurde zu einer Schwerpunktaufgabe im Nationalen Aufbauwerk der DDR erklärt und dank großer Unterstützung des Trägerbetriebs VEB Zentralwerkstatt nach vier Jahren fertiggestellt. Neben einem Rasen- und einem Hartplatz wurden auch Tennisplätze, Kegelbahnen sowie ein modernes Sportlerheim errichtet. Das Aushängeschild war die längste überdachte Tribüne der DDR zu dieser Zeit. Zur Einweihungsfeier am 6. Juli 1968 trat die BSG Aktivist gegen die BSG Motor Hennigsdorf vor 1.500 Zuschauern an. Insgesamt spielte Gräfenhainichen 25 Jahre in der Bezirksliga Halle und auch nach der „Wende“ bis 1998 in der Verbandsliga. Ein Höhepunkt war das Jahr 1994, als Zweitligist FC St. Pauli zum 75-jährigen Vereinsjubiläum gastierte und man dem großen Halleschen FC im DFB-Bezirkspokalendspiel in Wolfen nur knapp mit 0:1 unterlegen war. 2023 feierte der VfB nach 15 Jahren sein Comeback in der Landesliga.

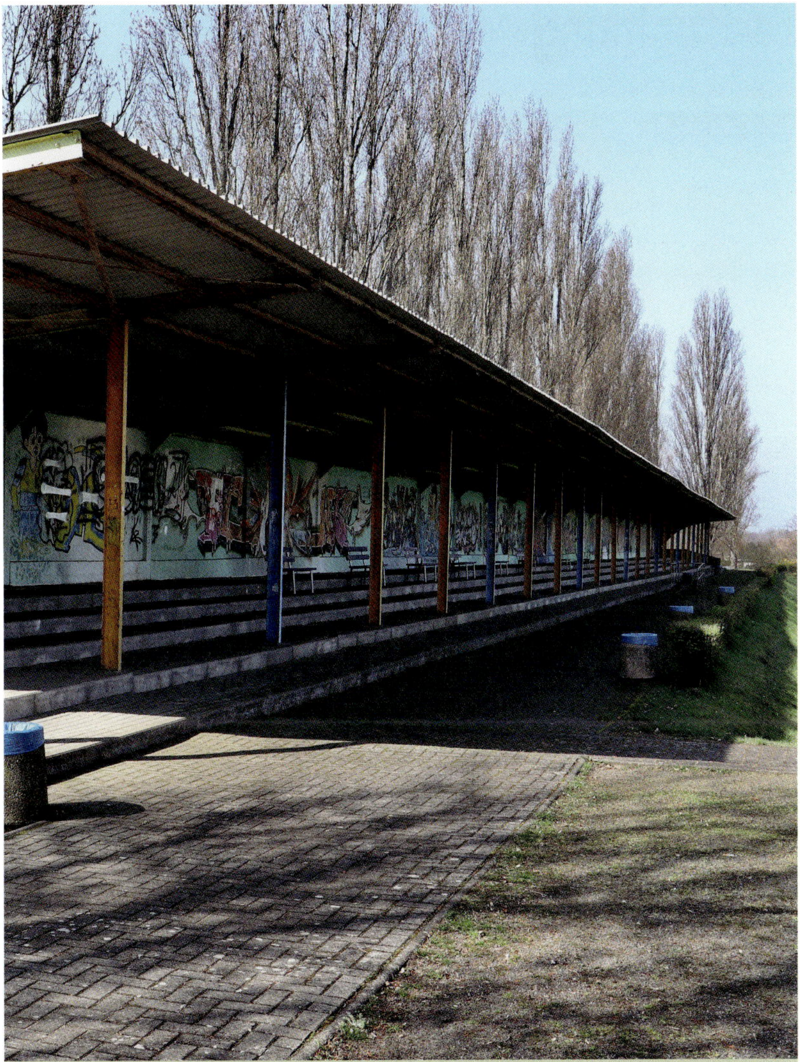

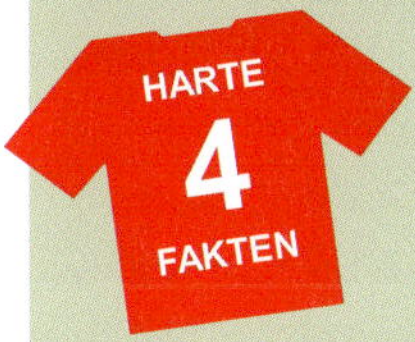

Adresse: Lindenallee 6, 06773 Gräfenhainichen

Fassungsvermögen: 5.000

Besonderheit: Austragungsort des FDGB-Pokalspiels 1. FC Lok Leipzig gegen HFC

Zuschauerrekord: 5.000 (1. FC Lok Leipzig gegen HFC am 2. 12. 1972)

Stadion „Glück Auf"

Von Kohlekumpel zu Mannschaftskameraden

Das Braunkohlenwerk Golpa-Jeßnitz im Besitz der Berliner Elektrizitätswerke versorgte das 1915 erbaute und damals weltgrößte und modernste Kohlekraftwerk in Zschornewitz mit Braunkohle zur Herstellung elektrischen Stroms durch Dampfturbinen und Heizkessel. Mittels einer Hochspannungsleitung, auch Golpa-Leitung genannt, wurde die Hauptstadt Berlin mit Fernstrom versorgt. Bei der Berlin-Blockade 1948 durch die Sowjetunion wurde die Belieferung eingestellt und in West-Berlin gingen aufgrund fehlender eigener Stromressourcen zunächst die meisten Lichter aus. Die Trasse wurde später verlegt, um nur noch den Osten Berlins zu versorgen.

Die Kumpel aus dem Tagebau, die im 3-Schicht-System arbeiteten, spielten seit 1938 in der Betriebssportgemeinschaft der Grube Golpa. In der DDR wurde das Braunkohlenwerk Golpa der Trägerbetrieb des Fußballvereins BSG Aktivist Golpa bzw. Möhlau. Mit dessen Unterstützung wurde an der Stelle des alten Sportplatzes in Möhlau im Jahre 1953 ein neues Stadion samt Leichtathletikanlage sowie einem Trainingsplatz feierlich eröffnet.

In den folgenden Jahren etablierte sich die Mannschaft in der Bezirksklasse und gutbesuchte Derbys gegen den großen Nachbarn aus Gräfenhainichen wurden ausgefochten. Der Sprung in die Bezirksliga gelang jedoch nie.

Nach der „Wende" wollte der Nachfolgeträger die Kosten für die Unterhaltung der Sportstätte nicht mehr tragen und bot sie vergeblich zum Verkauf an. Das Gelände drohte zu verfallen, bis die Gemeinde Möhlau es kaufte und sanierte. Auch die Außenanlagen, die Zufahrtsstraße und die Parkplätze wurden 1997 dank Fördermitteln des Bundes neu gestaltet.

Somit konnte auch das 60-jährige Jubiläum des Stadionneubaus rund um das Landespokalspiel des SV Glück Auf Möhlau gegen den VfL Halle 96 am 7. September 2013 in dem kleinen Schmuckkästchen gefeiert werden.

Zur Saison 2022/23 trat die erste Mannschaft nach dem Zusammenschluss mit dem benachbarten SV Turbine Zschornewitz als SV Golpa an, da aus Mangel an Spielern keine eigenständige erste Herrenmannschaft gestellt werden konnte.

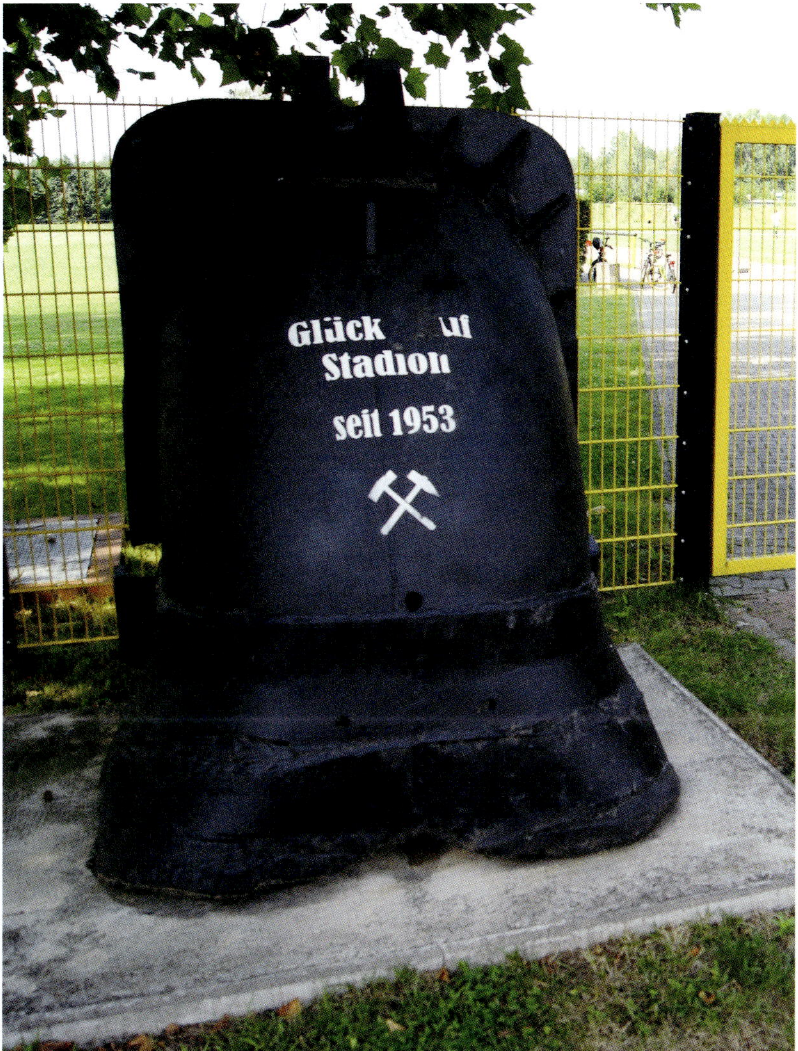

HARTE 4 FAKTEN

Landkreis: Wittenberg
Adresse: Am Stadion 7, 06772 Gräfenhainichen
Fassungsvermögen: 5.000
Eröffnung: 1. September 1953

Die Jürgen-Sparwasser-Stadt

Der berühmteste Sohn der Stadt

Als Jürgen Sparwasser am 4. Juni 1948 in Halberstadt das Licht der Welt erblickt, ahnt noch keiner, dass der junge Erdenbürger fast auf den Tag genau 26 Jahre später zu ewigem Fußball-Ruhm aufsteigen wird. Es ist der 22. Juni 1974 um 21:03 Uhr, die 77. Spielminute des WM-Spiels BRD gegen die DDR läuft, als Jürgen einen Pass des eingewechselten Erich Hamann aufnimmt, die beiden BRD-Spieler Höttges und Vogts stehen lässt und unhaltbar für Sepp Meier zum 1:0 für die DDR einschießt.

Bekannt ist Halberstadt aber nicht nur wegen seines berühmtesten Fußballsohnes, sondern auch für seinen mittelalterlichen Dom, samt seines wertvollen Domschatzes. Auch die Martini- und Liebfrauenkirche im historischen Stadtkern sind sehenswert. Eine Besonderheit stammt aus dem Jahr 1361, als in Halberstadt die erste Großorgel der Welt, eine Blockwerksorgel gebaut wurde, was ihr ganz nebenbei den Beinamen Orgelstadt eingebracht hat. Im Burchardikloster ertönt seit dem Jahr 2001 das langsamste Orgel-Musikstück der Welt von John Cage: „As Slow as Possible“, welches als Orgel-Kunst-Projekt gilt und über 639 Jahre seinen Klang in die Zukunft tragen soll. Ob die Menschen sich dann am Ende dieser Orgel-Epoche an Jürgen und sein legendäres Tor aus Hamburg 74 erinnern werden, bleibt offen, aber ist zumindest dieses Musikstück als Gegenpol zur Schnelllebigkeit und Vergesslichkeit der heutigen Zeit zu sehen.

Und schnell sind sie vergangen die Jahre, seit dem Tor von Jürgen Sparwasser, Fluch und Segen zugleich, was sich immer noch am starken Interesse an seiner Person abbildet, und so zieht der Protagonist heutzutage lieber unerkannt seine Runden durch seine Heimat, wo im Juni 1948 sein Leben begann und er unter seinem Vater bei der BSG Lok Halberstadt als zehnjähriger Junge seine fußballerische Laufbahn startete, bevor er nach Magdeburg für Höheres berufen wurde, dreimal DDR-Meister, viermal Pokalsieger, Europapokalsieger wurde und nur ein paar Wochen später das Tor schoss, was ihm zum Weltruhm verhalf und ihn neben den „Würstchen“ zum bekanntesten Halberstädter machte.

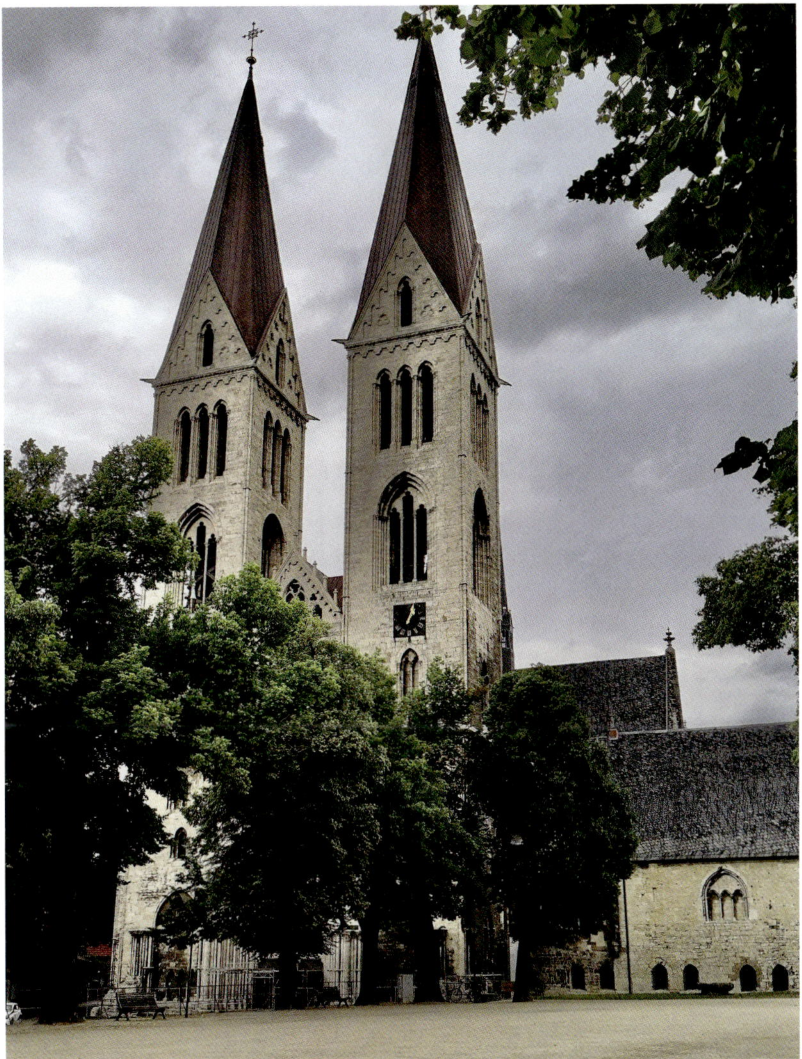

HARTE 4 FAKTEN

Adresse: Touristen Information Holzmarkt 1, 38820 Halberstadt

Einwohner: ca. 40.000

Andere Fußballsöhne: Jörg Ramme, Lutz Lindemann, Frank Lieberam

Fußballvereine in Halberstadt: SV 1919 Grün-Gelb Ströbeck, VFB-Germania, SV Fortuna, FSV Sargstedt, SV Langenstein

Halberstadt 031

Friedensstadion

Mehr als nur Würstchen

„Halberstädter–alles was Mann gern ist". Zwei Dinge, die die Welt mit Halberstadt verbindet: der mittelalterliche Dom und die knackige Dosenwurst. Etwas dahinter hat sich der VfB Germania Halberstadt positioniert. Was viele dabei nicht wissen, ist, dass in einem der Vorgängervereine des VFB bei der BSG Lokomotive der berühmteste Fußballer der DDR, Jürgen Sparwasser, sein Fußball-ABC lernte, bevor er nach Magdeburg wechselte.

Die Geschichte des Fußballs in der Stadt beginnt im Jahr 1900, dem Gründungsjahr der FC Germania Halberstadt. Bis 1945 kickt man in der Gauliga Harz, gewinnt mehrere Titel, was zur Teilnahme an der Mitteldeutschen Meisterschaft berechtigt. Im Jahr 1947 wurde der Verein unter dem Namen SG Halberstadt-Altstadt wieder zum Wettkampf gemeldet. Kurze Zeit später gelang es dem Verein erst als BSG Reichsbahn und ab 1950 als BSG Lokomotive, sich erst in der 2. Liga der DDR und dann auch in der DDR-Liga zu etablieren. Bis 1980 pendelt man zwischen Bezirksliga Magdeburg und DDR-Liga, dann war aller Dampf der Lok verraucht und die Bezirksliga blieb bis zum Umbruch in der DDR sportliche Heimat. Nach der „Wende" erneut ein steter Wandel: Vom ESV zum VfB Halberstadt 1949, danach durch eine Fusion zum heutigen Namen VfB Germania.

Über die Verbandsliga und Oberliga-Nord / Ost ging es bis in die Regionalliga, wo lediglich 2016 abgestiegen wird, aber postwendend 2017 in Relegationsspielen der Wiederaufstieg gelingt. Gespielt wird im 1937 eröffneten Halberstädter Sportfeld, welches seit 1950 Friedensstadion heißt. Das Fassungsvermögen beträgt 5.000 Plätze, wobei die 2012 neu errichtete schmucke Haupttribüne 765 Zuschauern Platz bietet.

Absolute Vereinshöhepunkte waren die Teilnahme am DFB-Pokal 2017 gegen den SC Freiburg, wo ausgerechnet einem der bekanntesten früheren Jugendspieler der Germania und späteren Nationalspieler Nils Petersen die Führung für die Breisgauer gelingt. Drei Jahre später gastierte Union Berlin hier bei einem Zuschauerrekord mit 5.946 Zuschauern. Sportlich war beides Mal Schluss, einmal mit einem achtbaren 1:2 gegen den SC und einem deutlicheren 0:6 gegen Union.

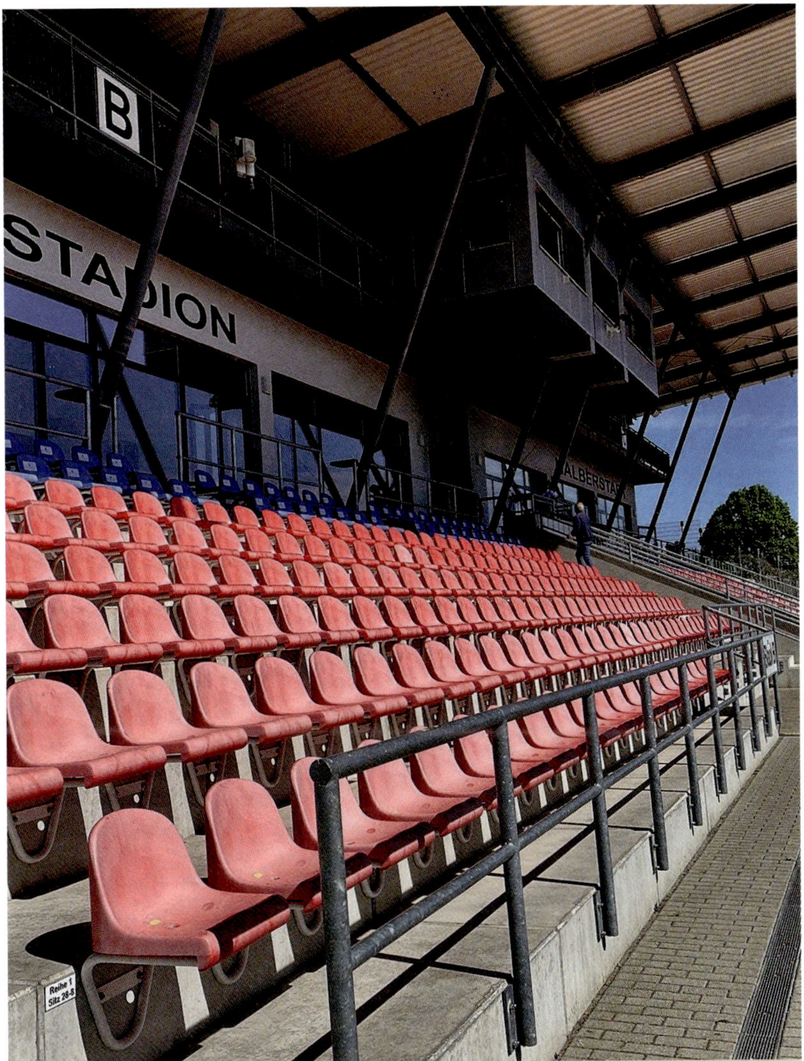

HARTE 4 FAKTEN

Adresse: Spiegelsbergenweg 79, 38820 Halberstadt

Ewige DDR-Liga-Tabelle: 94. Platz

Bekannte Spieler: Lutz Lindemann (21 x DDR), Jürgen Sparwasser (53 x DDR)

Jüngster Schiri Deutschlands: Lennox Pawlik (geb. 13.4.2009)

Sportplatz am Sommerbad

Iron Maik und der SV Langenstein von 1932

Unweit des örtlichen Sportplatzes vom SV Langenstein 1932 sind sie zu besichtigen, die über die Ortsgrenzen bekannten Höhlenwohnungen am Schäferberg in Langenstein. Dass die Vorfahren des früheren Bundesliga „Rüpels" Maik Franz von den Troglodyten, den Höhlenbewohnern abstammen, kann gänzlich ausgeschlossen werden, auch wenn beispielsweise Mario Gomez seinerzeit vermutlich anders gedacht hat, als er mit dem VfB Stuttgart auf den heißblütigen Verteidiger des KSC traf.

Maik Franz, 1981 in Merseburg geboren, zog mit seinen Eltern lange nach dem letzten Höhlenmenschen nach Langenstein in den Harz und begann 1987 beim SV Langenstein mit dem Fußballspielen. Seine Karriere nahm hier seinen Anfang, die über den 1. FC Magdeburg, VfL Wolfsburg, Karlsruher SC, Eintracht Frankfurt und Hertha BSC für den Jungen aus dem Harz durchaus einen beachtlichen Werdergang vorzuweisen hat. Am Ende stehen 192 Bundesligaspiele mit 12 Toren und ein legendärer Ruf bei seinen Gegenspielern. Fragt man seine Freunde und ehemaligen Mitspieler vom SV Langenstein, kann man sich nur schwer nicht vorstellen, dass es sich Maik Franz mit seiner „grenzwertigen" Spielweise mit der halben Bundesliga verscherzte und die Fans des Karlsruher SC „ihren" Maik mental im Kampf gegen die Attacken des VfB Stuttgart mit dem Spitznamen „Iron Maik" unterstützten. Ansonsten gilt Maik bei seinen Freunden in Langenstein als sehr angenehmer Zeitgenosse, was auch seine Mitspieler im Bundesliga-Business stets betonen.

Ansonsten ist der SV Langenstein von 1933 neben Fußball mit zahlreichen weiteren Sparten fester Bestandteil der Ortskultur des 1825 Einwohner zählenden Harzortes. Besonders stolz ist man im Verein auf das 1998 eröffnete Sportlerheim mit seiner Bundeskegelbahn, die den Vorschriften des Deutschen Keglerbundes entspricht. Und ganz sicher hat hier auch schon „Iron Maik" so manche Kugel abgefeuert und abgefeiert, ganz friedlich.

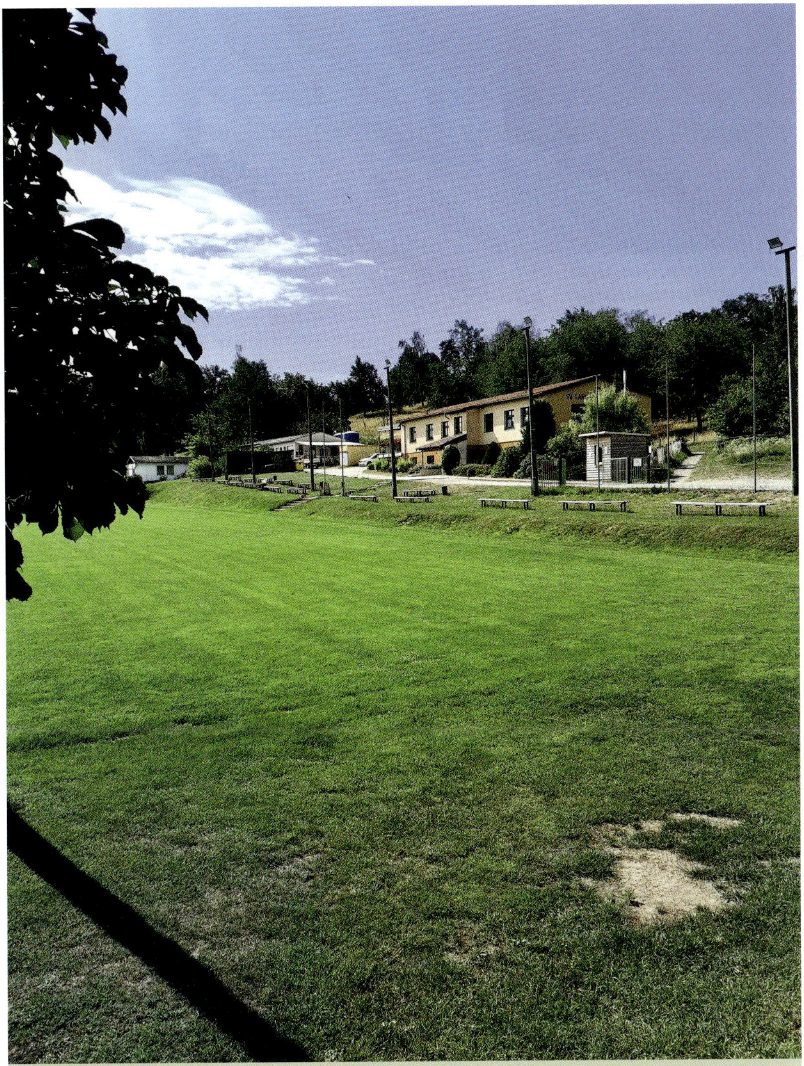

HARTE 4 FAKTEN

Adresse: Sportplatz am Sommerbad, 38895 Halberstadt-OT Langenstein

Fassungsvermögen: 2.000

Aktuelle Spielklasse: Landesklasse Staffel 3

Öffnungszeiten Höhlenwohnungen: Apr.–Okt. 10–18 Uhr / Nov.–März 10–16 Uhr

Haldensleben 033

Waldstadion

Haldensleber SC

Am 15. Juni 1910 wurde in der Stadt am Fluss Ohre der Sport-Club Viktoria 1910 Neuhaldensleben gegründet. Durch den Zusammenschluss mit zwei weiteren Vereinen entstand am 13. August 1922 der VfL Neuhaldensleben, der mit Vereinen aus Magdeburg und Umgebung im Gau Mittelelbe antrat.

Nach der Neugründung in der DDR als BSG Lokomotive Haldensleben 1948 startete die Fußballabteilung in den 1950er-Jahren richtig durch. Nach dem Aufstieg in die Bezirksliga Magdeburg 1954 profitierte man drei Jahre später von der Aufstockung der II. DDR-Liga von zwei auf fünf Staffeln. Denn somit reichte der dritte Platz hinter Einheit Burg und Lok Halberstadt in der Spielzeit 1957 zum Aufstieg in die dritthöchste nationale Spielklasse. Doch das Abenteuer II. DDR-Liga war schon nach einer Saison beendet. Danach spielte Haldensleben überwiegend in der Bezirksklasse. Im Sommer 1962 verließ der gebürtige Haldensleber und Junioren-Nationalspieler Jörg Ohm im Alter von 18 Jahren seinen Heimatverein und wurde im Laufe seiner Spielerkarriere sowohl mit der BSG Chemie Leipzig als auch mit dem 1. FC Magdeburg Meister und Pokalsieger der DDR.

Nach der letzten von mehreren Fusionen entstand im Juni 1998 der heutige Haldensleber Sportclub, der seitdem bis auf die Jahre 2003 bis 2008 ein fester Bestandteil der Verbandsliga ist. Seine Heimspiele bestreitet er in einer der ansehnlichsten Sportanlagen Sachsen-Anhalts. 2012 erreichte der Haldensleber SC das Finale des Landespokals in Dessau. Im dortigen Paul-Greifzu-Stadion unterlag man vor 2.700 Zuschauern dem Halleschen FC mit 0:4. In der Spielzeit 2012/13 konnte sogar die Landesmeisterschaft errungen werden. Doch der Sportclub verzichtete freiwillig auf den Aufstieg in die Oberliga Nordost.

Zur Saison 2015/16 kehrte Kevin Schlitte nach 13 Jahren in der Fremde an seine alte Wirkungsstätte nach Haldensleben zurück und spielte wie bereits von 1999 bis 2002 für den Sportclub in der Verbandsliga Sachsen-Anhalt. In der 2. Bundesliga hatte er insgesamt 193 Spiele für Carl-Zeiss Jena, SC Freiburg, Hansa Rostock und Erzgebirge Aue absolviert.

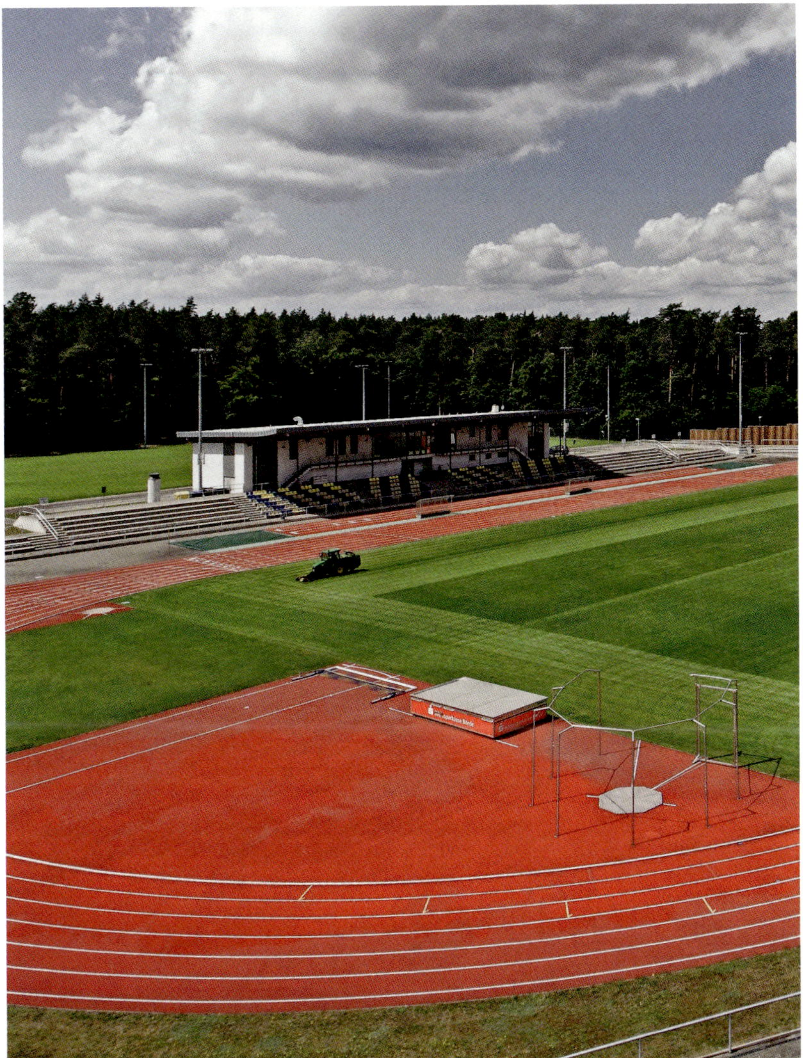

HARTE 4 FAKTEN

Landkreis: Börde

Adresse: Lüneburger Heerstraße 26, 39340 Haldensleben

Zuschauerkapazität: 7.000

Neueröffnung: 2001

Stadion am Böllberger Weg

Im Volksmund „Bölli“ genannt

Wo heute am „Bölli“ neue Häuser zu sehen sind, ist Hallesche Sportgeschichte zu Hause. Begonnen hatte es im Jahr 1903, als sich am Böllberger Weg der Hallesche Fußballclub Britannia gründet, der sich 1914 in Sportfreunde Halle umbenennt und lange am Spielbetrieb der Gauliga teilnimmt. In den 1920er-Jahren kommt es bei der Stadt zu Planungen, eine Radrennbahn zu bauen, welche 1930 fertiggestellt wird. Aufgrund der Konstruktion aus Holz gilt das Oval als eine der modernsten Radrennanlagen weltweit. Die Sportfreunde spielen auf dem Platz weiter, bis sich der Verein nach dem II. Weltkrieg komplett auflöst. Im Tschammerpokal ist 1940 das kleine Stadion für die Sportfreunde für den großen Gegner Schalke 04 zu klein. Hier weichen die Freunde auf die Horst-Wessel-Kampfbahn aus, wo vor 18.000 Zuschauern allerdings klar verloren wird.

Neustart auf dem Gelände ist im Jahr 1950, als der Platz zu einem Stadion für 8.000 Zuschauer ausgebaut wird. In die Planungen und den Bau involviert ist die Hochschulsportgemeinschaft Wissenschaft, die auch in der neu gebildeten zweiten DDR-Liga ihre Heimspiele am „Bölli“ austrägt. Ein paar Jahre später werden die meisten Spieler dann auf Anordnung „von oben“ dem SC Chemie Halle zugeordnet. Der „Bölli“ wird nun vom SC Chemie Halle und später vom HFC Chemie genutzt. Unvergessen in den 80ern-Jahren die Testspiele gegen zumeist renommierte Mannschaften aus aller Herren Länder, wie Csepel Budapest, Legia Warschau oder Aufbau Krumhermersdorf. Genauso unvergessen bei älteren HFC-Fans, die riesige Buchstabenreihe „HALLESCHER FUSSBALLCLUB CHEMIE“ die über der langen Mauer wie eine Parteiparole prangert.

Nach der „Wende“ verwahrloste das Areal, obwohl auf dem grünen Rasen die Zweite des HFC, kurz sogar die Erste wegen Geldmangels kickte. Auch fand hier die Damenmannschaft des BVB Halle ein zu Hause, die ab der Saison 2000/01 zum HFC überging. Im Jahr 2014 lief der Pachtvertrag mit dem HFC aus. Die Bagger kamen, Häuser wuchsen und vergruben so ein Stück Sportgeschichte von Halle.

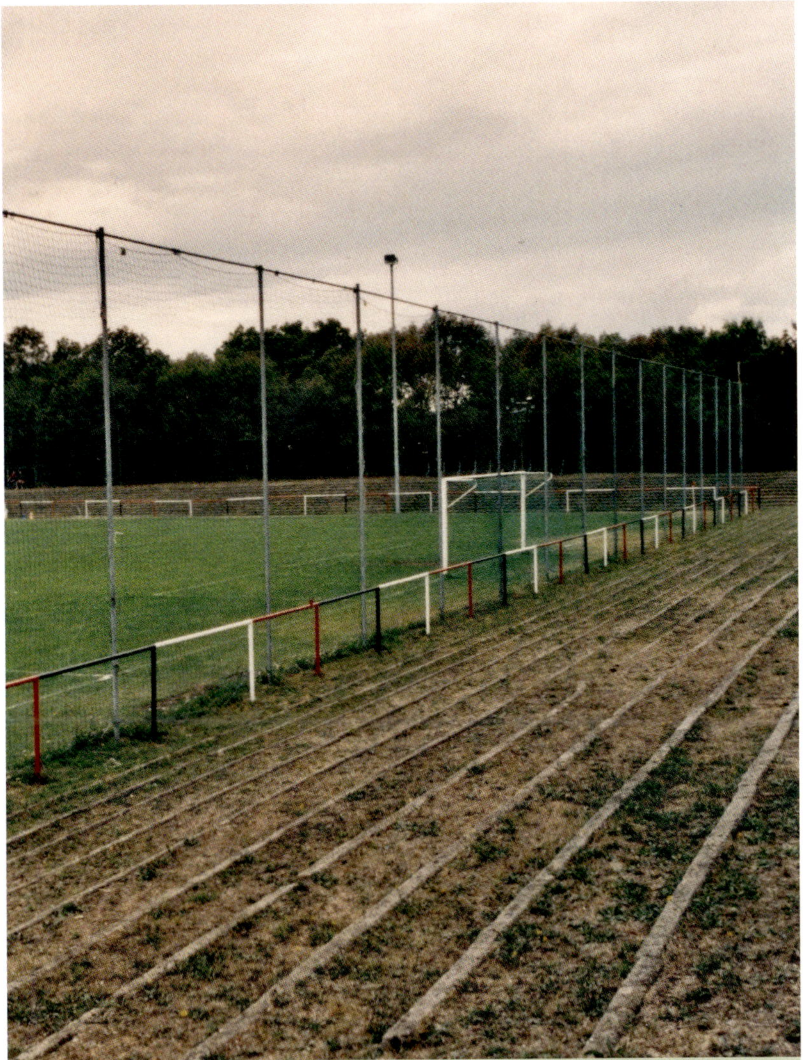

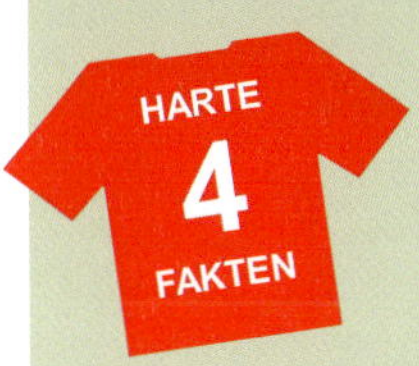

Adresse: Böllberger Weg 157, 06128 Halle / Saale

Ausverkauft: 14.9.69 beim Spiel HFC II gegen Lok; 8.500 Zuschauer

Ältester Nachbar: Dorfkirche St. Nikolaus; erbaut 1184

Sportnachbar: Hallescher Ruderverein Böllberg / Nelson

Halle (Saale) 035

Einheitsplatz

Vom Ich zum Wir zum Sieg

Inmitten einer Häuserfront liegt der zweitälteste Sportplatz der Stadt Halle. Hier ist der SG Einheit 1948 Halle zu Hause, die nach dem II. Weltkrieg neu gegründet wurde. Der Platz selbst entstand bereits 1898, als der Vorgängerverein FC Hohenzollern Halle gegründet wurde und hier spielte.

Hier an der Sportanlage Merseburger Straße kam es nach dem I. Weltkrieg 1918 zur Umbenennung in SV Halle 1898, der in der Saison 1921/22 einmalig die mitteldeutsche Endrunde erreichte, was sowas wie die goldenen Zwanziger einläutete. In der Saison 1926/27 wurde mit dem Viertelfinale im Mitteldeutschen Pokal die beste Pokal-Platzierung geschafft.

Mit der Einführung der Gau-Ligen 1933 war es dem SV Halle sportlich zunächst nicht mehr möglich, sich für Höheres zu qualifizieren. Nebenbei wurde der Sportplatz auch von der anliegenden Artilleriekaserne genutzt, die den Platz zum Testen ihrer Kriegsgerätschaften nutzte. Allerdings war an der „Merseburger" Straße ohnehin mehrere Jahre unterklassiger Fußball angesagt, bis der Verein 1945 wie alle anderen auch von den Alliierten aufgelöst wurde.

Im Jahr 1948 folgt die Neugründung als Betriebsportgemeinschaft des Magistrats mit dem Ziel, den Breitensportgedanken zu fördern. An die golden Fußballzeiten der Zwanziger, als es das große Idol Arthur Gäbelein sogar bis in die Nationalmannschaft schaffte und dort auch ein Länderspiel gegen die Niederlande bestreiten durfte, konnte man bei Einheit nicht mehr anknüpfen, aber darauf kam es auch nicht mehr an.

Immerhin spielt man momentan Landesklassenfußball, hat sich die Jugend- und Integrationsarbeit auf die Fahnen geschrieben. Es gilt der Leitspruch: Vom Ich zum Wir zum Sieg. Dieser wird gelebt, in jeder Pore des Mehrspartenvereinslebens.

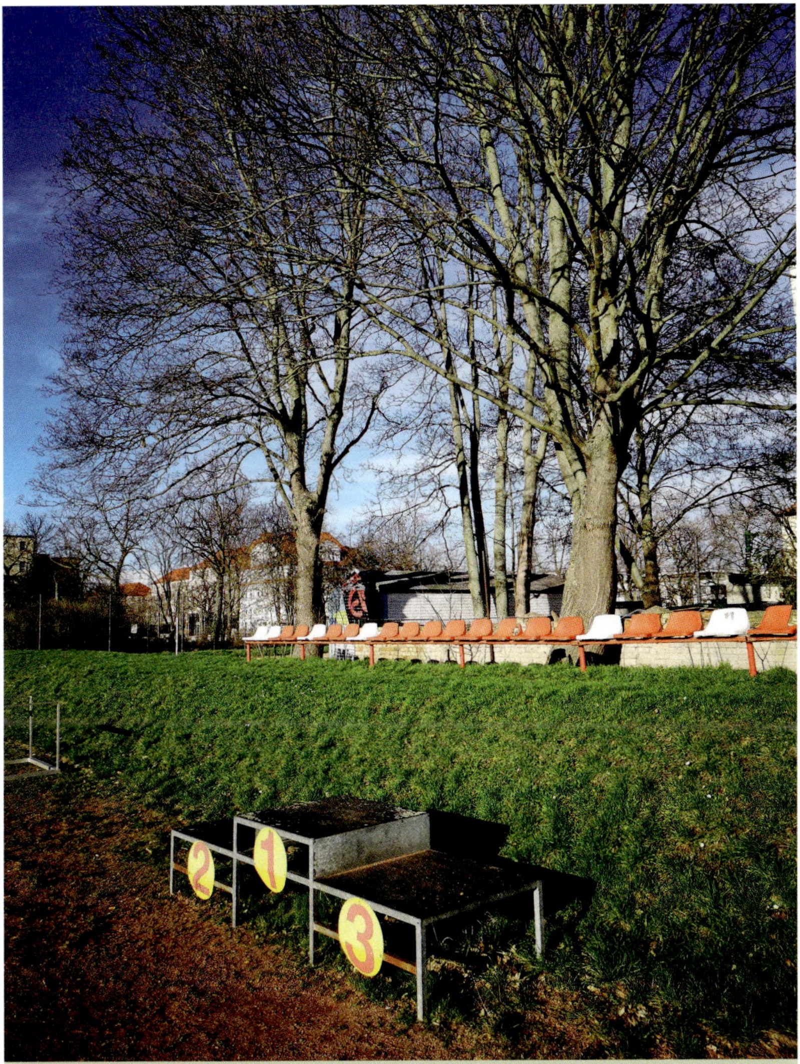

HARTE 4 FAKTEN

Adresse: Merseburger Straße 168, 06110 Halle / Saale
Kapazität: 3.000
Aktuelle Spielklasse: Landesklasse Staffel 7
Mitglieder: 540 in 10 Sportarten

HWG-Stadion am Zoo

VfL Halle 1896

Das älteste Fußballstadion Halles wurde 1910 mit einem Spiel gegen den VfB Leipzig eröffnet. Der VfL Halle selbst wurde bereits 1896 unter dem Namen Hallescher Fußballclub gegründet, gilt bei der Gründung des DFB in Leipzig als Mitglied der ersten Stunde und war auch einer von zwölf Vereinen bei der Gründung des Verbandes Mitteldeutscher Ballspielvereine (VMBV). 1917 und 1919 gewinnt der VfL Halle 1896 die Mitteldeutsche Meisterschaft und gehört zu den besten Vereinen im Land, was er später in der Gauliga Mitte bestätigt. Das Stadion, das auf einem 1909 erworbenen Gelände stand, zählt zu den ersten vereinseigenen Arenen in Deutschland. Neben Fußball finden auch andere Sportarten wie Leichtathletik und Handball beim VfL eine sportliche Heimat. So wird das erste Handballländerspiel weltweit am 13. September 1925 vor 5.000 Zuschauern zwischen Deutschland und Österreich im Stadion ausgetragen.

Nach dem II. Weltkrieg folgt die Neugründung unter dem Namen SG Giebichenstein, aus dem kurze Zeit später die SG Genossenschaften hervorgeht. Daraus wird wiederum 1951 die BSG Empor Halle, die mit dem Ende der DDR in SV Empor Halle umbenannt wird, bevor 1991 der alte Gründungsname angenommen wird. Sportlich steht man zu DDR-Zeiten stets im Schatten des HFC, spielt hauptsächlich in der Bezirksliga und schafft es lediglich 1981 einmal in die DDR-Liga aufzusteigen.

Die „Wende" bringt dem Traditionsverein eine neue Welle des sportlichen Erfolges und eine vorübergehende sportliche Wachablösung in der Stadt. Durch den zweimaligen Gewinn im Landespokal spielt der VfL im DFB-Pokal gegen Eintracht Frankfurt und Mainz 05. Absolute Höhepunkte sind der Gewinn der Oberligameisterschaft und damit der Aufstieg in die Regionalliga 1999. Nach nur einem Jahr folgt der Abstieg in die Oberliga. Es wird sogar über eine Fusion mit dem HFC nachgedacht, was aber am Votum der Mitglieder scheitert. Daraufhin zieht sich der VfL freiwillig in die Verbandsliga zurück. Mit dem Landesmeistertitel 2009 gelingt der Aufstieg in die NOFV-Oberliga-Süd, wo man sich seitdem hält.

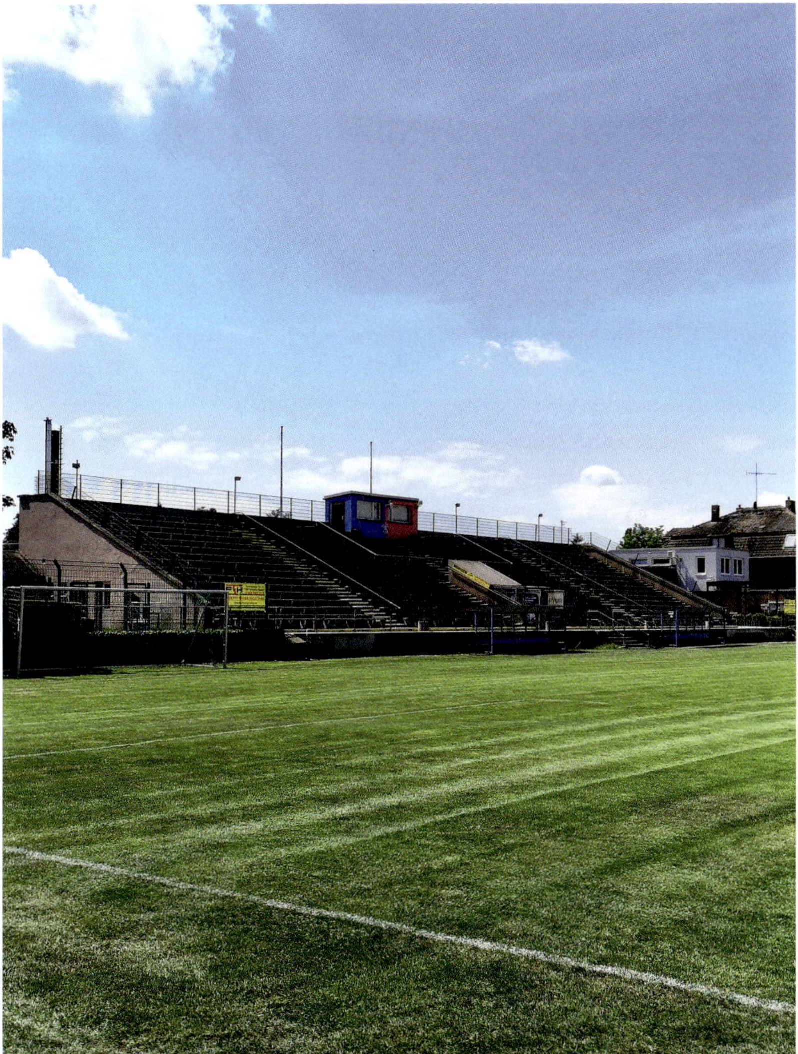

HARTE 4 FAKTEN

Adresse: Geschwister-Scholl-Straße 24, 06118 Halle / Saale

Fassungsvermögen: 4.200

Olympiasieger: 1936 Gerhard Stöck im Speerwerfen

Bekannte Spieler: Dariusz Wosz, Steffen Karl, Fritz Förderer (Nationalspieler)

Halle (Saale) 037

Chemie-Leuna-Stadion / Kurt-Wabbel-Stadion

„Außenhaut aus rot-braunem Porphyrgestein"

Wenn Klaus Urbanczyk über sein Stadion spricht, dann erzählt er gern, wie er es als Einziger 1964 jemals schaffte, Fußballer und Sportler der DDR und obendrein mit dem Vaterländischen Verdienstorden ausgezeichnet zu werden und natürlich vom Europapokal und dem schlimmen Ende. Im Mittelpunkt stets „sein" geliebtes „Kurt-Wabbel", wo er zum HFC-Idol wurde.

Das Stadion trug seit seiner Eröffnung 1923 zahlreiche Namen: Stadion am Gesundbrunnen, Mitteldeutsche oder Horst-Wessel-Kampfbahn, Kurt-Wabbel-Stadion, Erdgas-Arena und seit 2021 Leuna-Chemie-Stadion. Seine Geschichte ist eng verbunden mit der der Stadt Halle. Diese benötigt 1920 ein neues Stadion, Geld ist aber kaum vorhanden. Dennoch kann das Stadion am Gesundbrunnen im Mai 1923 eröffnet werden. 1935 erfolgt eine dringend notwendige Modernisierung. Ab 1936 heißt das Stadion Mitteldeutsche Kampfbahn. Da aber bereits in Erfurt ein gleichnamiges Stadion besteht, beschließen die Verantwortlichen drei Jahre später, die Kampfbahn nach dem SA-Mann Horst-Wessel umzubenennen.

Nach dem II. Weltkrieg wird das Stadion am 4.11.1945 mit dem Stadtauswahlspiel zwischen Halle und Dessau nach dem im Konzentrationslager unter ungeklärten Umständen getöteten Widerstandskämpfer Kurt Wabbel benannt. Ein Name, der bis heute im Bewusstsein der Hallenser verankert ist. Aber nicht nur Fußball findet im „Wabbel" statt, auch Meisterschaften im Feldhandball, Boxveranstaltungen, Leichtathletikwettkämpfe, Radrennen (Friedensfahrt!), Konzerte von Rod Stewart bis Aerosmith und politische Kundgebungen finden hier eine Heimat.

Tragisch ist der Fallschirmabsturz mit vier Toten am Rande des Stadtderbys zwischen dem HFC und VfL Halle 1997, den 10.000 Zuschauer vor Ort mitansehen müssen. Abriss und Neubau 2010/11 bringen Raum für viel Neues. 2012 steigt Urbanczyks HFC in die dritte Liga auf und seitdem werden weitere (Fußball-)Geschichten für die Nachwelt geschrieben.

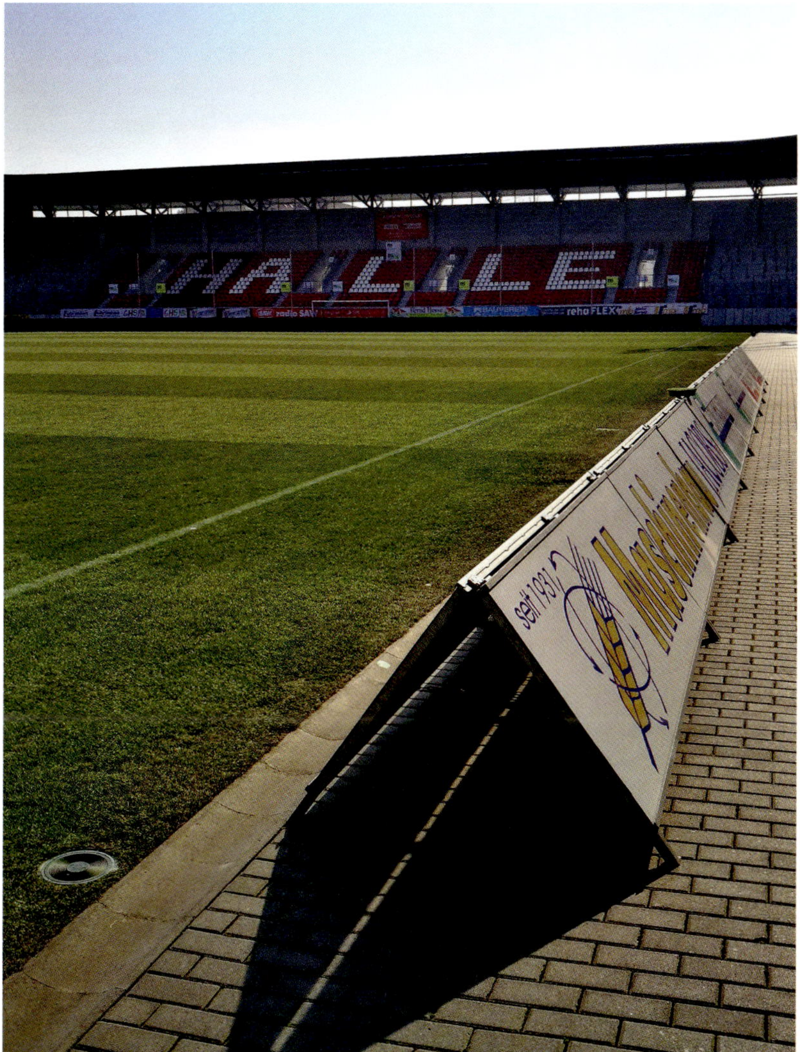

HARTE 4 FAKTEN

Adresse: Kantstraße 1, 6110 Halle / Saale

Geburt: 1923

Rekordkulisse: 40.000 1951 beim Spiel Turbine Halle gegen den HSV; 2:2

Außenhaut: Porphyrgestein aus Löbejün (Saalekreis)

Sandanger

Jugendliebe die unvergessen bleibt

Schwemmlandinsel, das war der Sandanger, bevor die Stadtplaner von Halle und Halle-Neustadt in den 70er-Jahren beschlossen, die Wilde Saale trockenzulegen, um neuen Raum zu schaffen. Hier entstanden daraufhin zwischen der legendären Rennstrecke Halle-Saale-Schleife und den ehrwürdigen Tennisplätzen auf der Peißnitz neue Fußballplätze für den HFC-Chemie-Nachwuchs. Bis 1968 spielte auf dem Sportplatz auf dem Sandanger die BSG Traktor Halle (später BSG HTB), die gegen das Ober-sticht-Unter-Prinzip in der DDR keine Chance hat und weichen muss.

Die neue Sportanlage steht jedoch aufgrund der geringen Bodenhöhe und der Begradigung des Saaleverlaufes unter einem Hochwasserrisiko. Mehrfach wurde sie überflutet, zuletzt machte 2013 das verheerende „Jahrhunderthochwasser" die Umkleidetrakte des HFC-Nachwuchses komplett unbrauchbar. Der Spielbetrieb wird danach nur mit viel Mühe über die Jahre mit Containern als Provisorium aufrechterhalten werden können. Logische Schlussfolgerung ist nun, dass an anderer Stelle neu gebaut werden soll.

Seit 2013 ist der Zerfall des Geländes immer deutlich zu spüren, auch wenn der Spielbetrieb noch bis 2023 aufrechterhalten wurde. Selten verloren sich mehr als 100 Zuschauer auf der Anlage. Die, die kamen, konnten angesichts der Bedingungen fast Mitleid mit dem HFC-Nachwuchs bekommen. Da, wo einst Nationalspieler wie Frank Pastor, Dieter Strozniak oder Dariusz Wosz ihr Spiel in der Jugend perfektionierten, legte sich Patina über die Jahre.

Bald werden Bagger und Planierraupen kommen und das Gelände dem Erdboden gleichmachen. Der Rest vom ehemaligen Talenterasen wird Camping- und Caravanfreunden fruchtbaren Boden bieten. Der Traditions-Nachbar Tennis-Club Sandanger mit seiner über 100-jährigen Geschichte trägt sein Schicksal mit Würde und freut sich auf einer der größten Tennisanlagen in Sachsen-Anhalt schon auf die neuen Nachbarn. Die HFC-Fans bereiten derweil dem Sandanger mit einem Spruchband einen romantischen Abschied: JUGENDLIEBE: DIE UNVERGESSEN BLEIBT – Recht haben sie!

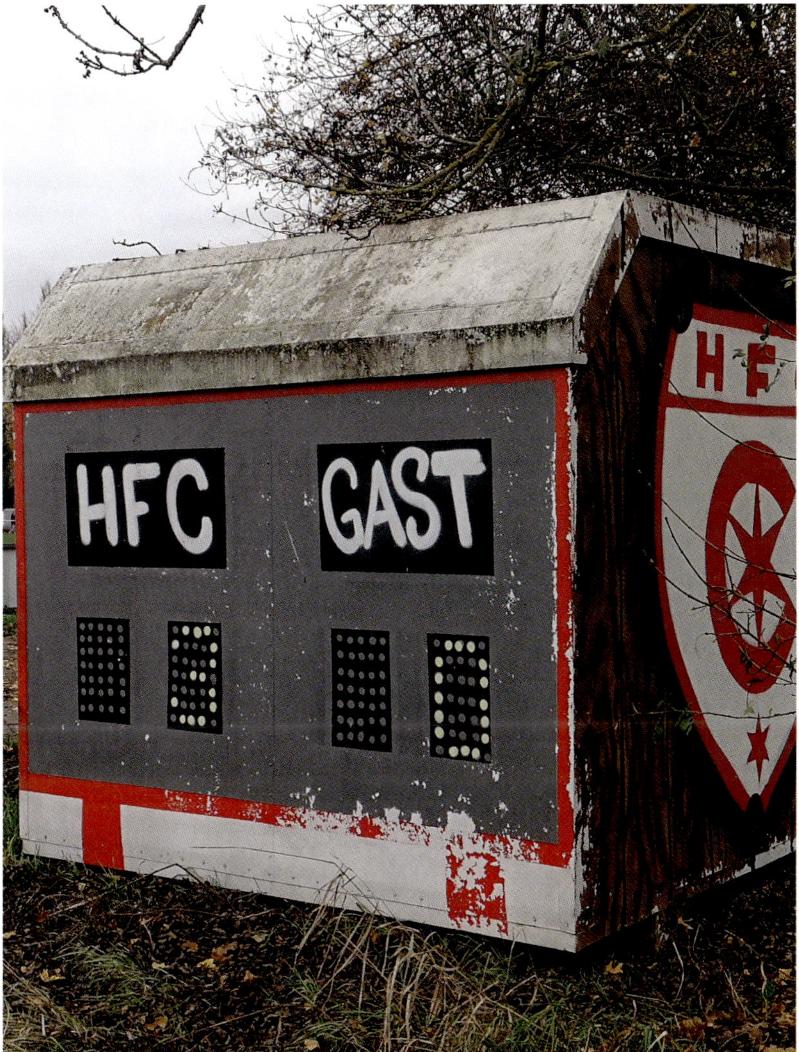

Adresse: Sandanger, Mansfelder Straße 38,
06108 Halle / Saale

Fassungsvermögen: Hauptplatz 1.500

Nutzungsdauer HFC: 55 Jahre

Trainingsstätte: drei Rasenfelder und ein Kunstrasen für 300 Nachwuchsspieler

Stadion an der Dessauer Straße

„Wir spielen wie Wacker"

Wo heute die Landesversicherungsanstalt wie eine Festung thront, war in den Jahren zwischen 1926 und 1945 die Fußballfestung der Stadt Halle, der „Wacker-Platz" an der Dessauer Straße. Hier spielte ein besonderer Fußballverein jener Zeit. Der „Mythos Wacker" lebt heute in den Büchern von Jürgen Hermann fort und findet hier die verdiente Würdigung. Der Hallesche FC Wacker, 10. November 1900 gegründet und 1945 aus dem Vereinsregister gelöscht, prägte die mitteldeutsche Fußballwelt. Der Ausspruch „Wir spielen wie Wacker" war Anerkennung von Technik und Tempo der Mannschaft, aber auch der moralischen Haltung. Auch weil er als „Judenverein" verschrien stets zu seinen jüdischen Mitgliedern stand und sich den Anforderungen der Nationalsozialisten geschickt entzog.

Das Wackerstadion war ab der Saison 1926/27 die Heimspielstätte. Wo sich zuvor eine Infanteriekaserne mit Exerzierplatz befunden hatte, entstand ein Stadion für 12.000 Zuschauer. Die erste Mitteldeutsche Meisterschaft hatte Wacker 1921 noch in einem der schönsten Stadien zu jener Zeit, dem Stadion am Zoo, in Halle gewonnen. Hier trat Wacker auch im Halbfinale um die Deutsche Meisterschaft gegen die damals beste deutsche Mannschaft, den 1. FC Nürnberg, an und schied vor großer Kulisse aus.

Die nächste Mitteldeutsche Meisterschaft errang die Wacker 1928, als auf der Radrennbahn Dresden der Dresdner SC mit 2:0 bezwungen wurde. 3.000 Hallenser reisten mit Sonderzügen an und feierten den Titel. Damit war die Qualifikation zur Deutschen Meisterschaft errungen, wo allerdings im Achtelfinale gegen Bayern München bereits Schluss war. In jener Zeit war es übrigens den Vereinen des Regierungsbezirks Halle noch untersagt, Bier auszuschenken, was sich erst 1930 änderte. Ab dem Jahr 1933 spielte Wacker in der Gauliga-Mitte und holte sich gleich den Titel, schied allerdings in der Vorrunde zur Deutschen Meisterschaft als Tabellenletzter aus. Der langsame Abstieg von Wacker bis zur Auflösung begann. Nach dem II. Weltkrieg wurde das Wacker-Stadion zur „Albert-Richter-Radrennbahn" umfunktioniert. Fußballspiele fanden hier nie wieder statt.

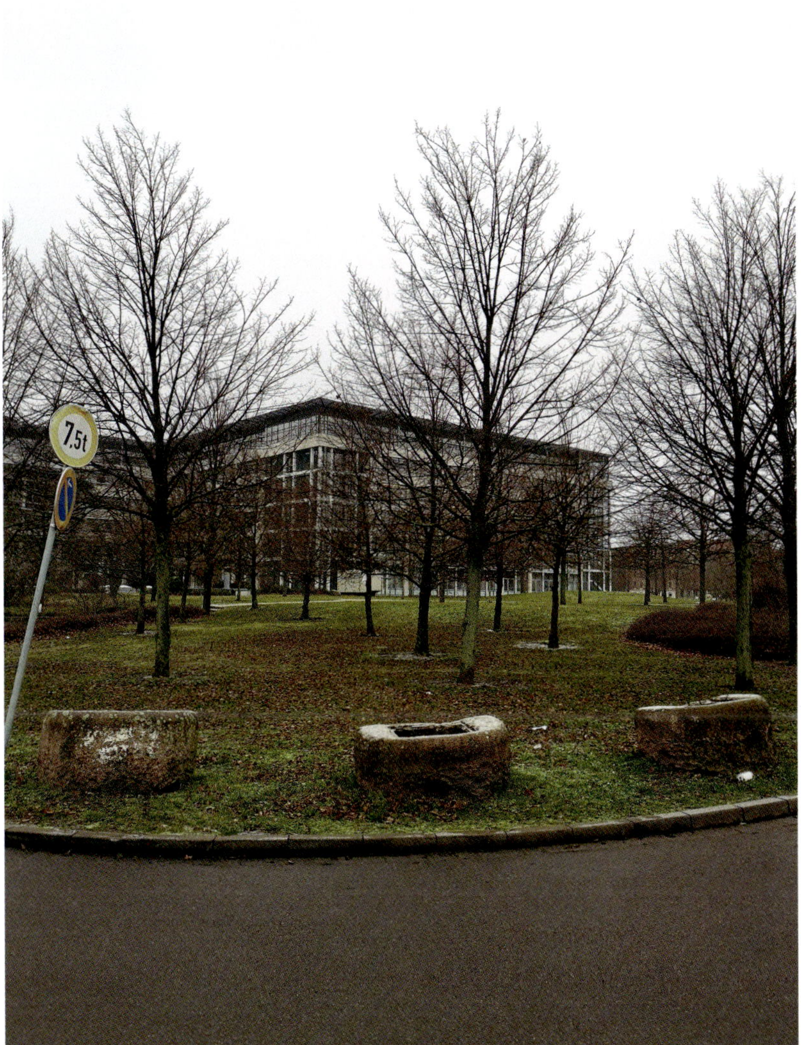

HARTE 4 FAKTEN

Adresse: Paracelsusstraße 21, 06114 Halle

Länderspiel: 1936 Mitteldeutschland (Gau-Mitte) gegen Ägypten 2:2; 10.000

Buch: Mythos Hallescher FC Wacker 1900 (Jürgen Hermann)

Wackere Erfolge: Mitteldeutscher Meister 1920/21, 27/28, Gaumeister Mitte 1934

Stadion der Waggonbauer

Lutz Schülbe, der Star und Macher

Der Star im Verein ist der Präsident – Lutz Schülbe steht wie kaum ein anderer für den Fußball in Halle. Was vor über 25 Jahren in Ammendorf auf lose Anfrage begann, mündete in einen beispiellosen Weg als Trainer, Manager, Abteilungsleiter, Geschäftsführer, Sponsor, Platzwart, Tribünen- und Flutlichtbauer bis hin zum Präsidentenamt. Nach seiner Karriere als Spieler von Dynamo Dresden und dem HFC Chemie führten ihn die fußballerischen Wege seines Sohnes zum BSV Halle-Ammendorf.

Zu DDR-Zeiten hieß der Verein BSG Motor Ammendorf und alle Spieler waren beim großem Trägerbetrieb Waggonbau Ammendorf angestellt. Nach der „Wende" musste der Verein lernen, ohne seinen alten „Sponsor" auszukommen. Der „Trägerbetrieb" Waggonbau wurde vom kanadischen Konzern Bombardier übernommen und stellte seine Unterstützung ein. Als eine seiner ersten Amtshandlungen als Manager des Vereins hatte Lutz Schülbe noch aussichtsreiche Gespräche mit einem Geschäftsführer des Konzerns, der großer Alemannia Aachen-Fan war, geführt, doch schon bald wurde das Werk Halle stillgelegt und die letzte Verbindung zum Fahrzeugbau zerbrach.

Fußball wurde weitergespielt, Lutz Schülbe zog unbeirrt seine Kreise im Verein und in der Region. Guter regionaler Fußball, angenehme Atmosphäre, ein lebendiger Familienverein zum Wohlfühlen für Spieler und Fans, so die Zielstellung. Ganz geerdet und basisnah wollte man in Halles Süden nie hoch hinaus, wohlwissend, dass sich mehr als Verbandsliga nicht rentierte. Einen großen Traum hat Lutz Schülbe mit seinen Ammendorfern dennoch: Einmal DFB-Pokal spielen, dazu hat es durch die große Konkurrenz im Land leider bislang nicht gereicht. Dann wäre Lutz vermutlich endgültig in seinem Olymp angekommen und seine Frau würde dann auch am Bierstand noch ein paar Getränke mehr verkaufen. Lutz könnte sich vielleicht langsam zur Ruhe setzen, um sich vollends um die Enkel zu kümmern. Wer Lutz kennt, weiß allerdings, dass er seine Ammendorfer niemals im Stich lassen würde, sie sind schließlich sein Lebenswerk.

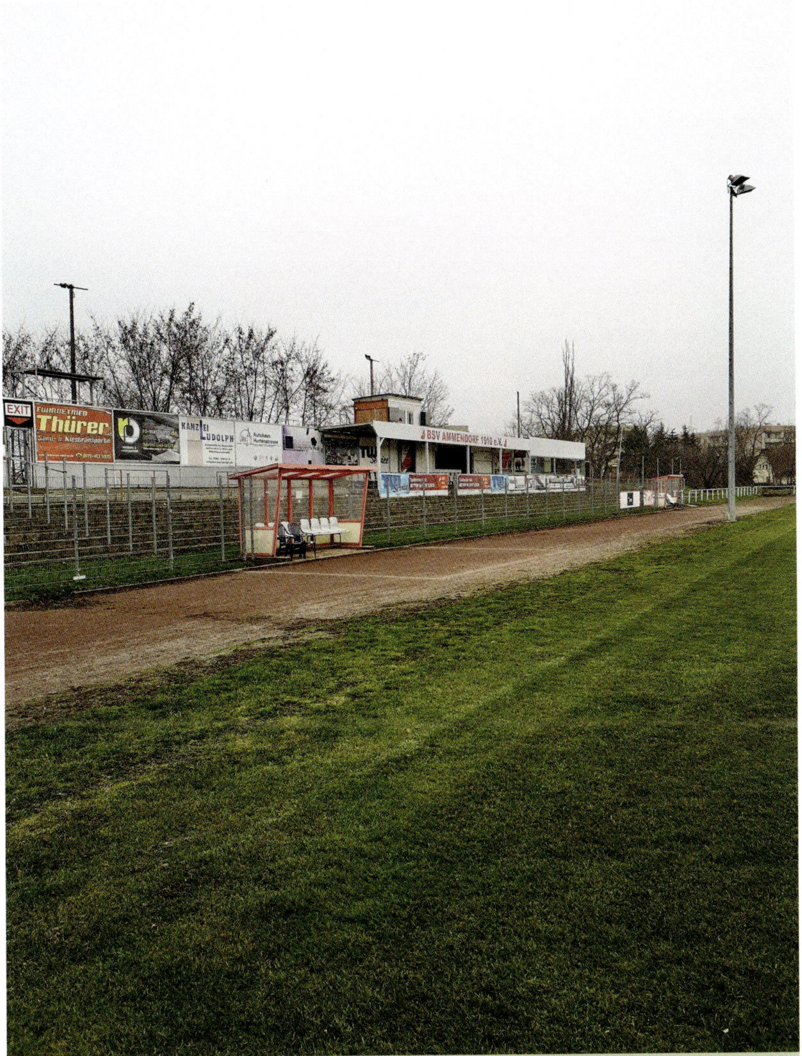

HARTE 4 FAKTEN

Adresse: Kurt Wüsteneck-Straße 22, 06132 Halle / Saale-Ammendorf

Fassungsvermögen: 5.000

Erfolge: Verbandsligameister 2014 und 2018 (Aufstiegsverzicht)

Rekordbesuch: 13.000 am 14.5.1952 gegen Buna Schkopau

Stadion im Bildungszentrum

Sportstätte in der sozialistischen Musterstadt

Das Stadion im Bildungszentrum für 12.500 Zuschauer, darunter 3.500 Sitzplätze, wurde 1979 feierlich als Bestandteil der sozialistische Musterstadt mit anderen sportlichen Einrichtungen mit einer großen Sportshow eröffnet. Hier sollten die Kinder und Jugendlichen der Chemiearbeiterstadt Halle-Neustadt im Kontext der Ausbildung zum aufrechten Staatsbürger zu sportlichen Höchstleitungen geschult werden. Auch Spartakiaden fanden hier statt. Auch mehrere Fußballmannschaften, wie der HFC Chemie II oder der als „Stasiverein" titulierte Dynamo Halle-Neustadt trugen in den 80ern ihre Bezirksligaspiele vor wenigen Zuschauern im Stadion aus. Höhepunkte waren die Ortsderbys, zu denen sich aber auch nur ein paar Hundert Zuschauer im weiten Rund verloren.

Auch die BSG Chemie Halle-Neustadt spielte in diesem Stadion. Aus der BSG wurde nach der „Wende" erst die TSG Leuna-Halle-Neustadt, bevor daraus der FC Halle-Neustadt ausgelagert wurde. Finanziell gut ausgestattet sollte der Verein zur neuen Nummer 1 in Halle entwickelt werden. Das Projekt scheiterte jedoch kläglich, auch wenn zwischenzeitlich illustre Gäste wie Werder Bremen und Hertha BSC ihr Stelldichein im Stadion gaben. Der FC Halle-Neustadt versank zeitweilig in der sportlichen Bedeutungslosigkeit. Heute spielt man wieder in der Landesklasse und kümmert sich stark um die Integration von kleinen und großen Fußballerinnen und Fußballern aus 23 Nationalitäten.

Im Jahre 2010 wurde das Stadion für 3 Millionen Euro regionalligatauglich gestaltet, sodass es der HFC für seine Heimspiele während des Umbaus des „Kurt-Wabbels" nutzte und hier 2011 auch die Frankfurter Eintracht zum DFB-Pokalspiel empfing. Vielleicht der ultimative Höhepunkt des Stadions in seiner Historie. Gewiss ist aber auch, dass das Stadion wegen der Entfernung der Tribünen zur Spielfläche nie atmosphärische Fan-Momente garantierte, während die Spieler auch heute noch von der Qualität des Rasens schwärmen.

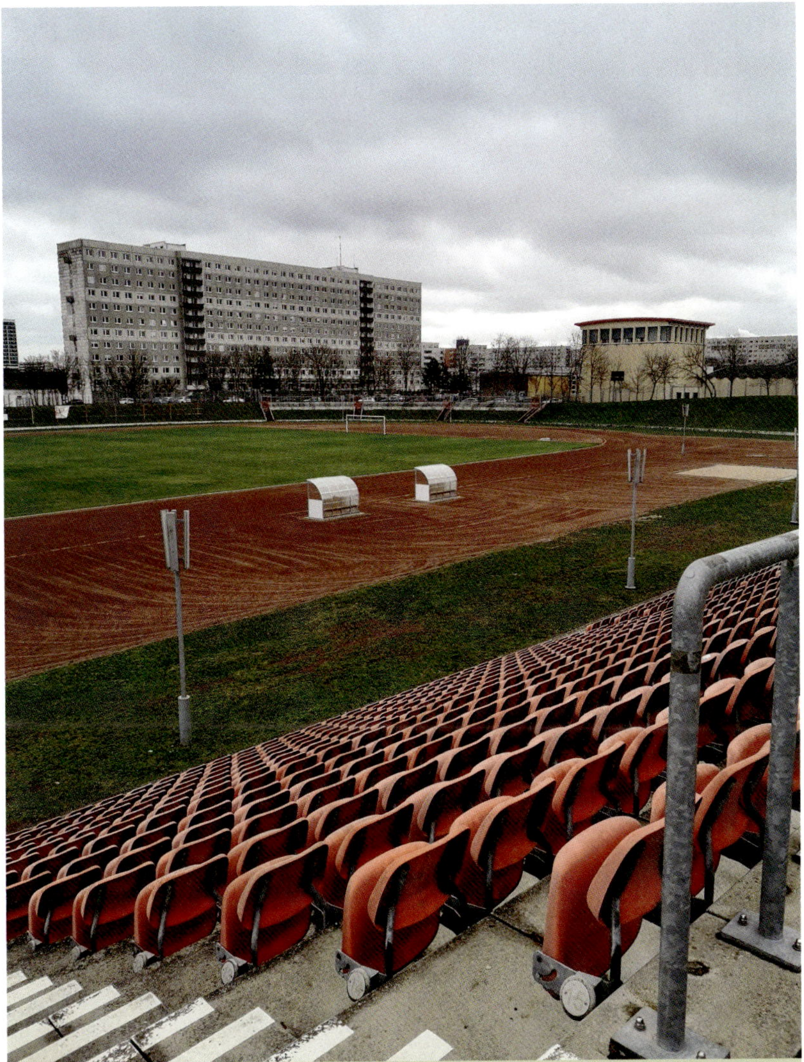

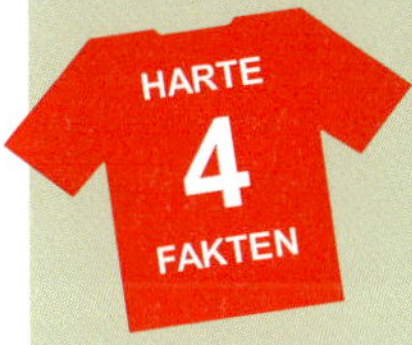

Adresse: Nietlebener Straße 14, 06126 Halle / Saale-Neustadt

Fassungsvermögen: 5.500

Bundesliga-Nachbarn: 1. MBC 70/90 (Motoball), Union Ha-Neu (Handball), Halle Lions (Basketball)

Besondere Veranstaltung: Islamisches Opferfest-Gebet

Turbine-Sportplatz „Der Felsen"

Wo Halle am schönsten ist

Als Saaleklassiker schlechthin gilt das 1826 von Franz Kugler verfasste Liedgut, das in der Saalestadt selten so gut bestaunt werden kann, wie im beschaulichen Ortsteil Giebichenstein, wo auch die Felsenkicker von Turbine Halle seit 1954 beheimatet sind. Hier unweit beim Heine-Felsen, am Riveufer der Saale, kurz vorm Saaledurchbruch und der sagenumwobenen Burg Giebichenstein lädt die Händelstadt Halle zu ihren schönsten Spaziergängen ein.

Zumeist unbeachtet von den Flaneuren treten heute hier die Fußballer in der Landesliga gegen den Ball und versuchen, an die großen Erfolge längst vergangener Tage anzuknüpfen. Es war das Jahr 1952, als der 1950 gegründete Verein die DDR-Meisterschaft errang. Damals spielte Turbine noch im Kurt-Wabbel-Stadion. Absoluter Höhepunkt neben der Meisterschaft war 1951 ein Freundschaftsspiel mit der wohl größten Kulisse bei einem Fußballspiel in Halle: 42.000 Zuschauer brachten das „Kurt-Wabbel" gegen den Hamburger SV fast zum Platzen.

Durch die Neugründung des SC Chemie Halle 1954 wurden die Fußballer von Turbine zurückgestuft und landeten im 12.000 Zuschauer fassenden Stadion am Felsen. Wegen der sportpolitisch angesagten Bevorzugung von „Chemie" war für den DDR-Meister von 1952 kein Platz mehr. Auch die meisten Spieler mussten den Vorgaben der Funktionäre folgen und verließen den Verein. Die Gegner hießen nun nicht mehr Erfurt, Berlin oder Leipzig, sondern Roitzsch oder Arnsdorf.

Über viele Jahre vom Trägerbetrieb Energiekombinat Halle unterstützt, hielten sich die „degradierten" Felsenkicker in der Bezirksliga oder Bezirksklasse, bis nach der „Wende" sukzessive der Niedergang bis fast in die Kreisklasse begann. Doch der Verein konsolidierte sich und auch dank der Modernisierung der Anlage zählt man heute mit um die 1.000 Mitgliedern zu den mitgliederstärksten Vereinen in Halle. Und eine bedeutsame Historie trägt man am Felsen auch noch mit sich, sieht man sich doch als inoffizieller Nachfolger der Halleschen Fußballlegende FC Wacker, dem Verein, der von 1900 bis 1945 große Erfolge im mitteldeutschen Fußball aufzuweisen hat.

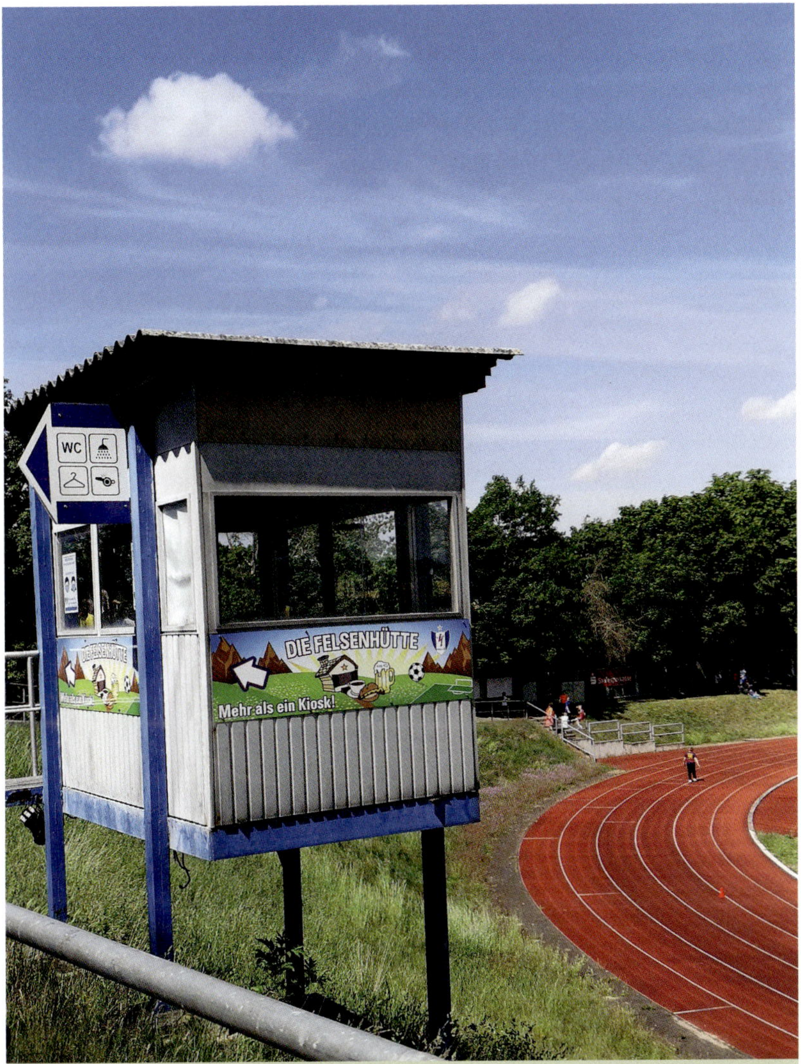

HARTE 4 FAKTEN

Adresse: Zum Saaleblick 11/12, 06114 Halle / Saale

Vereinshymne: Auf unserem Rasen (Venus in Furs)

DDR-Nationalspieler: Günter Imhof, Hans Speth, Erich Haase

Erfolge: DDR-Meister 1952, Stadtpokal 2018

Sportplatz Festwiese „Drachentöterarena“

SV 90 Sankt Georg Hecklingen

Wenn man fragt, was die Städte Moskau, London und Hecklingen gemeinsam haben, wird vermutlich kaum einer die Antwort wissen: Alle drei haben den heiligen Georg im Wappen. Und so ist der Schutzpatron Georg auch auf dem Emblem des 1990 gegründeten Vereins zu finden, aus der 1992 die Sparte Fußball hervorging. Ob die Legende vom heiligen Georg stimmt, es ihn jemals gab und er als christlicher Märtyrer starb, ist nicht eindeutig bewiesen. Feststeht, dass er als einer der 14 Nothelfer seit dem zweiten bis vierten Jahrhundert von Gläubigen u. a. für gutes Wetter angerufen wurde und dafür heute noch steht.

Apropos Wetter, glaubt man den Niederschlagswerten, so gehen in der knapp 6.800 Einwohner zählenden Stadt im Harzvorland, am Rande der Magdeburger Börde die wenigsten Niederschläge in Sachsen-Anhalt herunter. Ein Umstand, der dazu führt, dass die 1.500 Zuschauer fassende Drachentöterarena und ihr Rasen immer kräftig gewässert werden muss.

Der Platz selbst wurde 1992 unter Beteiligung der Bevölkerung auf dem alten Platz der Festwiese aus dem Boden gestampft. Da, wo jahrelang das Heimatfest der Stadt Hecklingen mit Jahrmarkt, Schaustellern und Festmeile als Hauptfeierlichkeit der Stadt stattfand, wurde nun gegen den Ball um Punkte gekämpft. Schnell stellten sich die ersten Erfolge ein, so 1996 der Aufstieg in die Kreisliga. Im Jahr 2000 gewannen die „Drachentöter“ den Kreispokal und nahmen am Landespokal teil. In der Saison 2002/03 stiegen die tapferen Hecklinger sogar in die Landesklasse auf. Der Höhenflug war jedoch schnell zu Ende und endete gar in der 2. Kreisklasse, bevor 2018 der Aufstieg in die 1. Kreisklasse gelang.

So gibt es in der mit Flutlicht ausgestatteten „Arena“ zwar keine Drachen zu bewundern, aber doch ehrlichen Fußball. Nur wenn der Fußball ruht und sich das traditionsreiche Heimatfest alljährlich ankündigt, schwärmen die Kicker aus und begeben sich auf Drachenjagd.

HARTE 4 FAKTEN

Drachentöter-Adresse: Hermann-Danz-Straße 90B, 39444 Hecklingen

Drachentöterzahl: 6.893 Einwohner

Drachentöterliga: 1. Kreisklasse Salzland

Spitzname Mannschaft: „Die Drachentöter“

Stadion am Hölzchen

„Eisen-Karl“ auf Abwegen in Hettstedt

Wir schreiben das Jahr 1989 und der junge Steffen Karl wird sich nach seinem unfreiwilligen Wechsel vom HFC Chemie zur BSG Hettstedt wie in einem russischen Gulag vorgekommen sein. Hier im Mansfelder Land muss er auf einmal Rasen mähen und in der drittklassigen Bezirksliga Halle kicken. Unbedachte Aussagen mit Fluchtgedanken bringen das Talent vom HFC noch zu DDR-Zeiten ins Stadion Walzwerkhölzchen. Vor seiner Einberufung zur NVA im November 1989 darf er noch ein paar Spiele und Dienst nach Vorschrift bei der BSG Stahl Walzwerk Hettstedt machen. So schnell konnte es in der DDR gehen, vom hoffnungsvollen Nachwuchsnationalspieler und Oberligastammspieler zum geschassten Sportler ohne fußballerische Zukunft.

Steffen Karl hat das große Glück, dass sich die Mauer öffnet. Er landet im Haifischbecken Profifußball. Kurze Zeit später spielt „Eisen-Karl“ sogar für mehrere Saisons beim aufstrebenden Klassenriesen Borussia Dortmund. Nach vielen Jahren auf Wanderschaft, u. a. bei Manchester City und Hertha BSC, gerät sein Name am Ende seiner Karriere im Zuge des Wettskandals um Robert Hoyzer 2005 noch einmal unrühmlich in die Schlagzeilen.

Zu DDR-Zeiten hatten die Hettstedter Kicker dank des Trägerbetriebs Walzwerk durchaus einige Vergünstigungen im Leben. Als 1985 der Bezirksligatitel des Fußballbezirkes Halle geholt wird, lebt die Stadt im Harzvorland auf. Trotz abgeschlagener Lage kommen in der Folgesaison im Schnitt fast immer 2.000 ins Hölzchen. Der Zuschauerboom kann den Abstieg nach nur einem Jahr DDR-Liga nicht stoppen. Nach der „Wende“ wird 1990 aus der BSG dann Blau-Weiß Hettstedt, um von 1994 bis 2015 bis zur Insolvenz als FSV Hettstedt am Spielbetrieb der Landesliga bis Verbandsliga teilzunehmen. Als FC Hettstedt 2015 neu gegründet und in der 2. Kreisklasse sportlich neu beginnend, hat man sich am Hölzchen ohne Walzwerk mittlerweile bis in die Landesklasse durchgearbeitet. Steffen Karl wird hingegen vermutlich versuchen, an seinen Albtraum Hettstedt möglichst wenig zu denken.

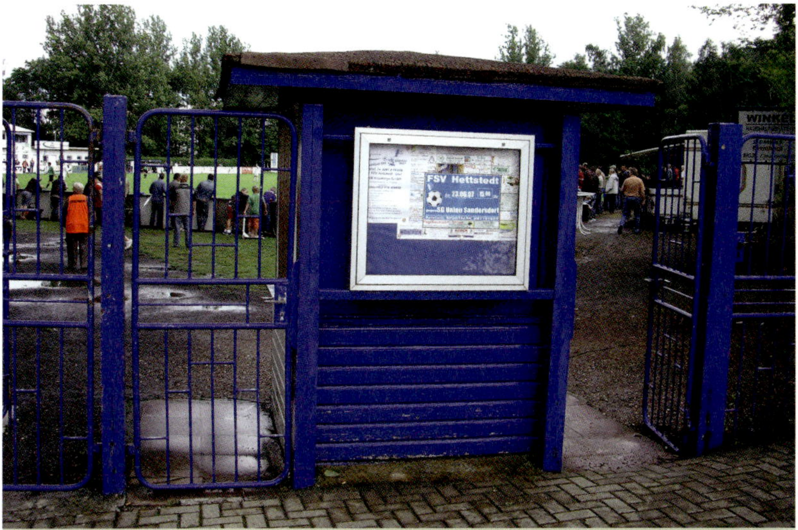

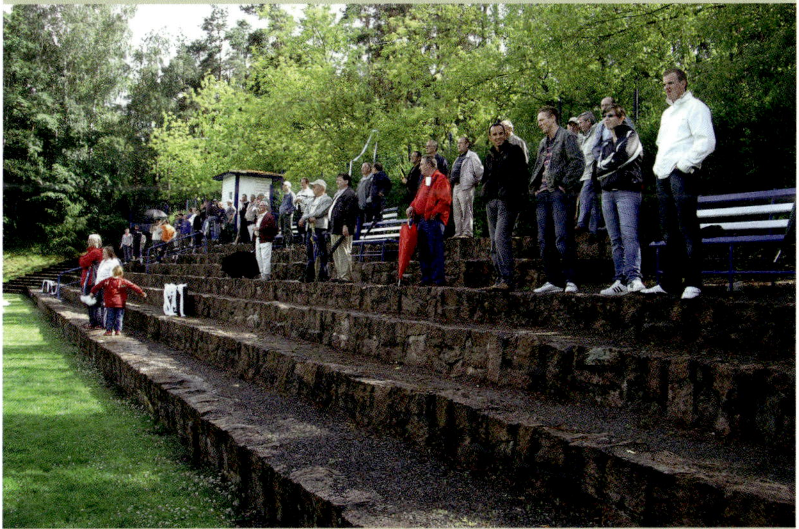

HARTE 4 FAKTEN

Adresse: Am Kirchweg 21, 06333 Hettstedt
Kapazität: 4.500
Ewige DDR-Liga-Tabelle: Platz 166
Erstgründung: 1949

Grenzdenkmal Hötensleben

Die Fußballhochburg im Sperrgebiet

Nach der Fusion von drei Vereinen im Jahre 1926 zum SV Hötensleben 1911 stellten sich die ersten sportlichen Erfolge ein. Erst etablierte man sich in der Bezirksliga Braunschweig und stieg dann 1931 sensationell in die Oberliga Südhannover / Braunschweig auf. In der Relegation gegen den Meister der Bezirksliga Hannover, die SpVgg Hildesheim, siegte der SVH auswärts mit 2:0 und gewann auch das Rückspiel in Hötensleben mit 4:2 vor 2.000 Zuschauern. In den folgenden beiden Spielzeiten waren solch namhafte Gegner wie Eintracht Braunschweig, Arminia Hannover und Hannover 96 zu Gast in dem kleinen Ort nahe Helmstedt. Unvergessen bleibt auch das Privatspiel gegen den amtierenden Deutschen Meister Hertha BSC. Am 6. März 1932 platzte der Sportplatz aus allen Nähten, als der SV Hötensleben vor 6.000 Zuschauern mit 0:9 verlor. Nach der Machtübernahme der Nationalsozialisten 1933 wurde Hötensleben aufgrund seiner geografischen Lage aus dem Norddeutschen Fußballverband ausgegliedert und dem Bezirk Magdeburg im Mitteldeutschen Fußballverband zugeordnet.

1952 wurde sowohl die BSG Aktivist Hötensleben gegründet, als auch mit der Errichtung der Grenzanlagen in und um Hötensleben begonnen. Der Ort lag nun im Sperrgebiet und Einwohner, die nicht als politisch zuverlässig galten, wurden ins Landesinnere zwangsumgesiedelt. Die, die bleiben durften, mussten sich an den Kontrollpunkten ausweisen, um das Sperrgebiet betreten bzw. verlassen zu können. Das galt auch für die Fußballspieler. Die Gastmannschaften mussten vor Saisonbeginn beim zuständigen Kreisamt eine Liste von ca. 25 Personen abgeben, denen dann Passierscheine für einen vorübergehenden Aufenthalt ausgestellt wurden, wie mir der langjährige Abteilungsleiter Fußball Horst Scheibel mitteilte.

Noch heute erinnert das Grenzdenkmal in Hötensleben an dieses Kapitel der Geschichte. Es dokumentiert nahezu originalgetreu den Zustand der Befestigungsanlagen von 1989. Doch trotz aller Hürden spielte Hötensleben zu DDR-Zeiten immer in der Bezirksklasse bzw. Bezirksliga Magdeburg. Seit 1966 wird im neu errichteten Glück-Auf-Stadion gespielt.

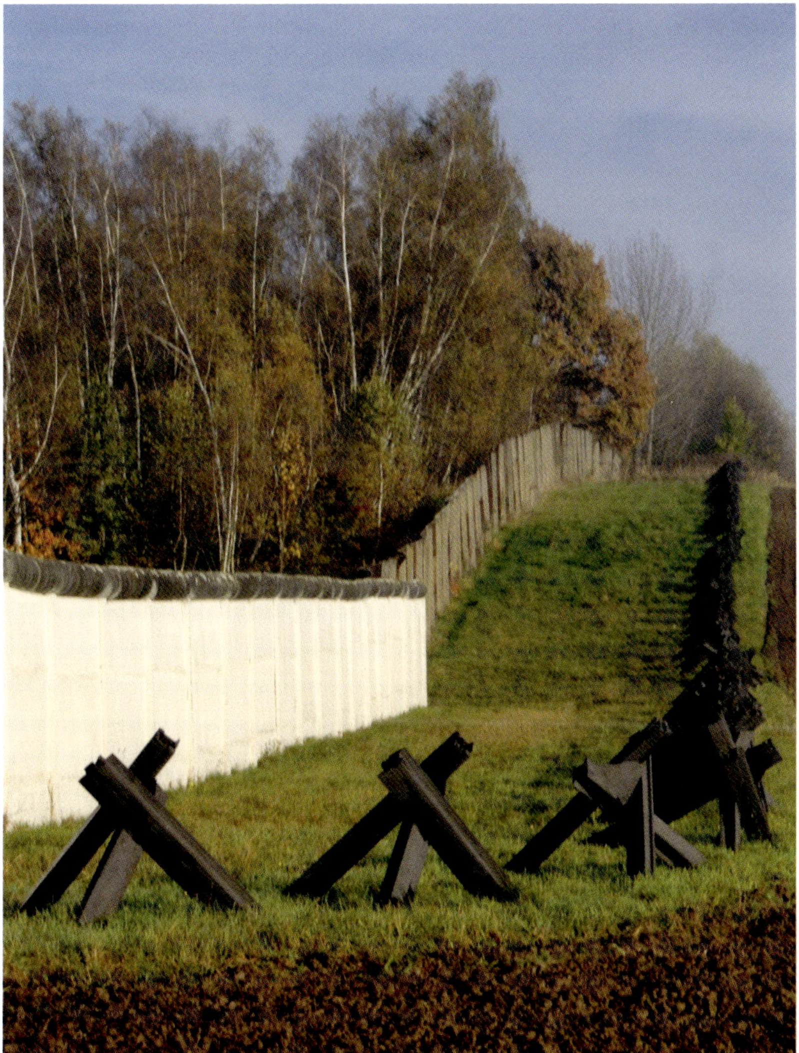

HARTE 4 FAKTEN

Landkreis: Börde

Gesamtfläche der Anlagen: 6,5 Hektar

Webseite: www.grenzdenkmal.com

Info: Bestandteil der Gedenkstätte Deutsche Teilung Marienborn

Jessen (Elster) 046

Jahnsportanlage

SV Allemannia 08 Jessen

Am 22. Februar 1908 gründeten ein Kaufmann, ein Friseurmeister, ein Kürschnermeister, ein Uhrmachermeister und ein Brauereimeister den FC Allemannia 08 Jessen. Bereits zwei Jahre später konnte man die erste Pflichtspielrunde des Elbe-Elster-Gaus gewinnen. Zwischen dem Ersten und Zweiten Weltkrieg spielte Allemannia allerdings nur auf Kreisebene. Als SG Jessen nahm man schließlich 1946 wieder den Spielbetrieb auf. 1950 wurde die BSG Traktor Jessen gegründet. Diese spielte zu DDR-Zeiten im Bezirk Cottbus in der Kreis- und Bezirksklasse.

Nach der „Wende" wird der Landkreis Jessen Sachsen-Anhalt zugeordnet, nachdem sich zwei Drittel der Einwohner des Landkreises bei einer Bevölkerungsbefragung dafür ausgesprochen hatten. 1990 wird der Verein unter dem alten Namen SV Allemannia 08 Jessen neugegründet und spielt nach einer Kreisgebietsreform im Jahre 1994 im Landkreis Wittenberg. Doch den letzten Kreismeistertitel im alten Landkreis holten sich die Allemannen. Sie setzten sich in der Aufstiegsrunde gegen ZAB Dessau, Chemie Rodleben und den ESV Bergwitz durch und stiegen somit in die Bezirksklasse auf, in der sogar der Durchmarsch in die Landesliga geschafft wurde. In guter Erinnerung bleibt das richtungsweisende Heimspiel gegen den Lokalrivalen SV Grün-Weiß Annaburg, das der Aufsteiger aus Jessen vor der Rekordkulisse von 1.350 Zuschauern durch ein Tor von Heiko Täubner in letzter Minute mit 2:1 gewinnen konnte.

Seit 1956 trägt der Verein seine Heimspiele auf der Jahnsportanlage aus, nachdem man vorher auf den Sportplätzen an der Arnsdorfer Straße, auf dem Schulfestplatz sowie am Mühlgarten direkt an der Schwarzen Elster gekickt hatte. Seit den 90er-Jahren wurde die Anlage ständig erweitert und modernisiert. Der Hauptplatz verfügt heute über eine Tartanbahn sowie eine Tribüne mit 200 überdachten Sitzplätzen. Davon konnten sich auch die Zuschauer der beliebten MDR-Fernsehsendung „Außenseiter Spitzenreiter" im September 2015 überzeugen, als Moderatorin Madeleine Wehle beim Landesklassespiel gegen Blau-Weiß Klieken das Hobby Groundhopping (das Sammeln von Stadien) ausführlich vorstellte.

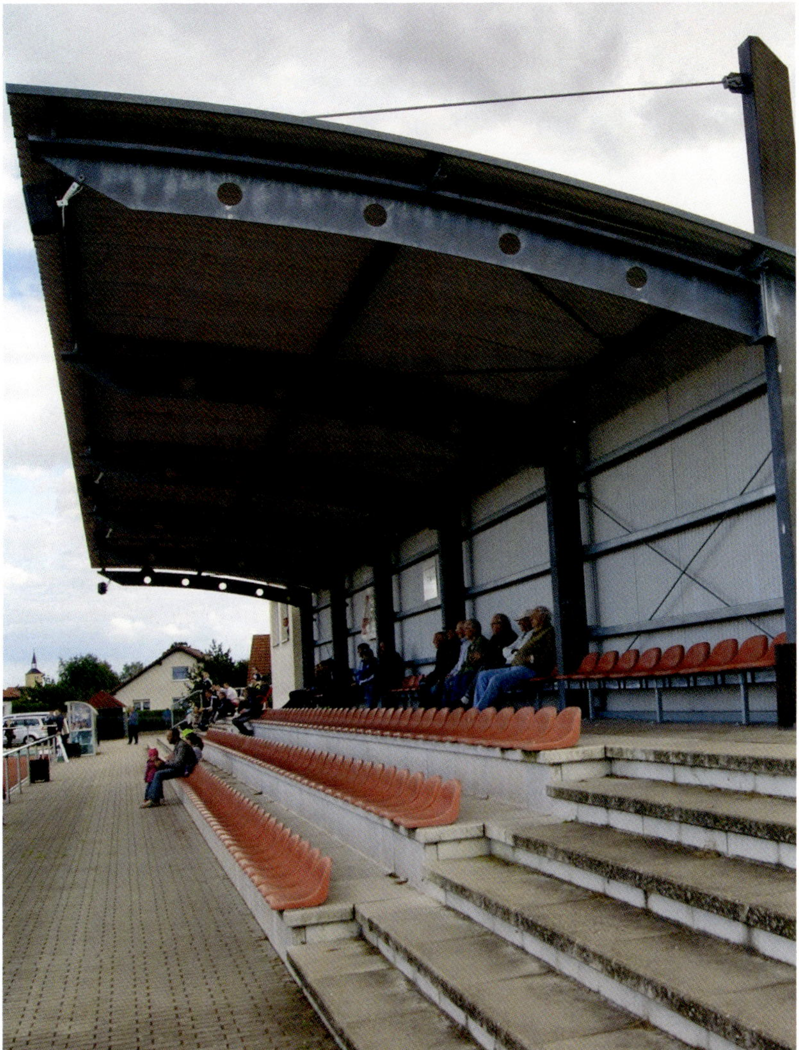

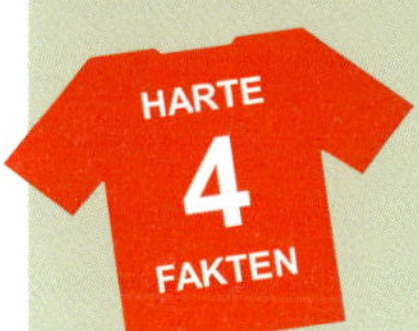

Landkreis: Wittenberg
Einwohner: ca. 14.000
Adresse: Am Sportplatz 2, 06917 Jessen / Elster
Zuschauerkapazität: 5.000

Karsdorf 047

Stadion am Zementwerk

Im Windschatten des ICE

Die ICE-Brücke über dem Unstrut-Tal und somit auch über dem Stadion am Zementwerk wirkt gigantisch. Mit 2.668 Metern ist sie die zweitlängste Eisenbahnbrücke Deutschlands. Ca. 25 Kilometer südwestlich von Halle und in luftiger Höhe von 49 Metern ragt die lange Brücke wie Außerirdisches in die Landschaft und lenkt den Blick vom Stadion immer wieder auf das prachtvolle Bauwerk, wo auf der Schnellbahnstrecke Erfurt – Leipzig / Halle die ICEs der Deutschen Bahn vorüberjagen.

Wer als Gast im Unstrut-Weingebiet neben der malerischen Landschaft beim Blick auf die imposante Brückenkonstruktion noch Muse hat, schaut bei der SG ZW Karsdorf in der Kreisliga Burgenlandkreis vorbei, wobei die Sportanlage insbesondere durch ihre Größe besticht und ein grüner Sprecherturm majestätisch der Sportstätte das berühmte I-Tüpfelchen aufträgt.

Unweit des Flusses Unstrut gelegen, hat das Stadion am Zementwerk schon bessere Tage gesehen, aber die Leidenschaft und die Freude sind den Mannen der SG nicht zu nehmen. Gegründet 1951 als BSG Chemie Karsdorf, 1955 zu BSG Aufbau Karsdorf umbenannt, hat der Verein eine durch Fusionen geprägte Vergangenheit hinter sich; immer eng verbunden mit dem Nachbarn aus Nebra. Ein ewiges Hin und Her, was zu DDR-Zeiten durch den gemeinsamen Trägerbetrieb und nach der „Wende" durch den Neu-Eigentümer des Zementwerkes, die Lafarge GmbH, vorangetrieben wurde. Eine Fusion aufgrund des gemeinsamen Sponsors 2011 soll Nebra und Karsdorf zum 1. FC Nebra zusammenführen, sie scheitert aber. Die besten Spieler verließen Karsdorf Richtung Nebra und der Verein konnte nur mit großer Mühe den Spielbetrieb aufrechterhalten.

Seit 2014 ist der Verein wieder komplett eigenständig unter dem Namen SG ZW Karsdorf. Es bleibt im Unstruttal zu hoffen, dass mit dem erneuten Eigentümerwechsel des Zementwerkes 2022 nicht wieder neue Fusionsgedanken einziehen und der Verein an der ICE-Trasse, der auch großartige Sonnenuntergänge auf dem Stadiongelände zu bieten hat, endlich wieder ruhigere Bahnen unter dem kultigen Sprecherturm zieht.

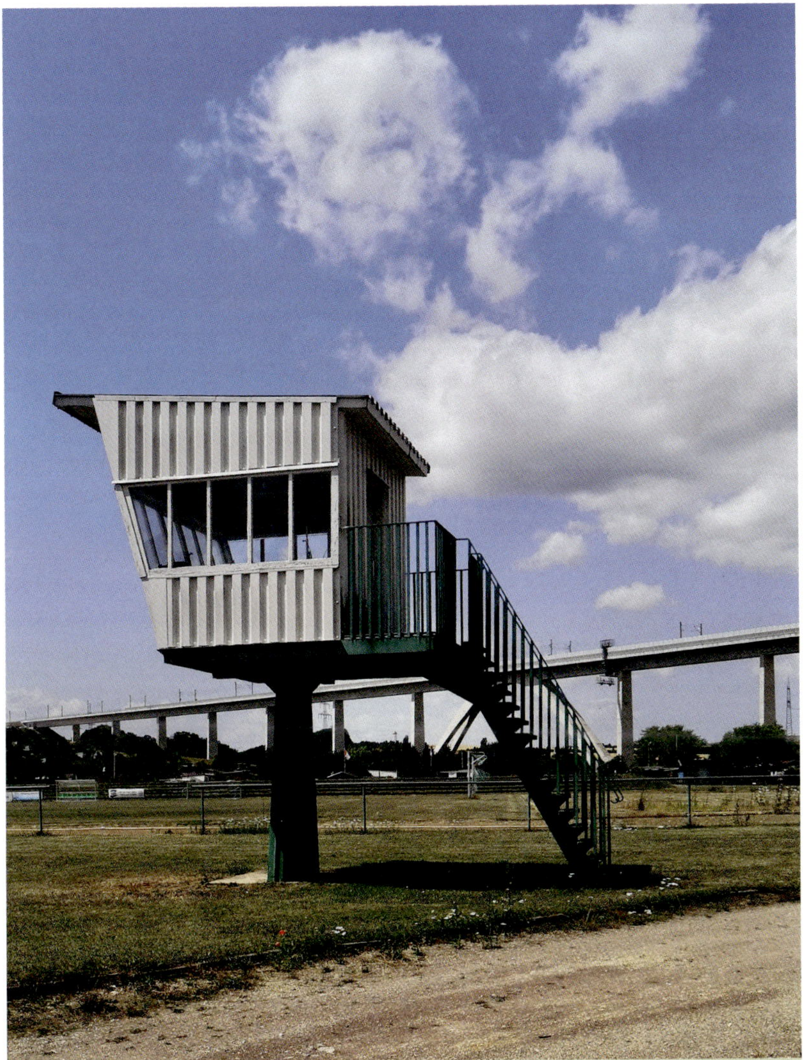

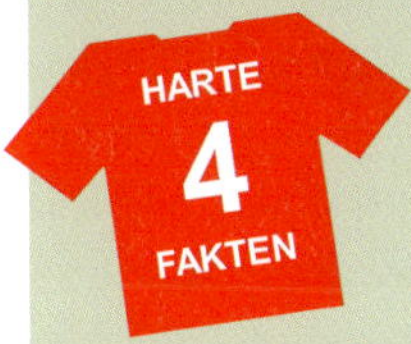

Adresse: Ringstraße 25b, 06638 Karsdorf-Wetzendorf
Fassungsvermögen: 4.000 Zuschauer
Erfolge: Kreispokalsieger 1999
Vereinsfarben: Grün-Weiß

Sportplatz am Jürgenweg

FC Eintracht Köthen

Das im Volksmund abschätzig Kuhkaff genannte Köthen liegt in einer landwirtschaftlich geprägten Region von großer Bedeutung. Die ansässige Malzfabrik, die von 1866 bis 1990 produzierte, war zeitweise die größte Tennenmälzerei Deutschlands. Auch die Köthener Brauerei ist über die Landesgrenzen bekannt. Nähert man sich Köthen über die B183 aus Süden, so fährt man durch Deutschlands nördlichstes Hopfenanbaugebiet. Und Eisenbahnfans wissen, dass Köthen 1840 erster Eisenbahnknotenpunkt und Umsteigeplatz auf dem Gebiet des Deutschen Bundes war. Drei Eisenbahngesellschaften unterhielten vier Bahnhöfe, bis sie in den Preußischen Staatseisenbahnen vereinigt wurden. Aber auch Kultur (Köthener Bachfesttage, Straßenkarneval), Bildung (Hochschule Anhalt) und Sport (u.a. Handballverein HG 85 Köthen und Cöthener Hockeyclub 02) sind weitere Aushängeschilder der Kreisstadt.

Der Fußballverein wurde 1952 als Einheit Köthen gegründet und ist seitdem auf dem etwa zur selben Zeit errichteten Sportplatz am Jürgenweg heimisch. Seit 1995 trat man unter dem Namen VfL Köthen an und engagierte 1997 den ehemaligen Bundesligatrainer Werner Biskup, der sich seine Tätigkeit fürstlich entlohnen ließ. Damit begann die erfolgreichste Zeit des Vereins aus der Bachstadt. In der zweiten Runde des Landespokals 1998/99 konnte sensationell der damalige Regionalligist 1. FC Magdeburg mit 1:0 besiegt werden. Am Ende dieser Saison stieg der VfL ungeschlagen in die Landesliga auf und schaffte dort 1999/2000 mit 78 Punkten und einem Torverhältnis von 106:24 den Durchmarsch in die Verbandsliga. Die erste Saison 2000/01 konnte noch mit einem guten 11. Platz abgeschlossen werden. Doch mit dem Projekt VfL Köthen hatte man sich übernommen und aufgrund finanzieller Schwierigkeiten stieg der nun in FC Eintracht Köthen umbenannte Verein im zweiten Jahr sang- und klanglos mit nur einem Punkt aus 34 Spielen wieder aus der höchsten Spielklasse Sachsen-Anhalts ab. Auch die Landesliga konnte nicht gehalten werden und der FCE wurde in die Landesklasse durchgereicht. Der überraschende Wiederaufstieg 2004 war nur ein kurzes Intermezzo, dem zwei weitere Abstiege folgten.

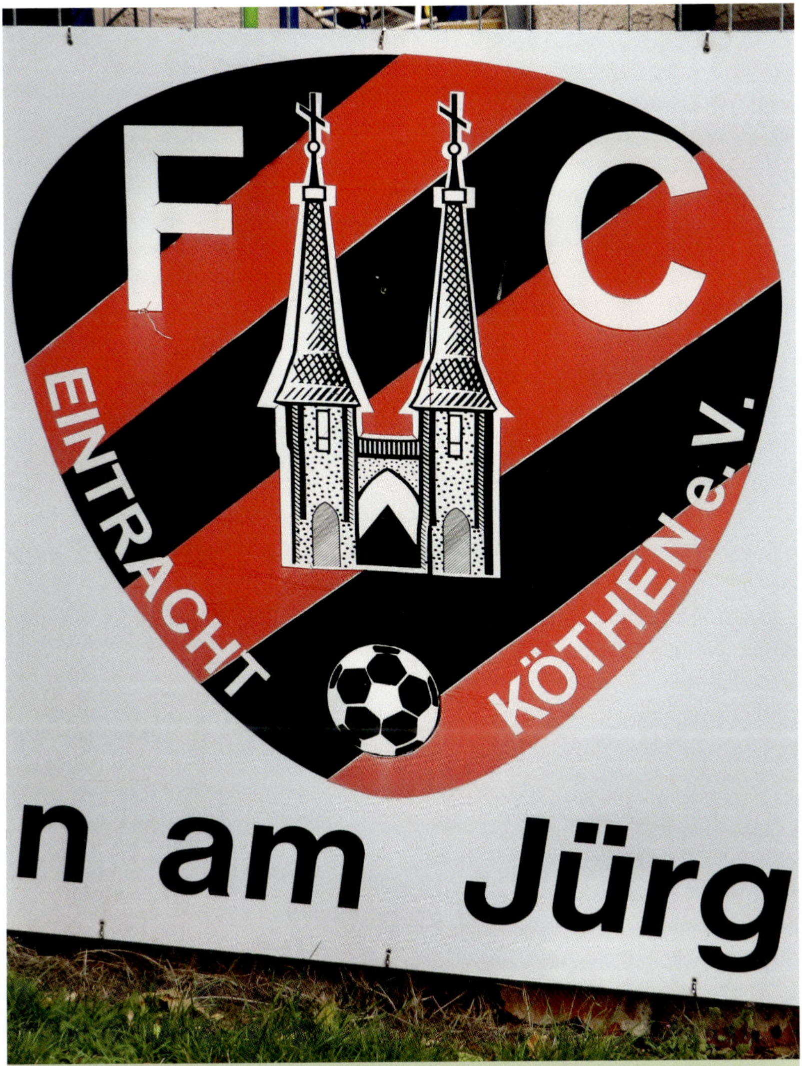

HARTE 4 FAKTEN

Adresse: Jürgenweg 32, 06366 Köthen
Fassungsvermögen: 2.000
Vereinsfarben: Schwarz-Rot
Erbaut: 1952/53

Stadion Rüsternbreite

Cöthener FC Germania 03

Der Verein wurde am 23. September 1903 in Cöthen gegründet und obwohl der amtliche Stadtname seit 1927 wieder mit K geschrieben wird, blieb der Vereinsname bestehen. Lange waren die Fußballer auf der Suche nach einem eigenen Sportgelände, doch 1919 wurde man auf dem Schützenplatz in Köthen-Geuz fündig. Trotz der Fertigstellung des neuen Stadions im Jahre 1927 wurden dort erst in der Saison 1935/36 die Heimspiele ausgetragen. Bis 1945 spielte der CFC 15 Saisons in der Gauliga Anhalt, jedoch stets im Schatten der erfolgreichen Stadtrivalen SV Köthen 02 und SC Köthen 09, die beide nach ihrer Auflösung durch die Besatzungsmächte 1945 nicht wieder neugegründet wurden.

Aber der CFC wurde als SG Köthen-Süd wiederbelebt und durchlief einige Namensänderungen aufgrund der Wechsel der Trägerbetriebe. Seit März 1952 spielten die Rot-Weißen unter dem Namen BSG Motor Köthen und wurden nach den DDR-Verwaltungsreformen in die neugebildete Bezirksliga Halle eingegliedert. Der größte Erfolg war die Bezirksmeisterschaft 1961/62 und der damit verbundene Aufstieg in die II. DDR-Liga. Leider geschah dies zum ungünstigsten Zeitpunkt, denn nach einer Ligareform wurde die II. DDR-Liga nach der Saison 1962/63 aufgelöst und alle Mannschaften ab Platz 3 stiegen automatisch in die Bezirksligen ab. Somit war der hervorragende vierte Platz nichts wert. Besonders in Erinnerung blieben die beiden Duelle gegen den Favoriten BSG Motor Dessau. Das Hinspiel am 30. September 1962 wurde zwar mit 1:3 verloren, aber die Kulisse von 7.000 Zuschauern stellt bis heute einen Rekord dar. Im Rückspiel konnte Köthen sogar ein sensationellen 2:1-Auswärtssieg vor 7.500 Zuschauern im Dessauer Schillerpark erringen.

Manchmal waren die Fans in Köthen aber zu aufbrausend, sodass der Verein zu DDR-Zeiten zweimal mit einer vierwöchigen Platzsperre bestraft wurde. Erstmals 1953 nach Zuschauerausschreitungen im Heimspiel gegen Chemie Bitterfeld und 1974 nach einem Flaschenwurf und dem daraus resultierenden Abbruch der Partie gegen Motor Gröbzig.

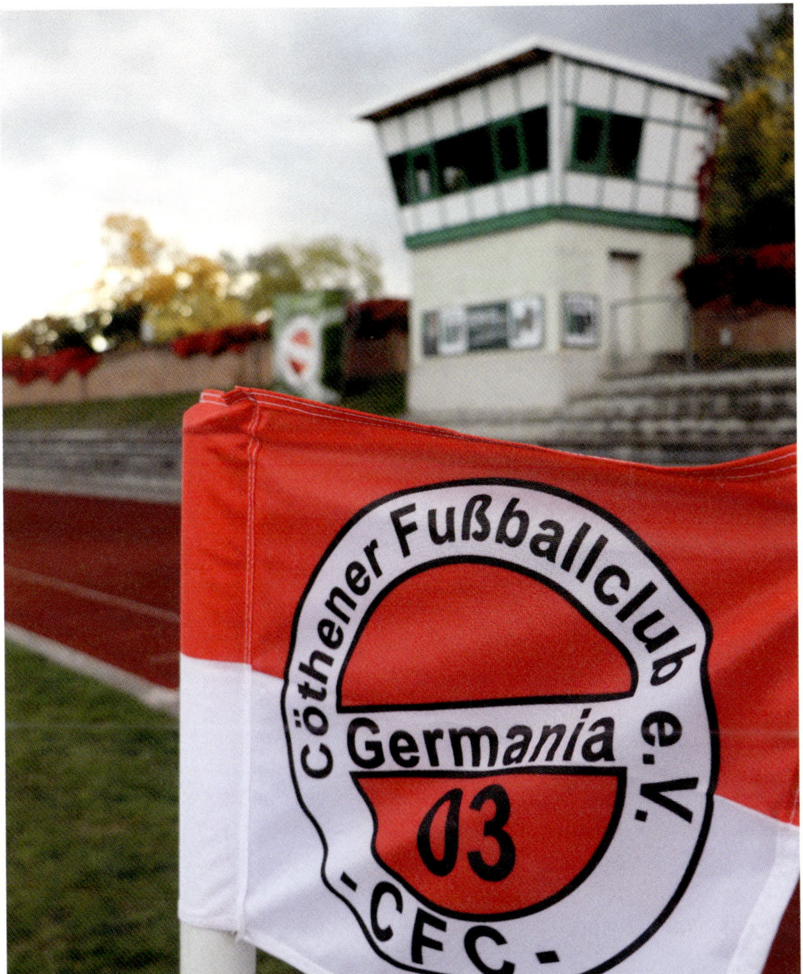

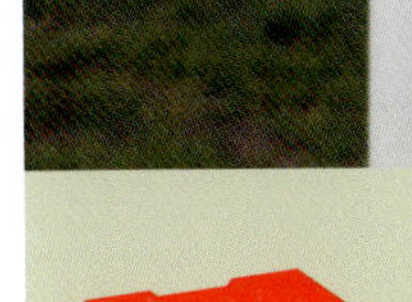

Landkreis: Anhalt-Bitterfeld
Adresse: An der Rüsternbreite, 06366 Köthen
Zuschauerkapazität: 5.000
Spielklasse 2023/24: Landesliga Mitte

Dorfstadion der Freundschaft

Kuhfelder SV 1949 – „Rekord für die Ewigkeit"

Die Altmark ist ein Landstrich, der vom großen Fußball nicht so beseelt ist. Dabei sind es nur 50 Kilometer bis nach Wolfsburg zur Bundesliga. Zu den Zeiten des Eisernen Vorhangs galt die Region als fußballerisches Niemandsland, sieht man von den glorreichen Zeiten von Lok Stendal in der Oberliga ab.

Umso mehr stellt sich die Fußballromantik in kleinen Ortschaften ein, wo der Fußball noch wichtiger Bestandteil der Heimatkultur ist. So auch in Kuhfelde. Der Kuhfelder 1949 SV ist vom Zusammenhalt und Gemeinschaftsgefühl geprägt. Am Wochenende stehen 60 Leute am Spielfeldrand, was prozentual an den 1.000 Einwohnern des Ortes gemessen höher einzuordnen ist als die Zuschauerzahl bei den Bayern in München.

Viel Stufen, zwei Überdachungen, faire Preise am Verkaufsstand, ehrlicher Fußball, ohne Schwalben, mit gesunder Härte. Wen stört es da, dass da dem ein oder anderen Spieler der Ansatz eines Bierbauchs unterm Trikot in der Kreisliga juckt. Der Blick übers Spielfeld geht Richtung Dorf und die markante Feldsteinkirche, inmitten von Wiesen- und Waldlandschaften. Wer die nackte Fußball-Authentizität sucht, ist hier im Dorfstadion der Freundschaft richtig. Gegründet 1949 in den Farben Blau Weiß bewegt man sich sportlich im unteren Segment, aber das ist den Leuten egal. Die 2. Altmarkliga West passt schon. Derbys gegen Gegner wie die SG Saalfeld 46 sind das Salz in der Suppe.

Von der Rekordsaison 2016/17 schwärmen alle Beteiligten heute noch. Damals in der Kreisliga wurden alle 26 Spiele gewonnen und ein positives Torverhältnis von 132 Toren erreicht. Das sorgte für Aufsehen auch über die Dorfgrenzen hinweg. Damit verbunden war der Aufstieg in die Kreisoberliga. Nach ein paar Jahren ging es wieder eine Liga tiefer weiter, wo man allen Widrigkeiten wie dem demografischen Wandel trotzt. Mittlerweile hat der Trainingsplatz sogar Flutlicht. Der Star in Kuhfelde ist definitiv das Kultstadion – „Dorfstadion der Freundschaft", ganz in aller Freundschaft.

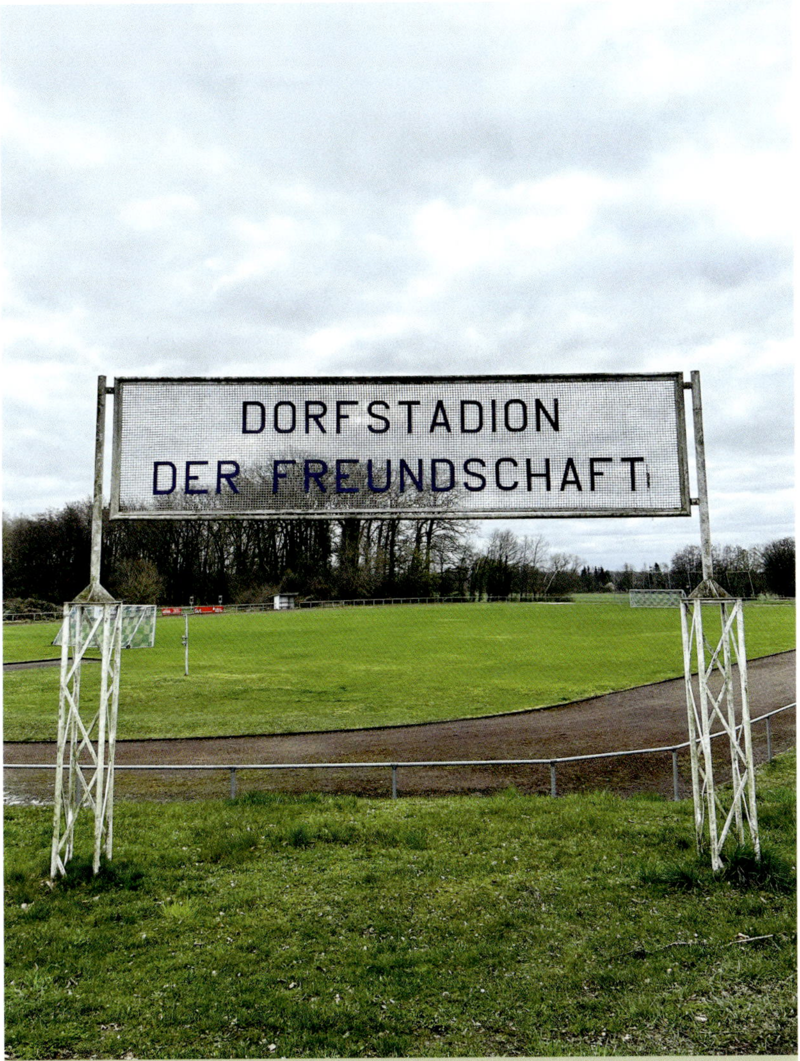

HARTE 4 FAKTEN

Adresse: Birkenweg 2, 29416 Kuhfelde

Fassungsvermögen: 4.000

Zuschauerrekord: 480 beim Kreispokal 2017 gegen Eintracht Salzwedel

Sportarten: Fußball, Handball, Bogenschießen

Sportforum Landsberg

Im Pokal sieht der SSV Landsberg rot

Die Stadt Landsberg feierte im Jahr 2021 ihr 1060-jähriges Bestehen. Der älteste Fußballverein war der Sportverein Landsberg-Hohenthurm von 1920. Die Meisterschaft in einer der Kreisklassen des Gau Mitte 1929 war der erste Erfolg vom SVL, der sich am 10. November 1933 mit der Fußballabteilung des Turnvereins Jahn zur Spielvereinigung 1933 zusammenschloss. Nach Ende des Zweiten Weltkriegs waren die Sportplätze der Stadt entweder zerstört oder umgepflügt worden. Nach einer Übergangslösung wurde 1948 die heutige Sportstätte erbaut.

Nach der Gründung der BSG Traktor Landsberg am 16. Juni 1951 mit der Maschinen-Ausleih-Station als Trägerbetrieb wurde das Sportforum nach und nach erweitert. Dem Bau der Aschenbahn 1951 folgte zwei Jahre später ein zweites Spielfeld, und 1957 ersetzte eine Stahlrohrbarriere die alte Holzumrandung. 1974 wurde die 45 Meter lange Tribüne fertiggestellt und 1975 schließlich noch ein Kampfrichterturm errichtet. Das Sportforum in Landsberg war auch Austragungsort der Kreissportfeste bzw. der Kinder- und Jugendspartakiaden im Saalekreis.

Nach der Jahrtausendwende konnte sich der mittlerweile unter dem Namen SSV Landsberg 1990 startende Verein dauerhaft auf Landesebene etablieren. 2001 begann der Durchmarsch von der Kreisliga bis in die Landesliga Süd. In den Spielzeiten 2001/02 und 2002/03 wurden nur drei Ligaspiele verloren. Von den letzten 20 Jahren verbrachte der SSV immerhin elf Spielzeiten in der Landesliga Süd und nimmt in deren Ewiger Tabelle den 19. Platz ein. Seinen größten Erfolg feierte der SSV im Landespokal der Saison 2010/11. Nach den drei Siegen beim SV Rotation Halle, im Ortsderby bei der SG Reußen und in der Altmark beim SV Blau-Gelb Goldbeck folgte im Viertelfinale ein 1:0-Heimsieg gegen den Haldensleber SC. Das heimische Sportforum platzte am Ostermontag 2011 aus allen Nähten, als ca. 3.000 Zuschauer, darunter auch ein rotes Meer an Gästeanhängern, das Halbfinalspiel gegen den Regionalligisten Hallescher FC besuchten. Bis zur 60. Spielminute konnte der Außenseiter das torlose Remis halten, doch im Endspurt siegte der Titelverteidiger aus Halle noch mit 3:0.

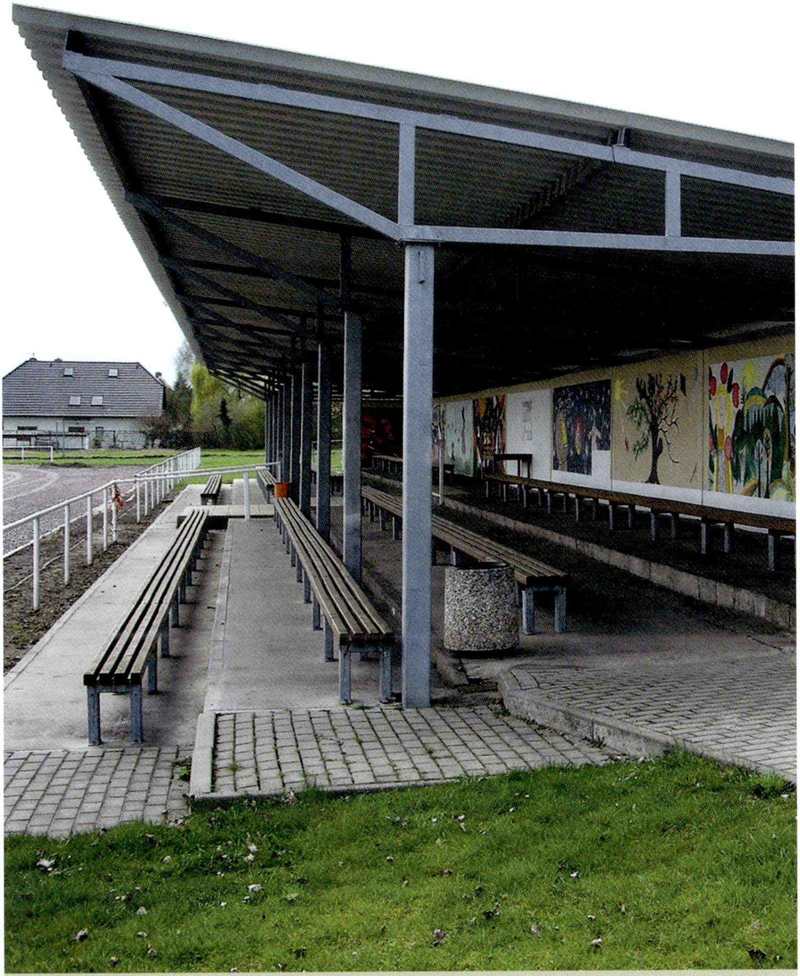

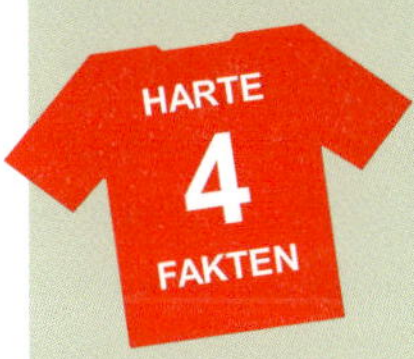

Landkreis: Saalekreis
Adresse: Bergstraße 19, 06188 Landsberg
Zuschauerkapazität: 3.500
Eröffnung: 1949

Werner-Bartels-Sportanlage

Vom Bäckerlehrling zum Nationalspieler

Am 2. Juni 1945 wurde Hans-Bert Matoul in der Gemeinde Langeln geboren. Im Kindesalter begann er das Fußballspielen unter Anleitung seines Vaters bei der BSG Traktor Langeln. Lange Zeit wollte er nichts anderes als Torwart sein. Erst im Alter von 15 Jahren wechselte er in den Sturm und debütierte als 17-Jähriger in der Männermannschaft. In der elterlichen Bäckerei in Langeln erlernte er den Beruf des Bäckers und Konditors. Nach einem Freundschaftsspiel zwischen Traktor Langeln und der BSG Chemie Leipzig 1965 wollte ihn Trainerlegende Alfred Kunze unbedingt verpflichten. Der DDR-Meister von 1964 gewann mit 10:1, und der 1,83 Meter große Mittelstürmer wechselte nur wenige Monate später nach Leutzsch.

Sowohl in seinem ersten FDGB-Pokalspiel in Neubrandenburg als auch bei seiner ersten Oberligapartie gegen Dynamo Dresden traf er sofort ins Netz. Der Höhepunkt in seiner Premierensaison war der 1:0-Siegtreffer im Endspiel des FDGB-Pokals 1966 gegen die BSG Lok Stendal in Bautzen. Als Chemie Leipzig 1971 absteigt, will er weiter erstklassig bleiben. Einen Wechsel zu Union Berlin verwehrte ihm der Deutsche Fußball-Verband. Er sollte im Bezirk Leipzig bleiben und musste zum 1. FC Lokomotive Leipzig.

Von 1971 bis 1974 ist er dort Stammspieler, Leistungsträger und Nationalspieler. Er erreicht erneut das Finale des FDGB-Pokals 1972/73, steht im Halbfinale des UEFA-Cups 1973/74 und wird Torschützenkönig in der Oberliga-Saison 1973/74. Für die Weltmeisterschaft 1974 wird er jedoch nicht berücksichtigt. Stattdessen kehrte er nach Langeln zurück, um die Bäckerei zu übernehmen. Nebenbei heuert er wieder bei der BSG Traktor Langeln an. Die Mannschaft wird ungeschlagen Meister und steigt in die Bezirksklasse Magdeburg auf. Auch dort steht man zur Halbserie auf dem ersten Platz. Doch dann klopft der benachbarte DDR-Ligist Einheit Wernigerode an und überzeugt ihn, noch ein paar Jahre auf höherem Niveau zu spielen, ohne die Bäckerei im Stich zu lassen. Einige in seinem Heimatdorf verübeln ihm diesen Schritt und boykottieren sogar kurzzeitig sein Geschäft. In Wernigerode spielte er noch vier Jahre, wird 1976/77 Torschützenkönig in der DDR-Liga Staffel C und übernahm das Traineramt von 1980 bis 1984.

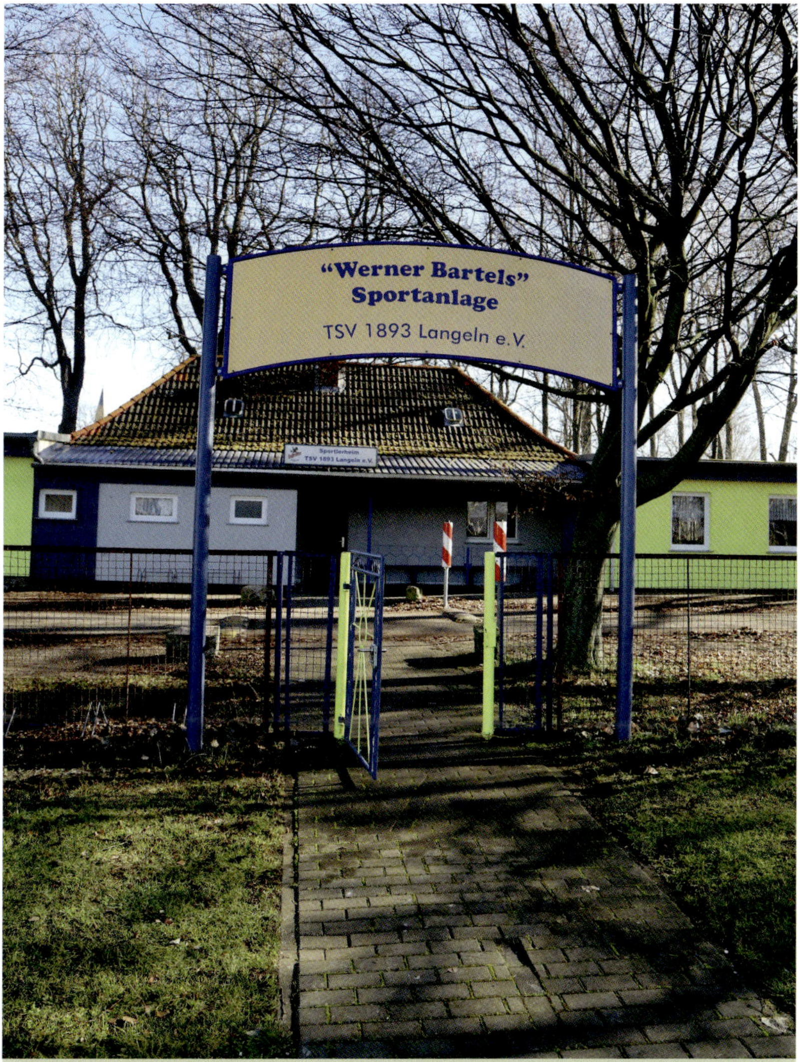

HARTE 4 FAKTEN

Landkreis: Harz

Adresse: Hinter den Gärten, 38871 Nordharz-Langeln

Fassungsvermögen: 1.000

Besonderes: Juniorenländerspiel DDR – UdSSR am 15. 10. 1981

Stadion des Friedens

TSV Leuna 1919

Wer Leuna hört, denkt automatisch an die über 100-jährige Geschichte als Chemiestandort. BASF produzierte hier zuerst Ammoniak als Düngemittel und Ammoniumnitrat für die Sprengstoffindustrie. Die I.G. Farben stellte aus Kohle das synthetische Leuna-Benzin her. Trotz massiver Bombenangriffe gegen Ende des Zweiten Weltkriegs und den anschließenden Demontagen als Reparationsleistungen an die Sowjetunion waren die VEB Leuna-Werke später in der DDR das größte Chemiekombinat mit ca. 30.000 Werktätigen. Es war auch der Trägerbetrieb der 1948 gegründeten BSG Chemie Leuna.

Durch die Meisterschaft in der Bezirksliga Halle in der Spielzeit 1954/55 qualifizierte man sich für die II. DDR-Liga 1955. Die erste Saison war jedoch nur eine Übergangsrunde mit 13 Saisonspielen ohne Auf- und Absteiger, da die Meisterschaft ab 1956 an das Kalenderjahr angeglichen wurde. Die BSG Chemie Leuna wurde Sieger in der Staffel Süd vor der BSG Motor West Karl-Marx-Stadt. In der Saison 1956 wurde diese Leistung durch einen dritten Platz bestätigt.

Nach vier weiteren durchaus erfolgreichen Spielzeiten bedeutete der 13. Platz in der Saison 1960 den Abstieg in die Bezirksliga Halle. Unvergessen sind auch die Teilnahmen an den FDGB-Pokalwettbewerben von 1954 bis 1961. Gleich bei der ersten Teilnahme scheiterte Leuna erst im Achtelfinale am SC Turbine Erfurt, dem damaligen DDR-Meister. 1957 wurde im Stadion des Friedens in der ersten Runde der Oberligist SC Rotation Leipzig besiegt und ein Jahr später gelang das gleiche Kunststück gegen den SC Chemie Halle-Leuna. Auswärts trat man im FDGB-Pokal gegen die erfolgreichsten Vereine der Republik an: 1957 beim SC Empor Rostock, 1958 beim SC Wismut Karl-Marx-Stadt, 1959 beim ASK Vorwärts Berlin und 1960 bei der BSG Chemie Zeitz. Zur damaligen Zeit war Torhüter Gerhard Uhlig ein starker Rückhalt. Er stand von 1952 bis 1962 zwischen den Pfosten. Zur Saison 1954/55 wechselte er nach Halle in die DDR-Oberliga, doch mit nur einem Einsatz erfüllten sich seine Erwartungen dort nicht, und er kehrte nach Leuna zurück.

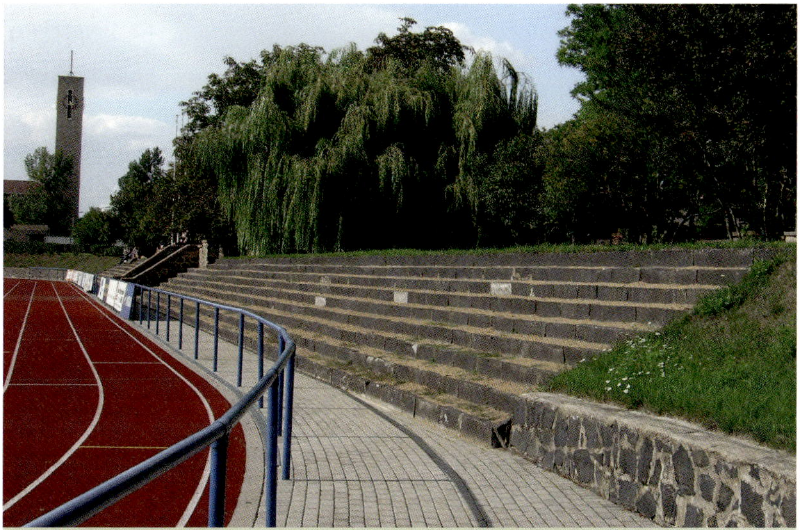

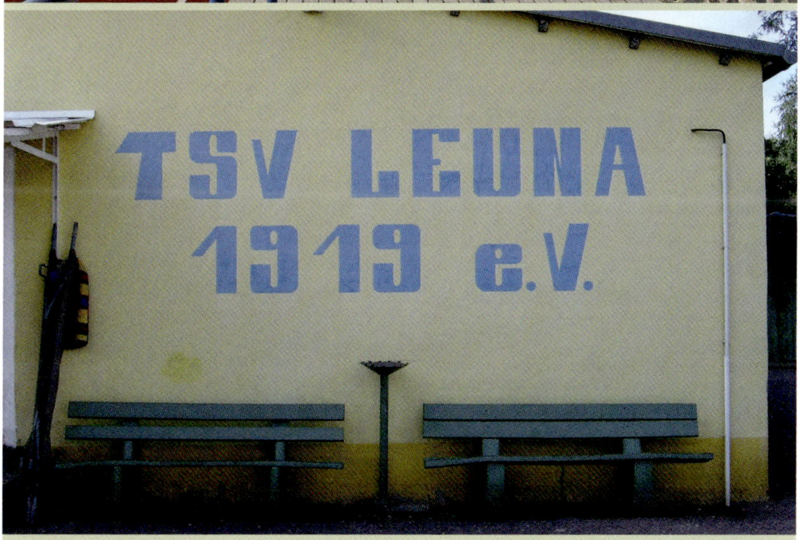

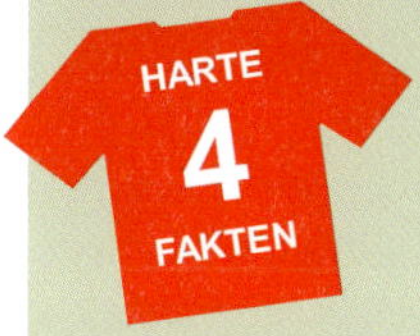

Landkreis: Saalekreis
Adresse: Feldstraße 6, 06237 Leuna
Zuschauerkapazität: 7.000
Erbaut: 1947 bis 1948

Ernst-Grube-Stadion / Viktoria-Sportplatz

Das Stadion „der Größten der Welt"

Wo heute die MDCC-Arena steht, startete mit der Einweihung des Viktoria-Sportplatzes am 14. April 1912 große Fußball-Geschichte. Hier spielt der SV Viktoria 1896 Magdeburg bis zum Ende des Zweiten Weltkrieges und 1914 ist der mit 6.000 Zuschauern restlos überfüllte Viktoria-Platz Austragungsort des Finales um die Deutsche Meisterschaft zwischen der SpVgg Fürth und dem VfB Leipzig, was rekordverdächtige 153 Minuten dauert.

Nach dem II. Weltkrieg gab es den Plan, anstelle des Viktoria-Platzes ein Stadion für 80.000 Menschen aus dem Boden zu stampfen, was allerdings scheitert. Ein Stadion wird dann auf dem ehemaligen Viktoria-Grund trotzdem gebaut. Für den Bau werden Trümmerschuttberge aus der zerstörten Magdeburger Innenstadt benutzt. Am 18. September 1955 erfolgt im Rahmen des ersten Bezirks-Turn-und-Sportfestes die feierliche Eröffnung. Als Namensgeber fungiert der Politiker und NS-Widerstandskämpfer Ernst-Grube.

Das Stadion erlebt mit dem SC Aufbau und dem 1. FC Magdeburg viele Höhepunkte. Im Jahr 1970 bekommt das Ernst-Grube eine neue Tribünenüberdachung, zwei Jahre später eine 850 Lux-Flutlichtanlage und wenig später eine elektronische Anzeigetafel. Europapokalspiele wie gegen die Bayern oder Juventus Turin elektrisieren die Massen. Als absoluter Zuschauerrekord gilt aber ein Spiel gegen CKD Prag, dem heutigen Bohemians, als 1963 55.000 Zuschauer die Spieler und anschließend die Radrennfahrer der Friedensfahrt bejubelten. Der Zuschauerboom in Magdeburg bekam durch den Europapokalsieg 1974 und durch die drei DDR-Meisterschaften des 1. FCM richtig Schub, ebbte aber zum Ende der DDR mächtig ab.

Nach der „Wende" verkommt das Stadion auch wegen der sportlichen Talfahrt des 1. FCM. Der Stadtrat sieht sich 2004 gezwungen, das sanierungsbedürftige Stadion nach 50 Jahren abzureißen und durch einen Neubau zu ersetzen. Die Sprengung der altehrwürdigen Fluchtlichtmasten bestaunen und betrauern am 24. Mai 2005 hunderte von Zuschauern.

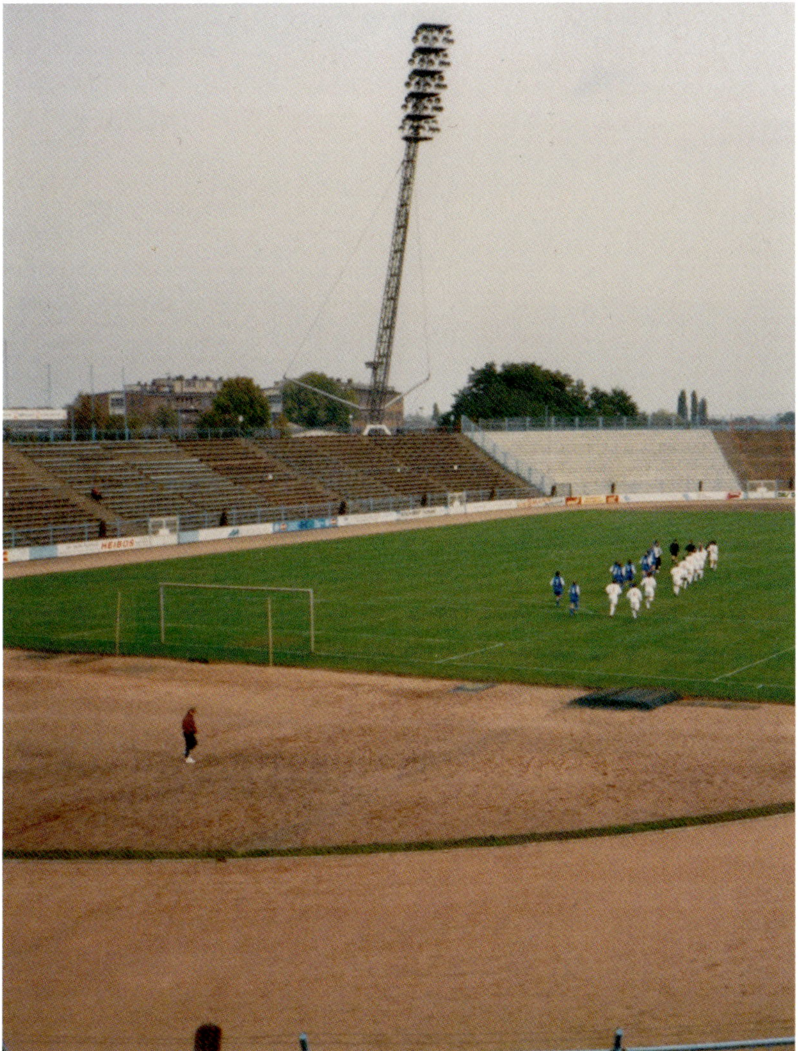

HARTE 4 FAKTEN

Adresse: Friedrich-Ebert-Straße 68, 39114 Magdeburg

Offizielles Fassungsvermögen: 1955: 40.000; 2005: 25.800

Erstes Spiel: DDR gegen Rumänien (B-Auswahl) 3:0

Bayern-„Killerstadion": 2. Runde DFB-Pokal am 1.11.2000 4:2 n.E.

Fußballverband Sachsen-Anhalt

Tür an Tür mit dem FCM

Ein Schelm, der Böses dabei denkt, wenn der größte Sportverband eines Bundeslandes Tür an Tür mit dem bekanntesten Fußballverein des Landes arbeitet. Seitdem der ehemalige Innenminister des Landes und bekennende FCM-Fan Holger Stahlknecht im Verbandshause an der Friedrich-Ebert-Straße 62 das Zepter führt, kehrt nach vielen Skandälchen und Peinlichkeiten langsam wieder Ruhe im Verband ein, auch wenn mal kurz die Spielordnung zu Gunsten der „Großen" im Land gedreht wird. Auch ein neues Verbandssymbol in den Provinzialfarben Sachsens steht für eine gewisse Aufbruchstimmung. Frische Luft bringt da auch die Verpflichtung von Stephan Michme, der über Jahre beim MDR als Radiomoderator für gute Laune sorgte und seit geraumer Zeit beim Fußballverband die Öffentlichkeitsarbeit unterstützt.

Der am 19. August 1990 ins Leben gerufene Landesverband mit seinen 745 Vereinen, 2.700 Mannschaften und fast 94.000 Mitgliedern braucht eine fortschrittliche und moderne Dachorganisation, welche die 14 Kreis- und Stadtverbände im Land führt und leitet. Ein starker Präsident, der als Politiker und Anwalt alle Fährnisse kennt, ist da sicherlich nicht verkehrt. Das macht der Präsident vorbildlich und professionell.

Sitz des Verbandes ist ein schmucker Neubau in der Nähe der MDCC-Arena in der Landeshauptstadt. Das Gebäude teilt man sich mit der Geschäftsstelle des 1. FC Magdeburg und so läuft man sich sicher Tag für Tag im Treppenhaus über die kurzen Wege und grüßt sich freundlich. Man versteht sich. Man ist als Verband schließlich, wie der Präsident in einem Interview sagte, „Dienstleister der Vereine". Zur Siegerehrung im FSA-Pokal 2023 trug der Präsident einen blauen Pullover und überreichte den Pokal den rot-weißen Hallensern. Ausgleichende (Pullover-)Gerechtigkeit, war es doch ein Jahr zuvor beim blau-weißen Magdeburger Pokalsieg noch ein roter Pullover gewesen. Was mal wieder im Fußballdeutsch bedeutet, es gleicht sich alles aus im Fußball …

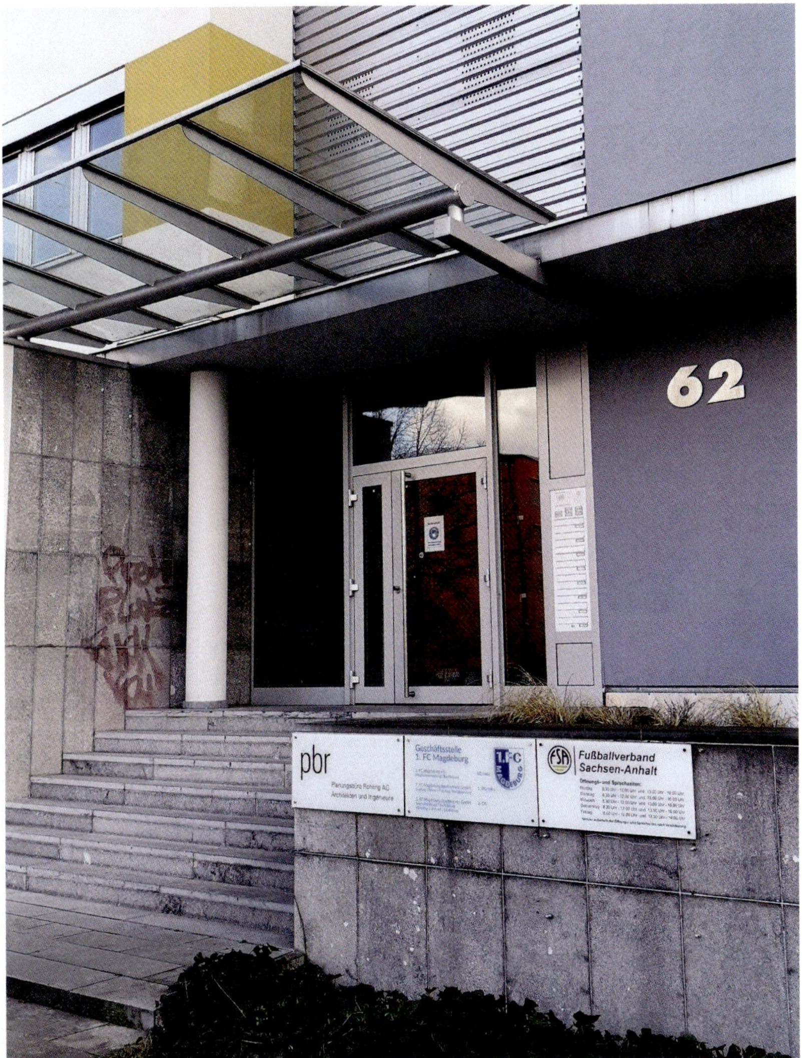

HARTE 4 FAKTEN

Adresse: FSA Friedrich-Ebert-Straße 62, 39114 Magdeburg

Präsident: Holger Stahlknecht

Mitarbeiter: 17 Hauptamtliche und 200 im Ehrenamt

Gründungsort: Kongress-Center Magdeburg

Heinrich-Germer-Stadion

Preußens Glanz und Gloria

Das „Germer" im Magdeburger Stadtteil Sudenburg hat eine wechselvolle Geschichte hinter sich. Höhepunkte waren vermutlich die Jahre 1979 bis 1981, als hier der 1. FCM während der Umbaumaßahmen im Ernst-Grube-Stadion attraktive Gegner im Europapokal empfängt. Von 2005 bis 2006 spielen die „Blau-Weißen" dann wieder im „Germer", Grund ist der Neubau der MDCC-Arena.

Im Jahre 1920 gebaut und zu Beginn „Stadion am Königsweg" genannt, wurde das Stadion nach dem II. Weltkrieg „aufgepäppelt" und im August 1952 vor 20.000 Zuschauern mit einem Spiel gegen Motor Zwickau wiedereröffnet. Wenige Wochen zuvor war der Magdeburger Politiker und Pädagoge Heinrich Germer verstorben, der viel zum Wiederaufbau der zerstörten Stadt beigetragen hatte. In Würdigung seiner Verdienste wurde das Stadion nach ihm benannt. Im „Germer" waren nacheinander Eintracht Sudenburg, Stahl Magdeburg und die BSG Motor Mitte zu Hause; letztere sogar 1952 bis 1956 in der DDR-Liga, der zweithöchsten Spielklasse der DDR. Im Jahr 1956 wurden die besten Fußballer vom SC Aufbau Magdeburg übernommen, welche dann DDR-Oberliga spielte. Fußball im „Germer" wurde dadurch unterklassiger gespielt. Die „neue" BSG Motor Mitte erreichte 1979 immerhin die Bezirksliga.

Im Umbruch der DDR wurde aus der BSG der Magdeburger SV 90. 1997 folgte die Umbenennung in MSV Preußen und 2001 der Aufstieg in die Verbandsliga. Den Landespokalsieg errangen die Sudenburger 2005 gegen den VfB Sangerhausen. Im DFB-Pokal war dann jedoch in der ersten Runde Erstligist Arminia Bielefeld zu stark.

Ab 2015 spielen im „Germer" gleich zwei „Preußen": MSV 90 Preußen und MSC Preußen 1899. Das einst ruhmreiche Stadion bröckelt als Ruine und Biotop vor sich hin. Längst wäre eine Auffrischung der altehrwürdigen Anlage fällig, doch die große Musik spielt in Magdeburg woanders und so verlieren sich nur knapp 100 Fans bei den Spielen im „Germer". Preußen und sein Stadion haben schon glorreichere Tage gesehen.

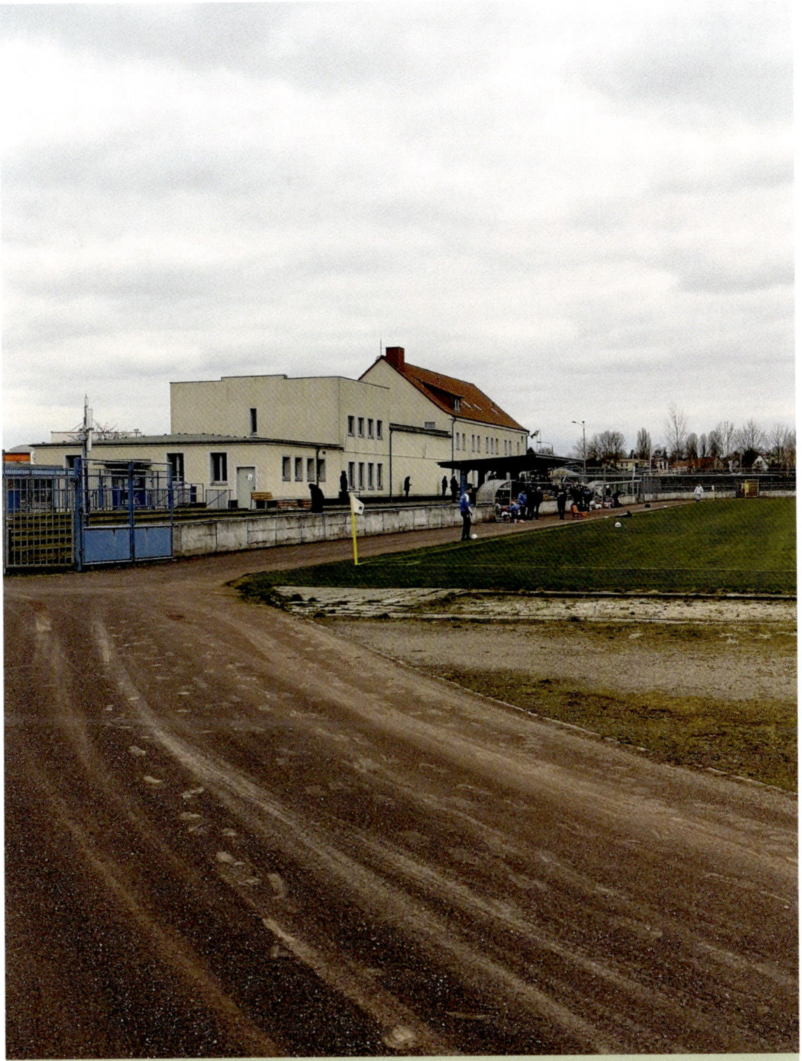

HARTE 4 FAKTEN

Adresse: Salzmannstraße 34, 39112 Magdeburg

Kultspiele: Europacup-Gastspiele von Arsenal, Wrexham, AC Turin, FK Moos

Zuschauerrekord: 22.000 am 23. 3. 1955 Motor Mitte Magdeburg gegen Lok Stendal

Heim: Preußen 1899, 1. FCM II, Magdeburger FFC, Virgin Guards (American Football)

Heinz-Krügel-Denkmal

Eine Statue für den Meistertrainer

2009, ein Jahr nach dem Tode von Heinz Krügel, beschließt der Magdeburger Stadtrat, den Platz vor der MDCC-Arena nach dem erfolgreichen Trainer zu benennen. Ein paar Jahre später hat Dirk Heidicke, Fanbeauftragter und Autor, eine bahnbrechende Idee. Er möchte mit symbolischen Anteilsscheinen im Wert von 19,74 Euro auf die Zielsumme 25.000 Euro kommen, um auf dem Platz vor dem Stadion Heinz-Krügel in bronzener Lebensgröße für sein sportliches Lebenswerk beim 1. FC Magdeburg zu würdigen. Die Finanzierung, so die persönliche Auflage, soll dabei ausschließlich aus dem Innern der Blau-Weißen-Fan-Seele wachsen und gedeihen, ohne jede finanzielle Unterstützung von außen.

Das Vorhaben bekommt schnell Hand und Fuß. Die Resonanz ist überwältigend und die Summe innerhalb kürzester Zeit zusammen. Mit dem Domerslebener Bildhauer Frank Sobirey wird schließlich auch ein Künstler für die Umsetzung gewonnen. Die anfängliche Skepsis von Frank Sobirey gegenüber Fußballfans weicht bald der Freude, an diesem Projekt mitarbeiten zu dürfen. So entwickelt sich in seinem Atelier ein reger Austausch, wie der kleine Zwickauer Heinz Krügel in der Statur wirken und aussehen soll. Ehemalige Mitstreiter und Fans geben sich in Domersleben die Klinke in die Hand, um ihre Erinnerungen an Heinz Krügel mit dem Künstler zu teilen.

Da tut es auch nicht weiter weh, dass das Ziel, die Statue genau 40 Jahre nach dem Europapokalsieg von Rotterdam am 8. Mai 2014 einzuweihen, nicht ganz eingehalten werden kann. Am 17. August 2014 anlässlich des DFB-Pokalspiels gegen den FC Augsburg ist es dann so weit: Wolfgang Seguin, einer der Helden von 1974, zieht die blau-weiße Plane vom Denkmal und die Fans haben nun endlich einen Ort, ihrem Idol zu huldigen. Die dort gezeigte Jubelpose bekam Jahre später einige Flecken, was die sportliche Lebensleistung des Zwickauers Heinz-Krügel aber nicht mehr schmälert. Nach wie vor steht das Denkmal fest auf seinem Platz und verbindet die ruhmreiche Vergangenheit mit der Hoffnung auf eine erfolgreiche blau-weiße Zukunft.

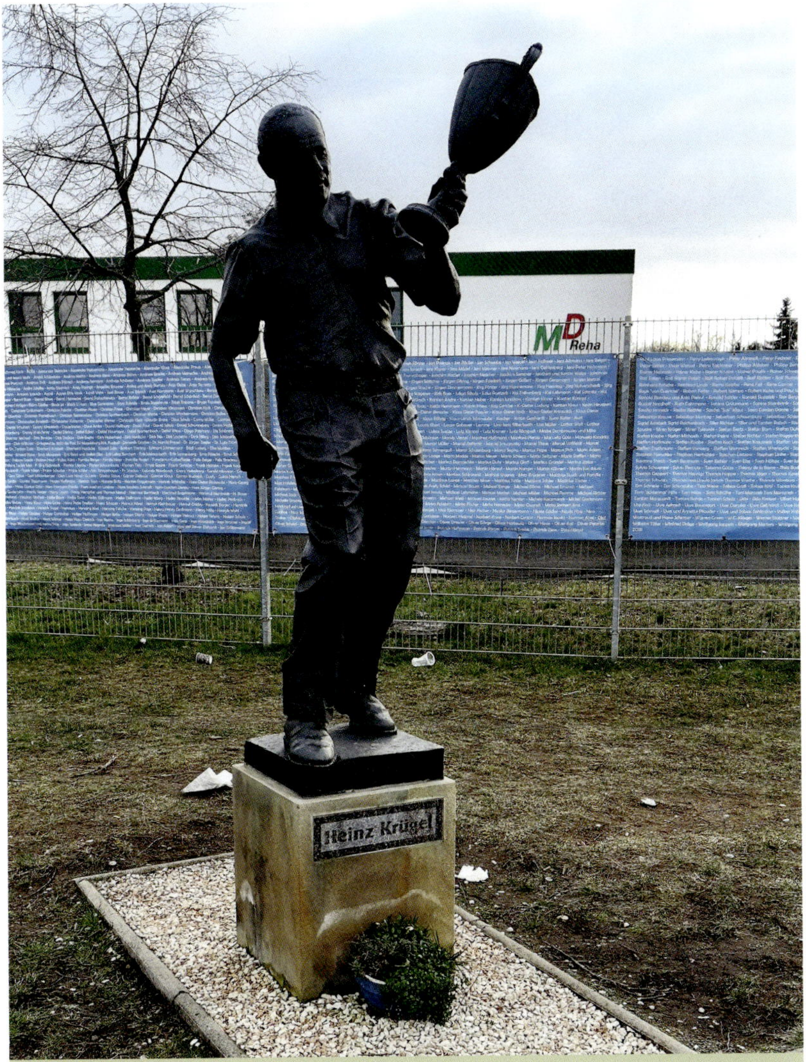

HARTE 4 FAKTEN

Adresse: Heinz-Krügel-Platz 1, 39114 Magdeburg

Lebensdaten: 24. 4. 1921 – 27. 8. 2008

Letzte Ruhestätte: Ostfriedhof Magdeburg

Erfolge beim FCM: Europapokal der Pokalsieger 74, DDR-Meister 72, 74, 75, DDR-Pokalsieger 69, 73

Magdeburg 058

MDCC-Arena

Heinz-Krügel-Stadion

Im März 2012 sorgt eine Choreografie in der MDCC-Arena weltweit für Aufsehen, als beim Heimspiel gegen den Berliner AK Magdeburger Fans auf der Südtribüne mit etwa 100 neonfarbenen Pfeilen der chronisch erfolglosen Mannschaft zeigen, wo das Tor des Gegners steht. Nach über 500 Spielminuten gelingt der Mannschaft zwar wieder ein Treffer, doch nach einem späten Siegtreffer für den BAK landen die bunten Pfeile enttäuscht im Stadionstaub. Am Ende der Saison hält der FCM als Tabellenletzter zwar aufgrund einer Spielreform die Klasse. Dennoch ist dies eine Zäsur für den Verein.

Seitdem ist viel passiert, Auf- und Abstiege, immer euphorisch getragen oder betrauert von einem Publikum, das die Lärmverschmutzung durchaus in für die Gesundheit gefährliche Bereiche bringen kann. Immerhin 100 dB wurden bereits mehrfach gemessen, was in etwa der Geräuschkulisse eines Düsenjets entspricht. Nimmt man dazu noch die Schwingungsbeobachtungen bei gleichmäßigem Hüpfen der Fanscharen von 3 cm aus dem Jahr 2016, die die Stadt mit einer vorübergehenden Nutzungsuntersagungsverfügung quittierte, hat das Stadion in seiner relativ kurzen Lebensdauer schon viel gesehen und erlebt.

Seine quasi kaiserliche Weihe erhielt das Stadion im Dezember 2006 von Franz Beckenbauer höchstpersönlich. Seit Juli 2009 trägt es den Namen eines Telekommunikationsunternehmens. Es bleibt vorerst der fromme Wunsch der Magdeburger Fangemeinde, dass ihr Stadion vielleicht doch noch auch offiziell den bislang nur inoffiziellen Namen Heinz-Krügel-Stadion annehmen wird und dies dann möglichst auch noch in der Ersten Bundesliga.

Gemäß des ewigen Fanklassikers „Wir sind die Größten der Welt“, mit dem sich die gesamte blau-weiße Gemeinde bei Heimspielen in der MDCC-Arena einschwört und berauscht.

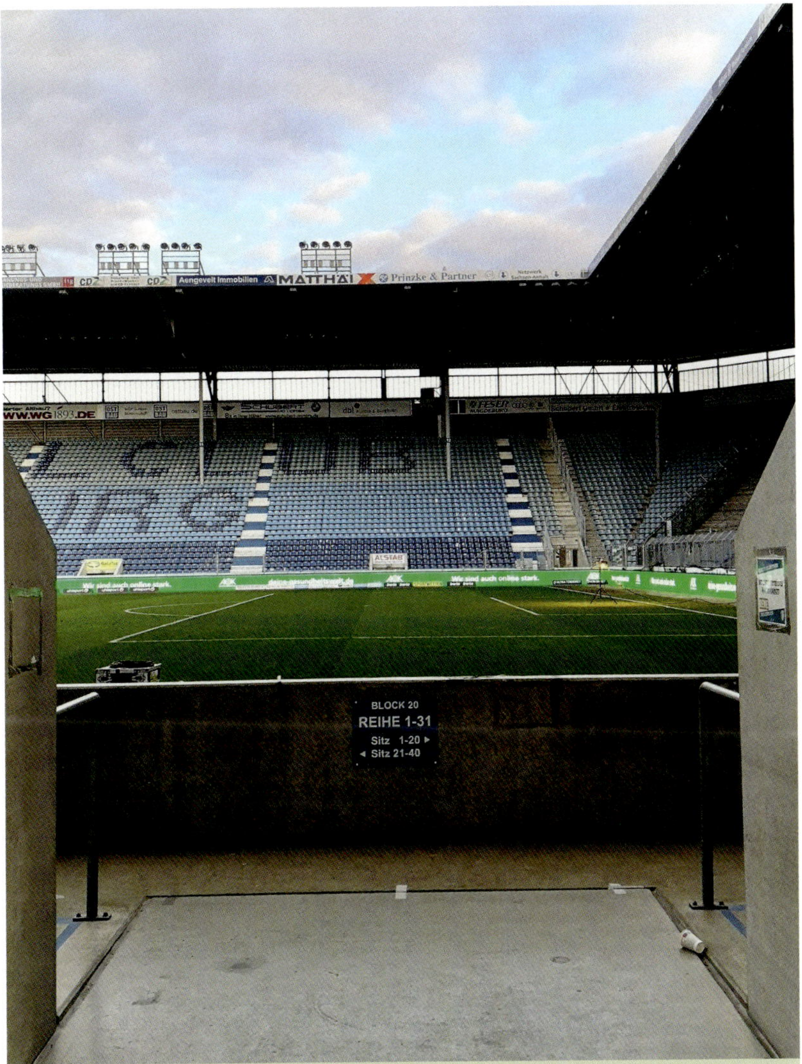

HARTE 4 FAKTEN

Adresse: Heinz-Krügel-Platz 1, 39114 Magdeburg

Eröffnungsspiele: 19. 12. 2006 gegen Eintracht Braunschweig; 23. 1. 2007 gegen Werder Bremen

Höhepunkte: Aufstiege 2015, 2018 und 2022

Finale: 2009 U17 EM Niederlande vs. Deutschland 1:2 n.V.

Sportanlage Zielitzer Straße

TuS 1860 Magdeburg-Neustadt

Wer heute über das ehrwürdige Gelände in der Magdeburger Neustadt streift, wird eingeholt von Geschichte. Vieles fiel bereits baulichen Maßnahmen zum Opfer, welche charakterliche Wesenszüge des Platzes an der Zielitzer Straße änderten. Von jeher thront aber das Fort VII, eine alte Festungsanlage, über dem Sportplatz, der 1920 eingeweiht wurde.

Wenn man das Sportlerheim betritt und seine Sinne hebt, lebt Historie auf. Zahlreiche historische Bilder lassen erahnen, wie lange der Sport hier schon zu Hause ist. Am Eingang des Geländes steht ein besonderer Gedenkstein, welcher an die Teilnahme an der ersten Deutschen Meisterschaft 1903 erinnert, wo der FC Viktoria Magdeburg 1896 im Viertelfinale Altona 93 unterlag. Viktoria Magdeburg war auch Gründungsmitglied des DFB. Herausragender Vereinsfußballer jener Zeit war Stürmer Paul Matthes, der beim zweiten offiziellen Länderspiel des DFB gegen England auf dem Platz stand.

1936 machten wirtschaftliche Gründe eine Fusion des FC Viktoria 1886 mit dem ältesten Sportverein der Stadt TuS 1860 Magdeburg-Neustadt zum VfL Viktoria-Neustadt 1860 Magdeburg nötig. Nach dem II. Weltkrieg waren mehrere Namensänderungen und Fusionen nötig, bis man 1958 als TuS Fortschritt Magdeburg-Neustadt vorübergehend zur Ruhe kam. In dieser Zeit erlernte der größte Fußballer des Vereins, der 38-fache DDR-Nationalspieler Otto Fräßdorf, hier sein Fußball-ABC. Bis heute hier verwurzelt, hält er noch regen Kontakt.

Nach einem kurzen Intermezzo in der DDR-Liga, spielte man anschließend sportlich keine nennenswerte Rolle mehr. Nach der „Wende" wurde der Verein 1996 rückbenannt und erhielt für seine vorbildliche Vereinsarbeit die Sportplakette des Bundespräsidenten. Die Fußballabteilung, 400 Mitglieder stark, leistet wertvolle Integrationsarbeit, und die erste Mannschaft spielt in der Landesklasse. Bekanntester Spieler der Neuzeit ist Marcel Maltritz, der es bis in die Bundesliga schaffte. Noch berühmter ist aber der Handball-Weltmeister Henning Fritz, den die Handball-Abteilung des Vereins hervorgebracht hat.

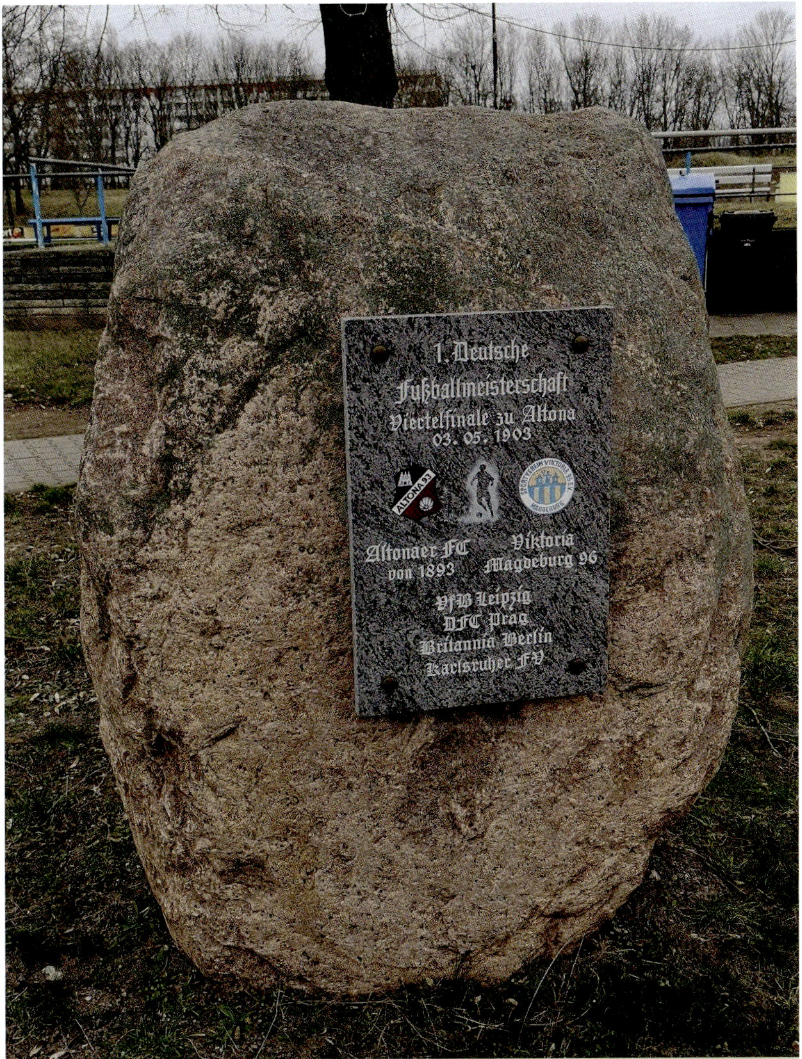

HARTE 4 FAKTEN

Adresse: Zielitzer Straße 28,
39124 Magdeburg-Neue Neustadt

Fassungsvermögen: 2.500

Spielklasse: Landesklasse Sachsen-Anhalt 2

Mitglieder: 700

Magdeburg 060

Stadion Schöppensteg

SV Fortuna Magdeburg

Was heutzutage unvorstellbar scheint, war im Magdeburger Fußballvakuum der 1990er-Jahre nüchterne Realität. Der „große“ 1. FCM lag durch „Altlasten, Altkader, Altschulden“ ohne jede Zukunftsvision am Boden und die 1990 aus der BSG Turbine wieder gegründete SV Fortuna erkannte diese Chance für sich.

Ausgestattet mit vielen ehemaligen 1. FCM-Größen, angelockt vom vorhandenen Kleingeld, rief der Verein die Vision „Fortuna 2000“ ins Leben, mit dem großen Ziel, den Magdeburger Fußball in die 2. Bundesliga zu bringen. Selbst ein 1. FCM-Idol wie Achim Streich war sich nicht zu schade, als Präsident in der Magdeburger-Neustadt anzuheuern, um dem Fußball in der Elbestadt wieder „Elb-Fahrtwind“ zu geben.

Große Fußballbegeisterung konnte Fortuna allerdings in der Stadt Magdeburg nie entwickeln, doch wurde viel Geld in das Projekt investiert, was sich auch im Aus- und Umbau der bestehenden Sportanlage widerspiegelte. Der Andrang an den Vereinskassen blieb hingegen zumeist gering. Selten verloren sich mehr als 500 Zuschauer am Schöppensteg. Selbst in den Jahren der sportlichen Tuchfühlung zum großen Nachbarn in der NOFV-Oberliga (1996–2000) blieben die Ränge zumeist leer. Einzig die Spiele gegen den FCM und den HFC füllten etwas das Vereinskonto. Die Gunst in der Stadt gehörte dem FCM. Da nutzte es auch nichts, dass sich viele 1. FC Magdeburg-Alt-Stars der DDR-Oberliga-Zeiten noch ein paar Mark dazuverdienten. „Tradition kann man sich eben nicht kaufen“.

Im Jahr 2000 waren die „Quellen“ dann auch versickert und es kehrte wieder Vernunft bei Fortuna ein. Selbst die eigens „beschmückte“ Straßenbahn, welche sich tagtäglich mit der Vision „Fortuna 2000“ durch die Straßen der Landeshauptstadt „quälte“, wurde wieder umgestaltet. Der Verein ließ seine Mannschaft bis in die Landesklasse zurückstufen, wo man sich sportlich stabilisierte und vermehrt auf die Jugend setzte. Kein geringerer als Marcel Schmelzer, der bei Borussia Dortmund zum Nationalspieler reifte, entspringt dem Fortuna-Nachwuchs. Und auch die Fortuna selbst spielt mittlerweile wieder in der höchsten Klasse Sachsen-Anhalts.

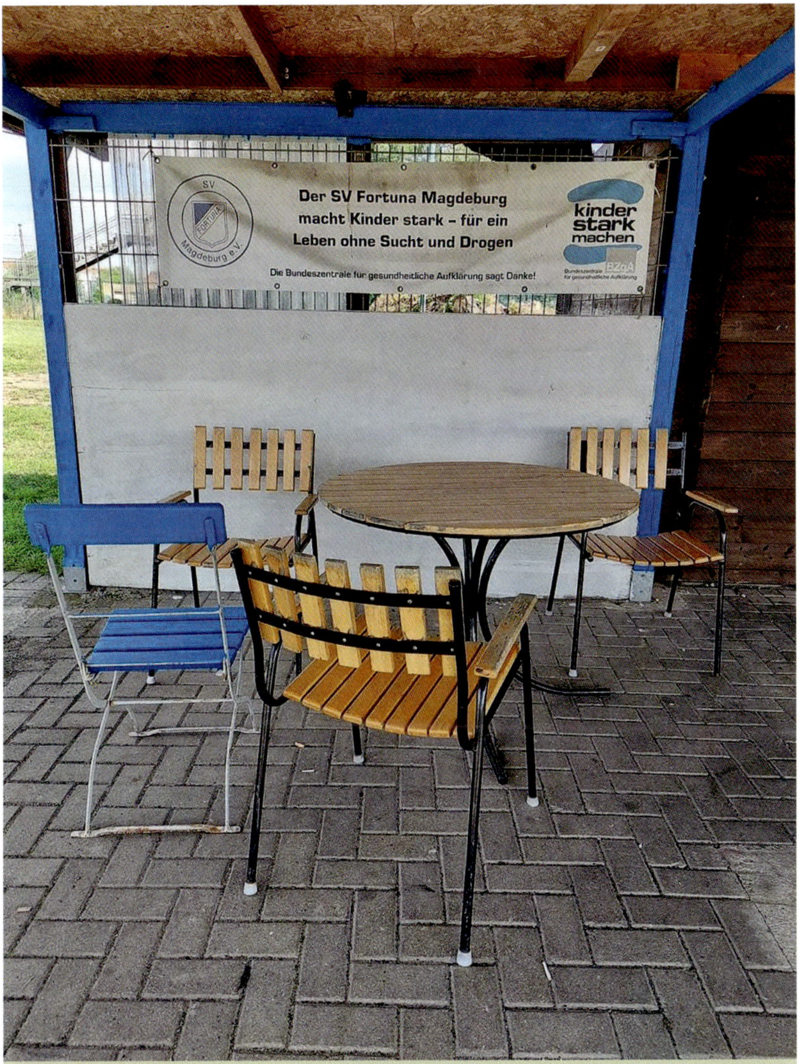

HARTE 4 FAKTEN

Adresse: Schöppensteg 27, 39124 Magdeburg

Gegründet: 1911 und 1990

Erfolge: Stadtpokal 2008 und 2010

Promi-Mitglied: Bernd Heynemann (ehem. FIFA-Schiedsrichter)

ESV-Sportplatz

Die Eisenbahner vom Saaleufer

Saaleradwegwanderer kommen auf ihrer Tour am idyllisch an der Saale gelegenen ESV-Platz vorbei. Kurz abbiegen und schon steht man vor dem Platz der Eisenbahner. Lange bevor hier Fußballerbeine über den grünen Rasen „ackerten“, befand sich an dieser Stelle ein zentraler Umschlagplatz und Holzlager für die Flößer von Merseburg.

Ungefähr zwei Kilometer saaleabwärts landen die Saale-Radler dann am Merseburger Schloss. Der Sage nach ließ Bischof Thilo von Trotha im 15. Jahrhundert wegen eines vermeintlichen Diebstahls eines Ringes seinen unschuldigen Diener hinrichten. Wenig später fand man bei Dacharbeiten den Ring in einem Rabennest. Zur Mahnung, niemals in Jähzorn zu richten, ließ der Bischof daraufhin die Raben in Gefangenschaft nehmen.

Keine Sage ist, dass sich im Frühjahr 1950 die SV Lokomotive Merseburg gründet. Gespielt wird zunächst noch auf dem Sportplatz am Ottoweg. Im Jahr 1961 bekommen die Eisenbahner die Rechtsträgerschaft des Scheitplatzes und können damit beginnen, eine eigene Spielstätte herzurichten. Anfangs handelt es sich dabei um einen Hartplatz, der ab Ende der 1960er-Jahre mit umfangreichen Baumaßnahmen und einer großen Summe DDR-Mark zu einer ansehnlichen Heimstätte samt Schwimmhalle und Sportlerheim heranwächst. Anfang der 70er-Jahre gleicht das Spielfeld allerdings noch einer Geröllfläche und die Bälle landen häufig in den benachbarten Gartenanlagen. Als die Bauarbeiten 1978 für die Rasenplätze freigegeben werden und 1981 die Übergabe vollzogen wird, steht dem Kreismeistertitel 1982 und dem Aufstieg in die Bezirksklasse nichts mehr entgegen. Eine schöne große Anlage zieht auch den Erfolg mit an.

Was aber noch mit angezogen wird, ist das Wasser der Saale, die am nahen Ufer bei Hochwasser übertritt, was dem Verein zu schaffen macht. Denn anders als die Flößer aus dem letzten Jahrhundert, braucht man auf dem Lok-Platz, der nach der „Wende“ zum ESV-Platz wird, trockene Füße zum Fußballspielen. Mittlerweile spielen die „Eisenbahner“ auf dem zweiten Spielfeld, nachdem sich die Natur Platz Eins zurückgeholt hat.

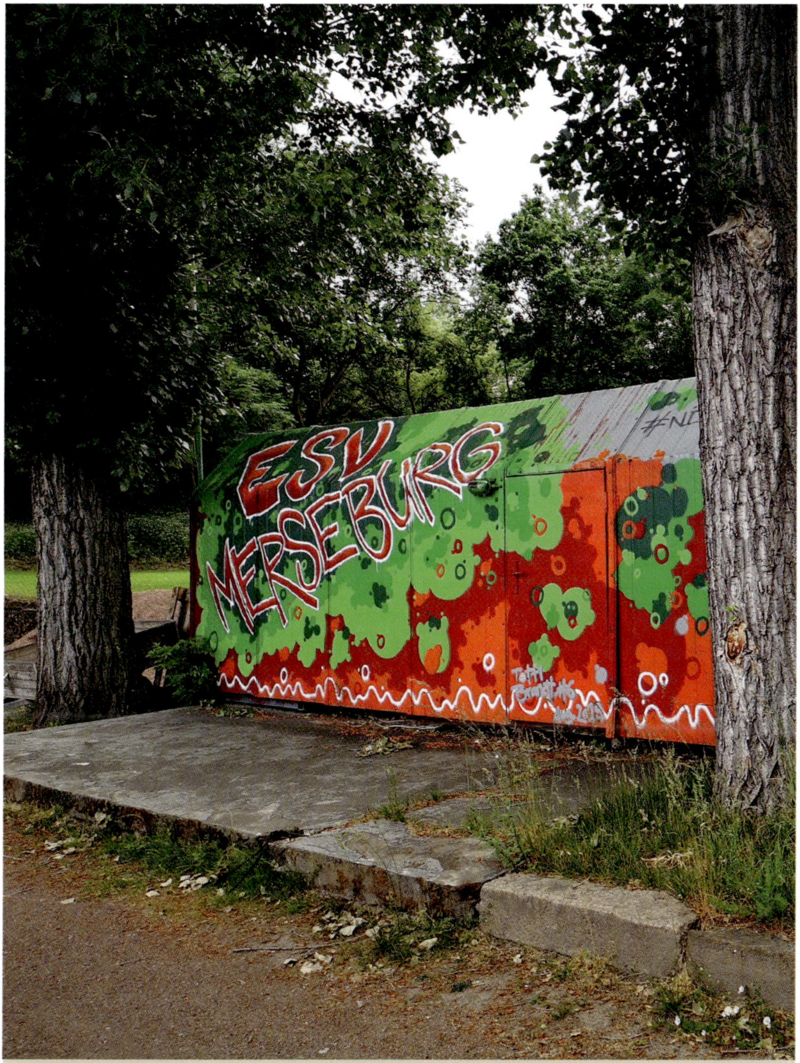

HARTE 4 FAKTEN

Adresse: Leunaer Straße 32a, 06217 Merseburg
Höchste Spielklasse: Bezirksklasse
Aktuelle Spielklasse: 1. Kreisklasse Saalekreis
Radweg: Saale-Radweg von der Quelle bis zur Mündung

Sportplatz Ulmenweg

Von Ulmern, Stahlern und sowjetischen Legenden

Der Merseburger Fußball ist reich an Geschichten. Und natürlich hat auch der VfB Merseburg als einer der ältesten Fußballvereine der Stadt Legenden zu bieten. Gegründet 1901 als BSC Preußen gab es häufige Namenswechsel: 1912 erstmals als VfB Merseburg, ab 1919 VfL, nach dem II. Weltkrieg erst als SG KWU, um dann von 1951 bis 1991 zur BSG Stahl zu werden. Trägerbetrieb der BSG war der VEB Metall- und Schmelzwerk („Alufolie"). In den 1980er-Jahren wurde die BSG zu einem Verein der gelebten Deutsch-Sowjetischen Freundschaft, in dem viele zum Teil hochklassige sowjetische Spieler kickten und den „Stahlern" sportlich unter die Arme griffen. Eine moderne Art sportlich-wirtschaftlicher Ablasshandel mit sowjetischen Spielern, die parallel zum Kicken im BSG-Dress formal ihren Militärdienst bei der sowjetischen Armee in Merseburg verrichteten.

Dass sowjetische Spitzenfußballer im Spätherbst ihrer Fußball-Karriere in der DDR zum Armeedienst einberufen wurden, um „abzutrainieren", kam den Verantwortlichen der BSG Stahl sehr gelegen. Der „Deal" wurde über den Sportoffizier der „Sowjets" ins Leben gerufen und über Jahre auch freundschaftlich bis feucht fröhlich gepflegt. Für diese Spieler wie den sowjetischen Nationalspieler Jurij Jelissjejew oder den Torwart Boris Rusanow ein privilegiertes Abkommen, da diese sogar vom Armeedienst freigestellt wurden. Die Familien erhielten Wohnungen außerhalb der Kasernen, so dass sich über Jahre eine tiefe Freundschaft beiderseits entwickelte, welche zum Teil heute noch Bestand hat.

Mithilfe der sowjetischen Unterstützung gelang es den „Stahlern", in dieser Zeit in der Bezirksliga Halle eine gute Rolle zu spielen. Die engen Geschäftsbeziehungen gingen bis zum Ende der DDR fröhlich weiter. Da wurde auch schon mal mit mehreren Kisten Tapeten für die Leistungen auf dem Platz bezahlt. Und es wurde sehr oft legendär am „Ulmer" (Sportplatz am Ulmenweg) gefeiert. Und das bleibt beim Fußball doch bis heute das Wichtigste: Zusammen feiern.

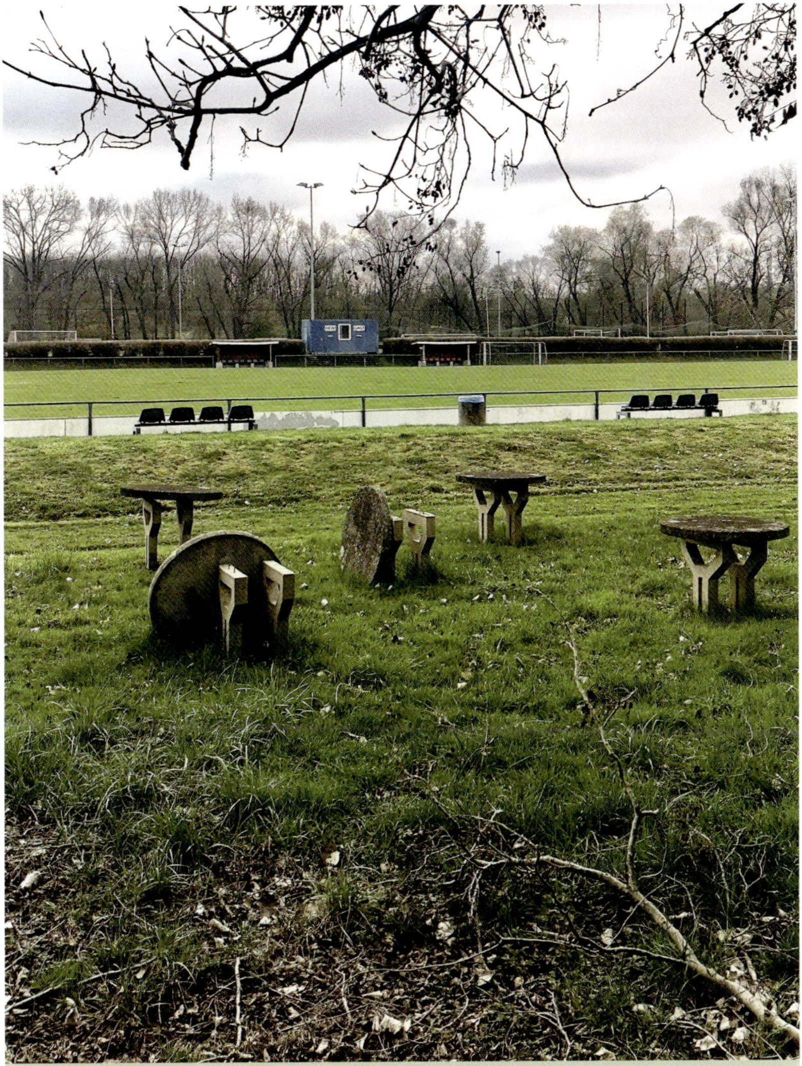

HARTE 4 FAKTEN

Adresse: Ulmenweg 70, 06217 Merseburg

Fassungsvermögen: 2.500

Allesfahrer: „Knoppdreher", der Wurstvertilger

Größtes Spiel: 19. 2. 2004 gegen Bayern München 0:4 (13.000)

Stadion am Ottoweg

Ruhe in Frieden – SG IMO Merseburg

Wer schöne und vergessene „Lost Places"-Fußballplätze in Deutschland sucht, der wird „noch" am Ottoweg in Merseburg direkt an der B91 fündig werden. Das alte Stadion wuchert in aller Wonne das Grünzeug aus sich heraus, sodass Botaniker ihre wahre Freude daran hätten. Die Natur holt sich das zurück, was früher mal eine hübsche Sportanlage für 5.000 Zuschauer war und noch bis vor ein paar Jahren nach dem Zusammenschluss der beiden Merseburger Vereine VfB und IMO zum VfB IMO erfolgreichen Fußball bot, der den Verein sogar bis ins Landespokalfinale 2001 in Sachsen-Anhalt trug. Der Platz soll im Buch Mahnmal für all die Plätze sein, die jeder für sich für Fußball- und Ortsgeschichte stehen und jetzt nur noch von der Erinnerung leben.

An der früheren Hauptseite prangt noch der alte Schriftzug mit Clubemblem in Graffitisprache. Hier war seit den Sechziger-Jahren die SG IMO Merseburg mitsamt ihrer Sportsektionen beheimatet, unterstützt vom Trägerbetrieb Industriemontagen Merseburg, einem der größten Arbeitgeber der Stadt. Mit dieser Wirtschaftskraft im Rücken gelang in den 1970ern noch vor Stahl Merseburg der Aufstieg in die Bezirksklasse. Wenn Stahl und IMO aufeinandertrafen, kochten häufig die Emotionen über. Federführend für den sportlichen Erfolg war damals Betriebsdirektor Willi Lux höchstpersönlich, der sich für die Belange in „seiner" Sportgemeinschaft einsetzte. Beste Platzierung in der Vereinsgeschichte war 1982 ein 2. Platz in der Bezirksklasse, aber auch das Erreichen des Kreispokalendspiels 1982 und 1989 sorgte für Aufsehen.

Nach der „Wende" und dem Zusammenbruch der wirtschaftlichen und gesellschaftlichen Strukturen brach der Nachwuchs völlig weg, nur noch zwei Herrenmannschaften hielten den Spielbetrieb aufrecht. Dann stellte sich der Verein neu auf und überlebte eigenständig bis zur Fusion. Das Ende der IMO ist bekannt. Auch weil die ROBUR-Group, die den früheren Träger 2018 übernommen hatte, kein ausgeprägtes Interesse an der Unterstützung des Vereins zeigte, kann man heute dem Unkraut am Ottoweg beim Wachsen zuhören.

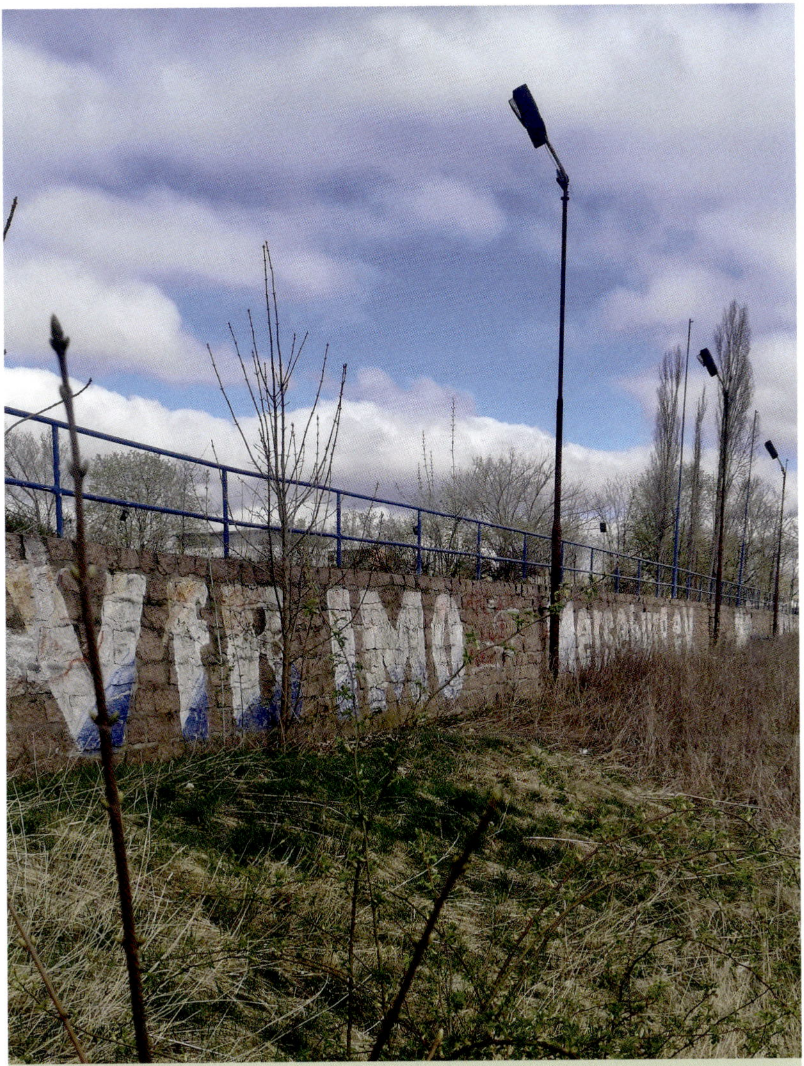

HARTE 4 FAKTEN

Adresse: Ottoweg 19, 06217 Merseburg

Trägerbetrieb: „IMO“ Industriemontage Merseburg

Gründung: 17. 7. 1968

Sportlicher Höhepunkt: Spiel zum 25. Jubiläum gegen SSV Ulm 1846

Stadtstadion

SV Merseburg 99 / BSG Chemie Buna Schkopau

Auf der einst mit 31 Kilometern längsten Straßenbahnstrecke der DDR zwischen Halle und Bad Dürrenberg fährt noch heute die Linie 5 und hält vorm Merseburger Stadtstadion. Längst spuckt die Bahn hier kaum noch Leute aus, wenn der SV Merseburg 99 seine Heimspiele in der Kreisliga austrägt. Das sah 1981 noch ganz anders aus, als abertausende Zuschauer zum Überraschungsaufsteiger in die DDR-Oberliga am damaligen Stadion der Chemiearbeiter aus der Bahn stiegen.

Unter dem Namen BSG Chemie Buna Schkopau versuchte man mit Trainer Olaf Keller, den Großen des DDR-Fußballs ein Bein zu stellen. Lediglich drei Siege werden am Ende der Saison 1981/82 auf dem Konto stehen, was gleichbedeutend mit dem Abstieg als schlechtester Oberliga-Verein zurück in die DDR-Liga ist. Zuvor war das Stadion in kürzester Zeit von den Werktätigen des benachbarten Buna-Kombinates modernisiert worden. Das Stadtstadion, welches zu besten Zeiten 12.500 Zuschauer fasste, ist heute für 5.000 Zuschauer zugelassen und hat weitaus bessere Tage gesehen. Geld für Fußball ist in Merseburg generell knapp, zudem gilt die Region traditionell als Fußballeinzugsgebiet von Halle und Leipzig.

Die Fußballtradition beim SV Merseburg 99 selbst reicht bis ins Gründungsjahr 1899 zurück. Ein Jahr später nennt sich der Verein Ballspielverein Hohenzollern, 1921 dann die Rückbenennung. Nach 1945 zunächst als SG Merseburg Nord wieder ins Leben gerufen, wird der Verein kurze Zeit später von der BSG Chemie Buna Schkopau übernommen und vom Träger-Kombinat geführt. Bis auf das eine Jahr Oberliga hielt sich die Mannschaft zumeist in der DDR-Liga.

Als nach der „Wende“ klar wird, dass der alte Träger Buna die Finanzierung einstellt, wird der Verein zunächst in SV Buna Schkopau und ab 1991 wieder in SV Merseburg 99 umbenannt. Es folgen turbulente Jahre im „Fußballunterholz“ mit zahlreichen Fusionen und Neugründungen im streitbaren Merseburger Fußball. Richtig zur Ruhe kommt der Fußball in Merseburg wohl nicht, was für eine Stadt dieser Größe wirklich schade ist.

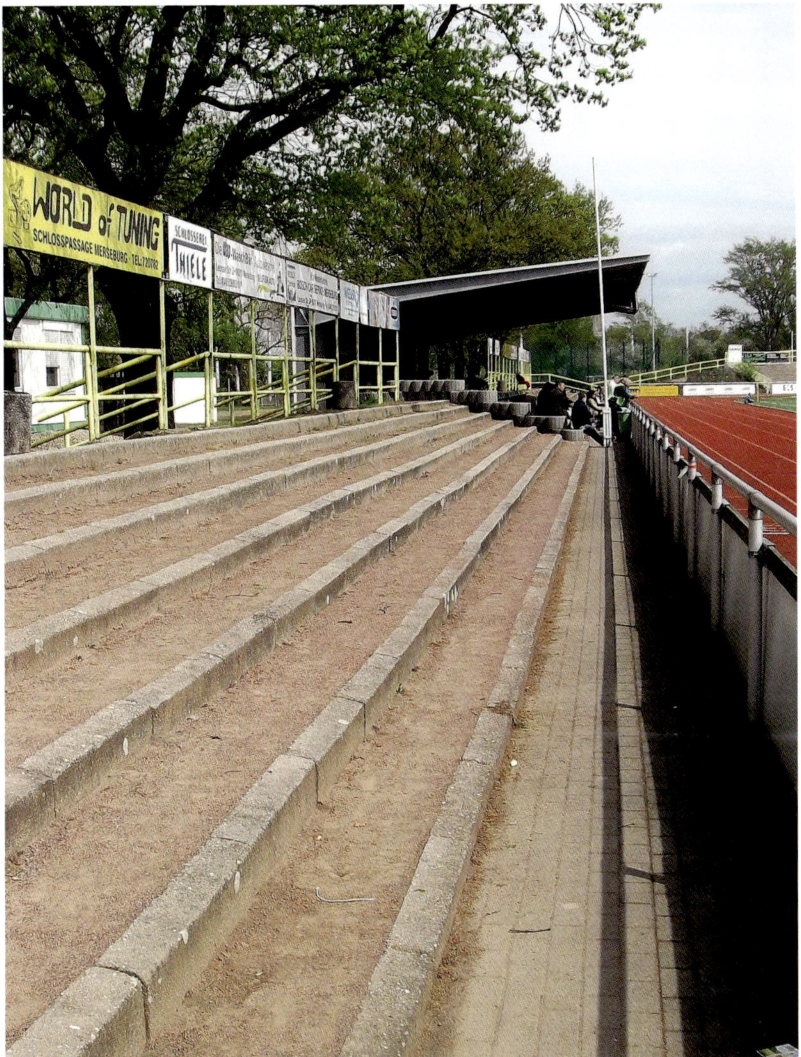

HARTE 4 FAKTEN

Adresse: Hohendorfer Weg 10, 06217 Merseburg
Ewige DDR-Liga-Tabelle: 24. Platz
Ewige DDR-Oberliga-Tabelle: 28. Platz
„Stars“: Jochen Habekuß, Silvio Meißner, Rainer Lisiewicz

Stadion am Eptinger Rain

Pflege des Fußballspiels

Alle Wege führen bekanntlich nach Rom und alle auf dem Jakobsweg zum Grab des Apostel Jakobus nach Santiago. So auch auf dem Abschnitt in Mücheln im Geiseltal. Fußball wird hier aber auch gespielt und das seit 1919, als sich im Ratskeller des Ortes der Sportklub gründete.

Anfangs wird notdürftig auf Weidenplätzen gekickt und zwei Monate nach der Gründung gehen die Müchelner im ersten Spiel gegen Vorwärts Kötzschen noch ohne See mit 0:9 baden. Da zwei Vereine 1921 in Mücheln zu viel sind, wird aus dem Sportklub und den Anhaltischen Kohlenwerken ein Verein. Unter dem neuen Namen Sportring kicken die Geiseltaler im Kreisbereich um Form und Punkte. Erst als die Spieler das Trikot gegen die Wehrmachtsuniform tauschen müssen, verebbt der Spielbetrieb.

Nach dem Krieg zieht neue Fußballbegeisterung ein und 1947 wird Aktivist Mücheln gegründet. Mehrere Kreismeistertitel und die Zusammenlegung 1950 von Aktivist Mücheln und Neumark zur BSG Aktivist Geiseltal entfachen zusammen mit der Eröffnung der neuen Spielstätte „Parksportplatz" tausendfache Begeisterung am Spielfeldrand. Auch dank der Zuschauer gelingt 1957 der größte Coup in der Vereinsgeschichte. Der Verein steigt in die 2. DDR-Liga auf und schafft es bis zu deren Auflösung 1963, die Ligazugehörigkeit zu halten. Danach werden die Müchelner in die Bezirksliga Halle eingestuft.

Dem legendären „Parkstadion" wird 1971 zusammen mit Wohn- und Geschäftshäusern der Erdboden für die Braunkohle abgegraben. Fortan spielen die „Aktivisten" im modernen Sportkomplex Eptinger Rain, wo mithilfe der Bevölkerung und unzähliger Arbeitsstunden der Bau einer neuen modernen Sportanlange gelingt. Der Versuch eines Bochumer Sponsors 1990, mit neuem Namen zu neuen Höhenflügen aufzusteigen, scheitert, auch wenn der Vereinsname „Sportring Atlantis Mücheln" klangvoll ist. Parallelen zum mystischen Inselreich und dessen Untergang schoben die Verantwortlichen vier Jahre später einen Riegel vor und so heißt der Verein seit 1994 wieder wie in den Anfangstagen. Die Jugend zu fördern und ein reges Vereinsleben zu führen, sind die sympathischen Ziele der Gegenwart.

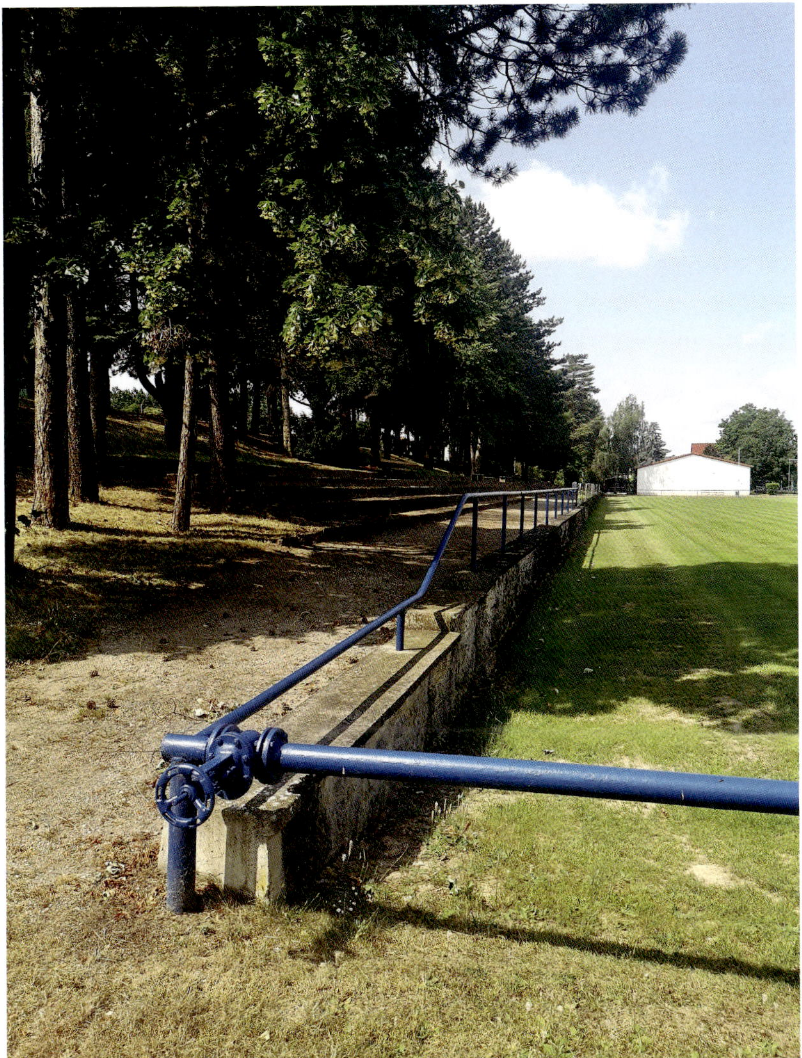

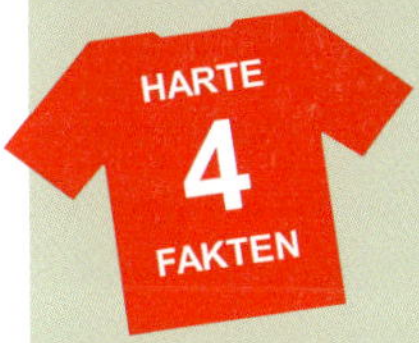

Adresse: Eptinger Rain 66a, 06249 Mücheln / Geiseltal
Fassungsvermögen: 4.000
Ewige Tabelle 2. DDR-Liga: 22. Platz
Aktuelle Spielklasse: Kreisoberliga Saalekreis

DDR-Fußball-Museum Gossa

Ein Eldorado von Erinnerungen

Das Traditionskabinett für alle Ost-Fußball-Nostalgiker findet sich leicht versteckt im kleinen Ort Gossa, nahe Bitterfeld in der Gemeinde Muldestausee, wo Uwe Sturm alias „Sturmi" alle Interessierten einlädt, in alten Zeiten des DDR-Fußballs zu schwelgen. Beim Besuch kann es einem schon passieren, dass andere Gäste 80 Länderspiele für die DDR-Nationalmannschaft auf dem Buckel haben, während man gerade fasziniert die zahlreichen Fußballdevotionalien studiert.

Uns „DDR-Nationalmannschafts-Uwe" hat wahre Kostbarkeiten zusammengetragen, die jedem „Kenner" das Herz der Erinnerungen höherschlagen lassen. Von einer wertvollen Schreibtischstatue aus Bronze von Erich Mielkes „Gefechtsstand" über Trikots, Trainingsanzüge, welche die Spieler zur Goldmedaille der Olympischen Spiele 1976 trugen, bis zu Uhrgeschenken von Maradona, Meisterschaftsmedaillen, Wandtellern und, und, und. Der Mund bleibt vor Begeisterung offen und jeder Besucher kommt über die Zeit, über das Museum und ein Stück weit über sich selbst trefflich ins Schwärmen. Vieles sind Unikate, die nirgendswo anders zu entdecken sind.

Vor ein paar Jahren ist Uwe hierher umgezogen, nachdem das Elternhaus seiner Frau zu klein wurde. Nach der langwierigen Genehmigung des Bauantrags wurde das Projekt in 4 Monaten, 13 Tagen und 11 Stunden hochgezogen und eingerichtet, sodass das Museum am 2. November 2019 mit prominentem Fußball-Besuch eröffnet werden konnte. Besonders stolz ist Uwe darauf, dass er bei Traditionsspielen der „Alt"-DDR-Nationalmannschaft mitspielen durfte. Viele Größen von einst kennt er persönlich. Mancher legt ihm auch schon mal ein Präsent für sein Museum vor die Haustür. Selbst hat es der Hausherr immerhin früher bis in die Verbandsliga geschafft, sodass Uwe sportlich einigermaßen mithalten kann.

An die „heiße Ware" kommt der Museumsmacher über Haushaltsauflösungen, Abgaben ehemaliger Spieler und Funktionäre, aber auch deren Witwen. Wenn die Besucher nach Stunden die zu Beginn gereichten Pantoffeln ausziehen, fährt jeder voller aufgefrischter Erinnerungen an den DDR-Fußball in die Gegenwart nach Hause.

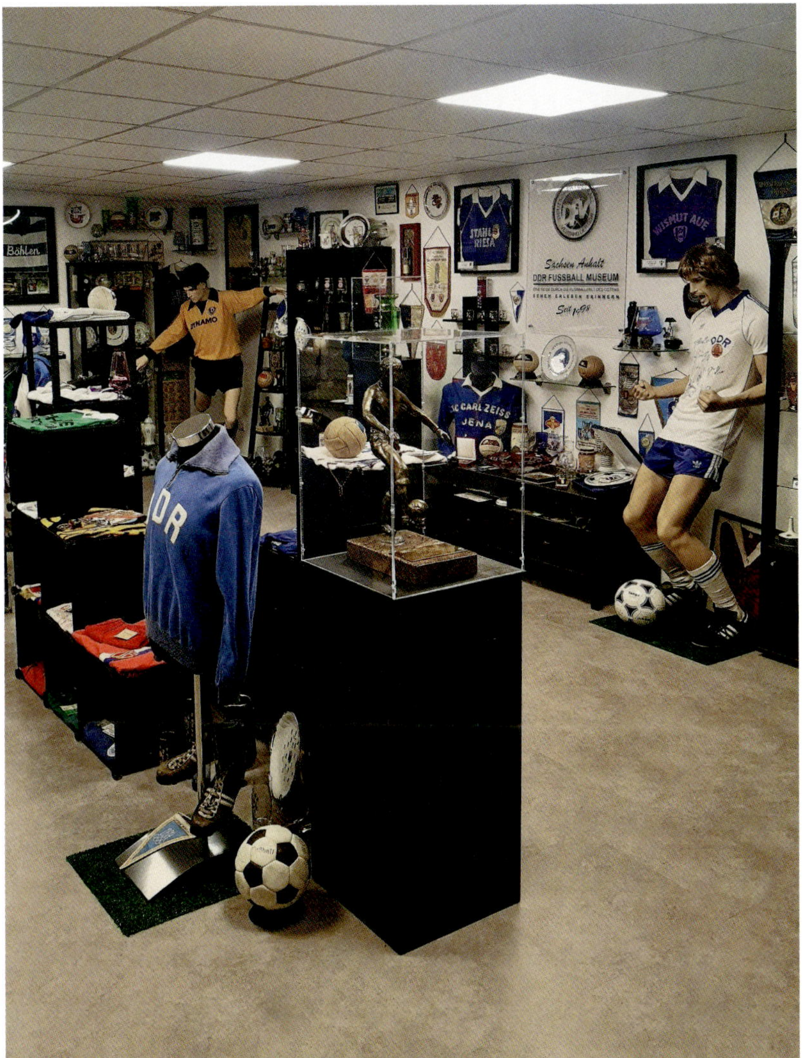

HARTE 4 FAKTEN

Anschrift: DDR-Fußball-Museum, 06774 Muldestausee

Kontakt für Anmeldung: sturmi242@t-online.de

Aha-Effekt: Originalmannschaftsaufstellung BRD – DDR 74

Highlight: Trainingsjacke erstes DDR-Länderspiel 1952

Sportplatz Hallescher Anger

2005 – Das unvergessene Jubiläumsjahr

Die Stadt Naumburg blickt auf eine fast 1000-jährige Geschichte zurück und der Naumburger Dom gehört zum UNESCO-Weltkulturerbe. Der bekannteste Fußballverein der Domstadt wurde am 19. Mai 1905 als Naumburger Fußballclub Hohenzollern gegründet und später in Naumburger Sportvereinigung von 1905 umbenannt. Zuerst wurde auf der Vogelwiese an der historischen Stadtmauer gespielt, ehe 1912 der erste eigene Fußballplatz am Ostbahnhof errichtet wurde.

Als Mitglied im Verband Mitteldeutscher Ballspiel-Vereine gehörte der Club der Gauliga Saale-Elster an und konnte zwischen 1912 und 1933 sieben Meisterschaften feiern. In den Ausscheidungsspielen der Endrunden um die Mitteldeutsche Fußballmeisterschaft war meistens gegen die Mannschaften aus Halle und Leipzig Endstation. In der Saison 1923/24 erreichten die 05er nach Siegen über den VfB Eisleben, den 1. SV Jena und den SC 06 Oberlind das Halbfinale. In diesem unterlagen sie dem Halleschen FC Wacker mit 1:3. Als BSG Motor Naumburg bzw. FSG Naumburg konnte der Verein in den 40 Jahren der DDR keine nennenswerten sportlichen Erfolge erzielen. Nach deren Ende wurde der Naumburger SV 05 1993 wiedergegründet. 1999 gelang den Schwarz-Gelben der Durchmarsch von der Kreisliga in die Landesliga und 2005 sogar der Aufstieg in die Verbandsliga Sachsen-Anhalt.

Anlässlich des 100-jährigen Bestehens des Vereins fand am 28. Mai 2005 ein Freundschaftsspiel gegen den Zweitligisten Energie Cottbus statt. Vor 1.275 Zuschauern gewannen die Lausitzer 5:1. Doch damit nicht genug mit den Highlights im Jubiläumsjahr. Im Achtelfinale des Landespokals am 3. Oktober 2005 wurde der damalige Oberligist HFC am Ufer der Saale auf dem kleinen Sportplatz Hallescher Anger vor knapp 1.000 Zuschauern sensationell mit 2:1 bezwungen. Die Partie stand kurz vor dem Abbruch, da einige HFC-Fans gegen Spielende das Spielfeld stürmten. Das Viertelfinale gegen den 1. FC Magdeburg wurde dann im Stadtstadion vor 1.553 Zuschauern mit 1:7 verloren.

Von 2005 bis 2007 und von 2009 bis 2011 kickte man in der Verbandsliga. Im Jahr 2017 wurde der Verein dann im Zuge einer Fusion aufgelöst.

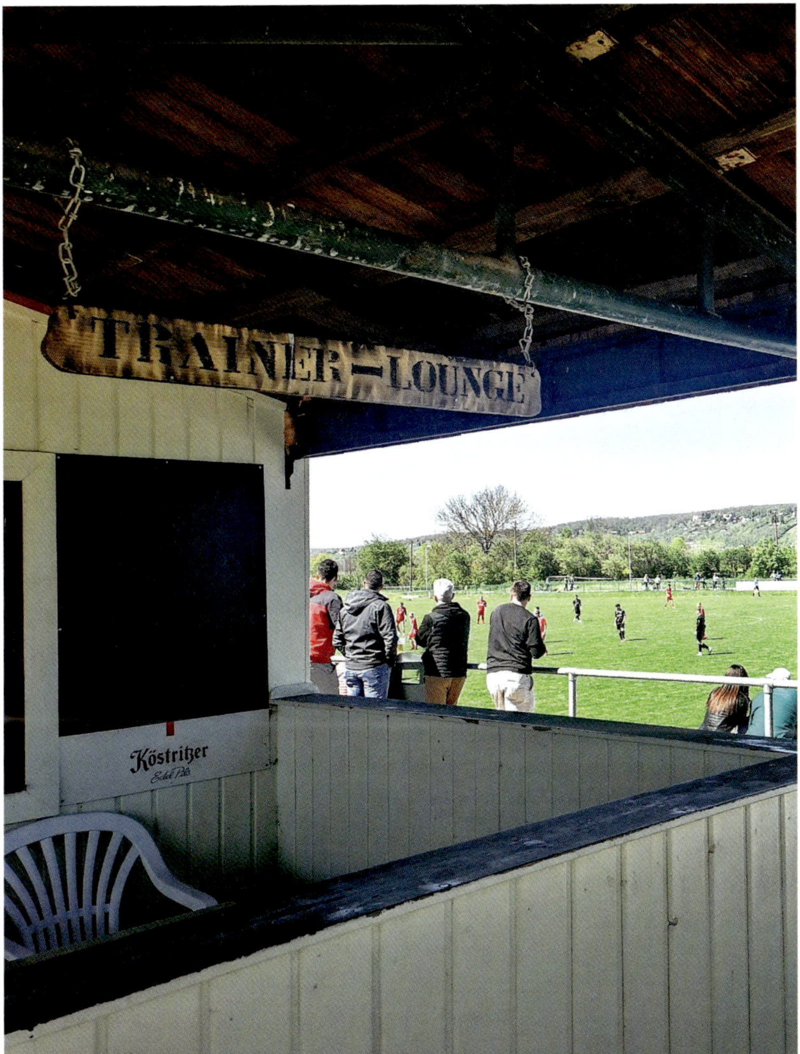

HARTE 4 FAKTEN

Landkreis: Burgenlandkreis
Adresse: Hallescher Anger 1, 06618 Naumburg / Saale
Fassungsvermögen: 2.500 Zuschauer
Bekanntester Spieler: Andreas Wagenhaus

Stadt-Stadion

Vom Naumburger BC zum SC Naumburg

In den ersten 25 Jahren von der Vereinsgründung bis zum Ende des Zweiten Weltkrieges stand der Naumburger Ballspiel Club 1920 stets im Schatten des Lokalrivalen Naumburger SV. Beide spielten in der Gauliga Saale-Elster, aber in keiner Spielzeit konnte der NBC vor dem Kontrahenten landen. Am 14. Mai 1950 erfolgte der erste Spatenstich für den Bau eines neuen Stadions. In der Saalestraße entstand ein Rasenplatz, umgeben von einer Aschenbahn sowie Zuschauerrängen für 10.000 Besucher. 1952 wurde es als Richard-Locker-Stadion feierlich eröffnet. Der Namensgeber war ein Naumburger Arbeitersportler und Kommunist und wurde 1935 von den Nazis zu sechs Jahren Zuchthaus verurteilt.

Der größte Naumburger Fußballspieler war der 7-fache DDR-Nationalspieler Peter Kalinke. Als 17-Jähriger wurde er im Jahr 1954 von der BSG Rotation Naumburg zum SC DHfK Leipzig delegiert und konnte später mit dem ASK Vorwärts Berlin zwischen 1958 und 1965 fünf DDR-Meistertitel erringen. Die BSG Einheit Naumburg und die BSG Rotation schlossen sich 1964 zur TSG Naumburg zusammen. 1966 gelang der Aufstieg in die Bezirksliga Halle. 1975 übernahm der VEB Möbelkombinat Wittenberg-Weißenfels-Naumburg die Trägerschaft. Da dieser Name wohl alle Tabellen gesprengt hätte, trug der Verein nur die Kurzform BSG WiWeNa Naumburg. Die besten Platzierungen in der Bezirksliga waren der dritte Platz 1975/76 sowie der zweite Platz 1976/77. 1979 konnte der Bezirkspokal gewonnen werden. Im Finale bezwang die BSG WiWeNa die BSG Empor Halle mit 1:0 n.V. und qualifizierte sich zum einzigen Mal für den landesweiten FDGB-Pokal. In der 1. Hauptrunde unterlag man BSG Motor Nordhausen mit 1:2. 1980 folgte der Abstieg aus der Bezirksliga.

Nach der „Wende" wurde der Naumburger BC 1920 wiedergegründet und lieferte sich später in der Landesliga wieder Duelle gegen den alten Rivalen Naumburger SV. Nachdem zuvor mehrere Versuche gescheitert waren, fusionierten beide Traditionsvereine schließlich 2017 zum SC Naumburg. Von 1899 bis 1910 existierte in der Domstadt schon einmal ein Fußballverein mit diesem Namen. Und dieser war einer der 86 Gründungsvereine des DFB!

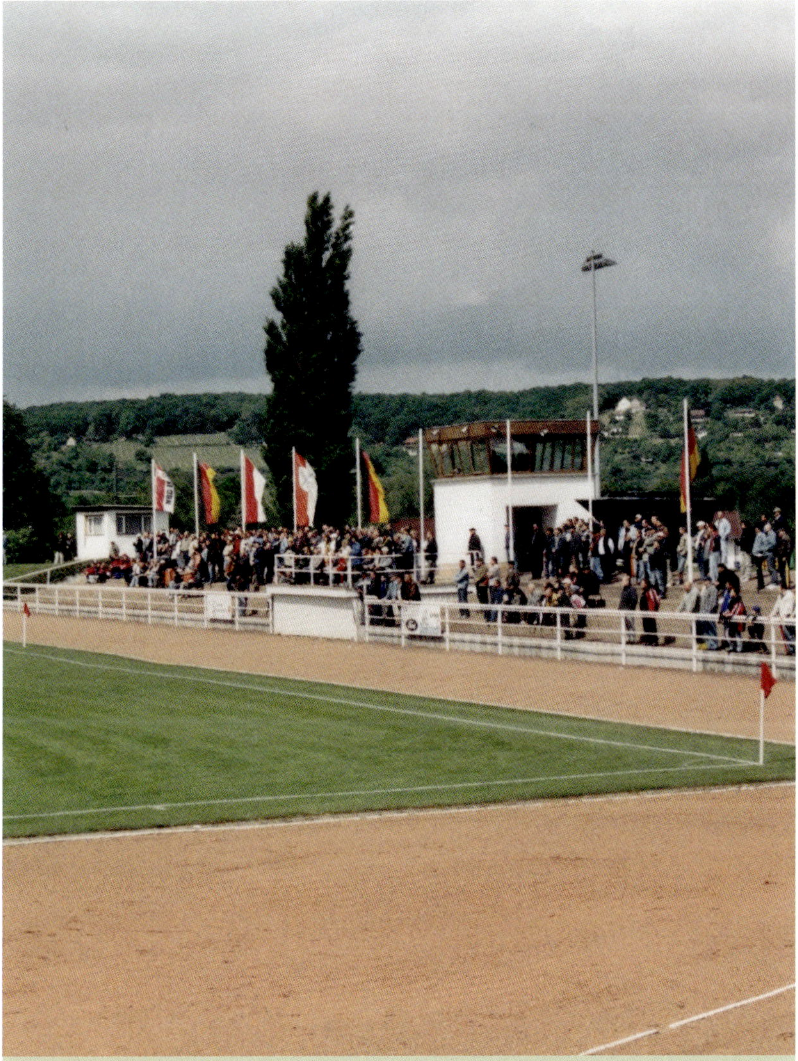

HARTE 4 FAKTEN

Landkreis: Burgenlandkreis

Adresse: Saalestraße 38, 06618 Naumburg / Saale

Fassungsvermögen: 5.000

Eröffnung: 1952

Dieter-Höhne Sportstätte

Die Himmelsstürmer von Nebra

„Die Himmelsstürmer von Nebra" (von der Altenburg) – welch geflügeltes Wortspiel, angelehnt an die „Himmelsscheibe von Nebra". Die wurde 1999 von zwei Raubgräbern in der Nähe von Nebra gefunden und machte den Ort weltweit bekannt. Eine kreisförmige Bronzeplatte mit Applikationen aus Gold, die als älteste bekannteste Himmelsdarstellung gilt. Das Original ist seit 2002 im Landesmuseum für Vorgeschichte in Halle / Saale zu bestaunen. Der örtliche Fußballverein, der seit der Saison 2012/13 nach der Fusion mit ZW Karsdorf unter dem Namen FC ZWK Nebra antritt und zuvor 1. FC Nebra hieß, hat es in der Neuzeit sportlich bis in die Landesliga Sachsen-Anhalt geschafft.

Im Jahr 1924 als SV 1924 Nebra gegründet, errang man 1932 die Bezirksmeisterschaft. Nach Ende des Zweiten Weltkrieges wurde der Verein wie alle Sportvereine zunächst aufgelöst. 1953 gab es dann die Neuausrichtung in Nebra unter dem Namen BSG Einheit. 1966 schließlich legte der Trägerbetrieb die BSG Einheit Nebra und Aufbau Karsdorf zur BSG ZWK Nebra zusammen. Die Sektion Ringen der BSG schaffte es sogar bis in die DDR-Ringer-Oberliga, während die Fußballabteilung nicht über Bezirksligafußball hinauskam. Nach der „Wende" ging es dann „zurück in die Zukunft" unter dem alten Namen SV 1924 Nebra, wobei die Fußballer 1995 ausschieden und eigenständig unter den Namen 1. FC 1924 Nebra spielten.

Die im Norden Nebras gelegene Dieter-Höhne-Sportstätte, mit einem Fassungsvermögen von 2.500 Zuschauern, wurde im Jahr 1958 auf dem Hochplateau der malerischen Altenburg fertiggestellt und 1989 nach dem frühen Tod des Spielers und Trainers Dieter Höhne nach ihm benannt. Der Bau auf der Altenburg war in den 1950er-Jahren nötig geworden, weil der alte Platz unterhalb der Altenburg alljährlich vom Unstrut-Hochwasser überflutet wurde.

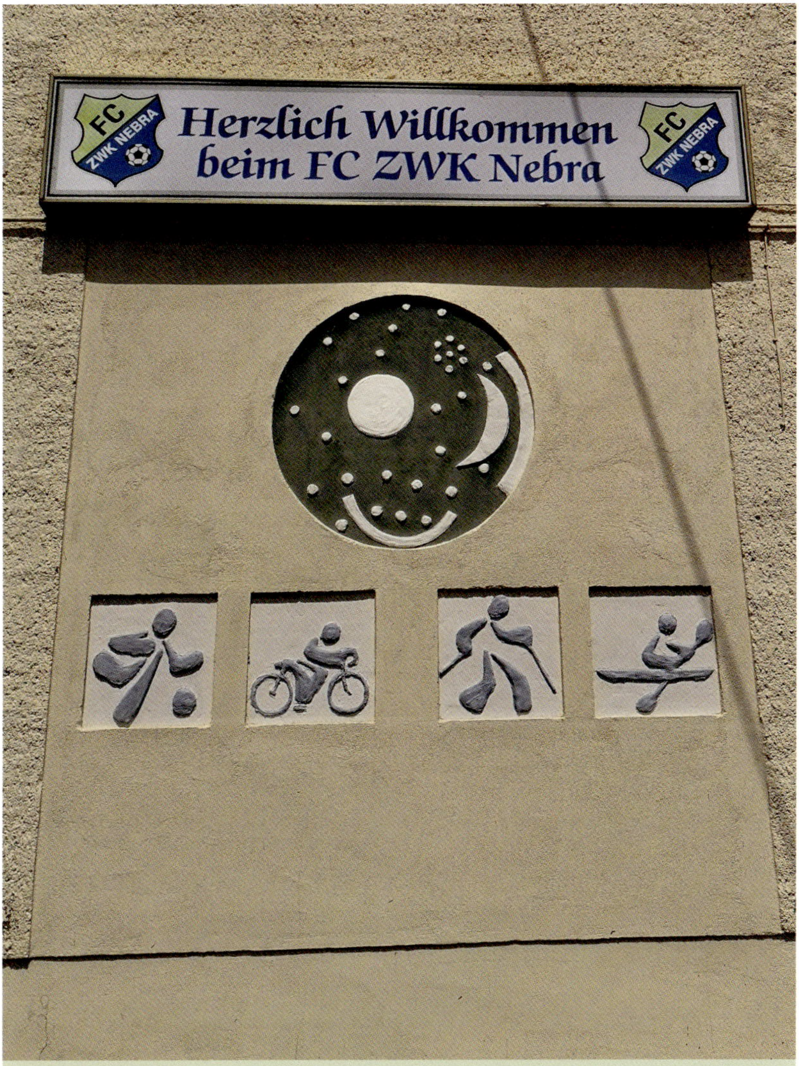

HARTE 4 FAKTEN

Adresse: Altenburgerstraße 21, 06642 Nebra / Unstrut

Aktuelle Liga: Kreisoberliga Burgenland

Erfolge: Bezirkspokalsieger 1972 und 1978 und Teilnahme FDGB-Pokal

Touristik: Besucherzentrum Arche Noah Nebra

Nienburg (Saale) 070

Sportpark der Freundschaft

1. FSV Nienburg – Willkommen im Steinbruch

Vor ca. 100 Jahren wurden in Nienburg / Saale der FC Falke 1922 und der FC Nienburg 1923 gegründet. Beide Clubs gingen aus Turnvereinen hervor.

Es wurde auf dem Schützenplatz an der Saale und der Feuerwehrwiese gegen das runde Leder getreten, bis im Jahre 1931 der Sportplatz an der Calbeschen Straße errichtet wurde. Dieser wurde 1950 nochmals vergrößert. Dort spielte man bis zur Einweihung des neuen Sportparks im Jahr 1982.

In einem stillgelegten Steinbruch wurde dank der Unterstützung des VEB Zement- und Betonwerks Nienburg, dem Trägerbetrieb der BSG Aufbau Nienburg, ab 1977 ein Stadion mit einer Laufbahn sowie zwei Nebenplätzen errichtet, während der Rest des alten Steinbruchs weitestgehend brach liegt und als Nistgebiet für einheimische Vogelarten dient. Jahrzehntelang wurde hier Kalkstein zur Herstellung von Portlandzement abgebaut und mittels Kettenbahnen zur Fabrik transportiert. In der Nähe zum Nienburger Steinbruch wuchs übrigens Marathon-Legende Waldemar Cierpinski auf, dessen Eltern dort Landwirtschaft betrieben. Im neuen Stadion gibt der 1. FC Magdeburg am 15. Juni 1983 sein Stelldichein und besiegt die BSG Aufbau Nienburg mit 11:0. Ein Jahr später wird hier sogar ein internationales Testspiel zwischen dem 1. FC Magdeburg und der rumänischen Spitzenmannschaft FC Arges Pistesi ausgetragen. Vor ca. 1.500 Zuschauern gewann der FCM 3:0.

Zu DDR-Zeiten tritt Nienburg meistens in der Bezirksklasse Halle an. Die Derbys gegen Bernburg und Alsleben besuchen bis zu 2.000 Zuschauer. 1972 gelingt der Aufstieg in die Bezirksliga Halle. In der ersten Spielzeit entgeht man knapp dem sofortigen Abstieg, aber in der zweiten Saison 1973/74 steigt Aufbau als Tabellenletzter ab. Nach der Wiedervereinigung wurde der 1. FSV Nienburg neugegründet und ab 1997 folgte ein Jahrzehnt erfolgreicher Fußball in der Landesliga Sachsen-Anhalt. Zwischenzeitlich ging es runter bis in die Salzlandliga, aber 2023 stand der FSV kurz vor der Rückkehr in die zweithöchste Spielklasse Sachsen-Anhalts. Doch trotz der Meisterschaft in der Landesklasse wird auf den Aufstieg erstmal verzichtet.

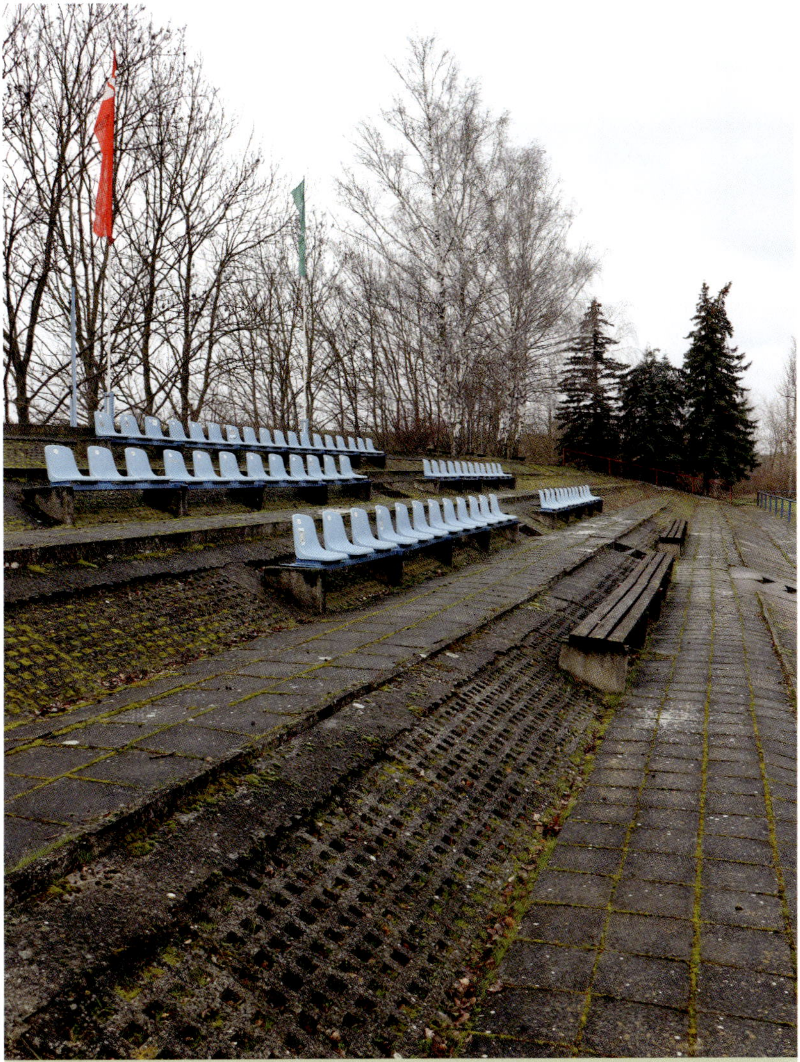

HARTE 4 FAKTEN

Landkreis: Salzlandkreis

Adresse: Am Steinbruch 5, 06429 Nienburg / Saale

Fassungsvermögen: 5.000

Eröffnung: 1982

Oschersleben (Bode) 071

Jahnstadion

Oscherslebener SC

Die Kleinstadt mit ca. 19.000 Einwohnern liegt inmitten der Magdeburger Börde und ist auch international bekannt durch die Motorsport Arena Oschersleben, eine von fünf permanenten Rennstrecken in Deutschland. Das Jahnstadion liegt nur drei Kilometer westlich des Parcours. 2021 wurde es grundlegend saniert, dabei Rasen und Aschenbahn durch Kunstrasen und Tartanbahn ersetzt sowie eine Flutlichtanlage installiert.

Der Verein gründete sich als Fußballfreunde 1910 Oschersleben. In den historischen Tabellen der Gauliga Harz taucht er nur einmalig in der Spielzeit 1926/27 auf. 1948 zählte die SG Oschersleben zu den Gründungsmitgliedern der Landesklasse Sachsen-Anhalt. In der DDR war die BSG Motor, die 1964 mit der ASG Vorwärts zur BSG Motor / Vorwärts Oschersleben fusionierte, fast ausnahmslos in der drittklassigen Bezirksliga Magdeburg vertreten. Im Jahr 1965 gewann man den Bezirkspokal Magdeburg durch einem 1:0-Sieg im Finale über Chemie Schönebeck vor 20.000 Zuschauern im Magdeburger Ernst-Grube-Stadion. Nach fünfzehn Jahren kehrte Hans-Dieter Busch 1970 als Spielertrainer an seine alte Wirkungsstätte zurück. Als Verteidiger gewann er 1957 mit dem SC Lokomotive Leipzig und 1964 mit dem SC Aufbau Magdeburg den FDGB-Pokal. Seine dritte und vorletzte Station war die BSG Lokomotive Stendal. Insgesamt absolvierte er 232 Oberliga-Partien. Mit ihm gewann Oschersleben 1971/72 das Double aus Meisterschaft und Pokal im Bezirk Magdeburg und stand als Aufsteiger zur DDR-Liga 1972/73 fest. Zum Auftakt gegen die zweite Mannschaft des Halleschen FC kamen 3.000 Zuschauer ins Jahnstadion. Aber die Konkurrenz in der DDR-Liga erwies sich als zu stark und der Abstieg als Tabellenletzter war die Folge. Doch das berechtigte noch zur Teilnahme am FDGB-Pokal 1973/74. In der ersten Hauptrunde war der aus der Oberliga abgestiegene HFC Chemie zu Gast in Oschersleben und behielt nur knapp mit 2:1 die Oberhand.

Mit dem sechsten Platz in der Bezirksliga Magdeburg 1989/90 qualifizierte sich der Sportclub für die neue Landesliga Sachsen-Anhalt, der späteren Verbandsliga. Dort spielte der OSC von 1990 bis 1996 und 2009 bis 2016.

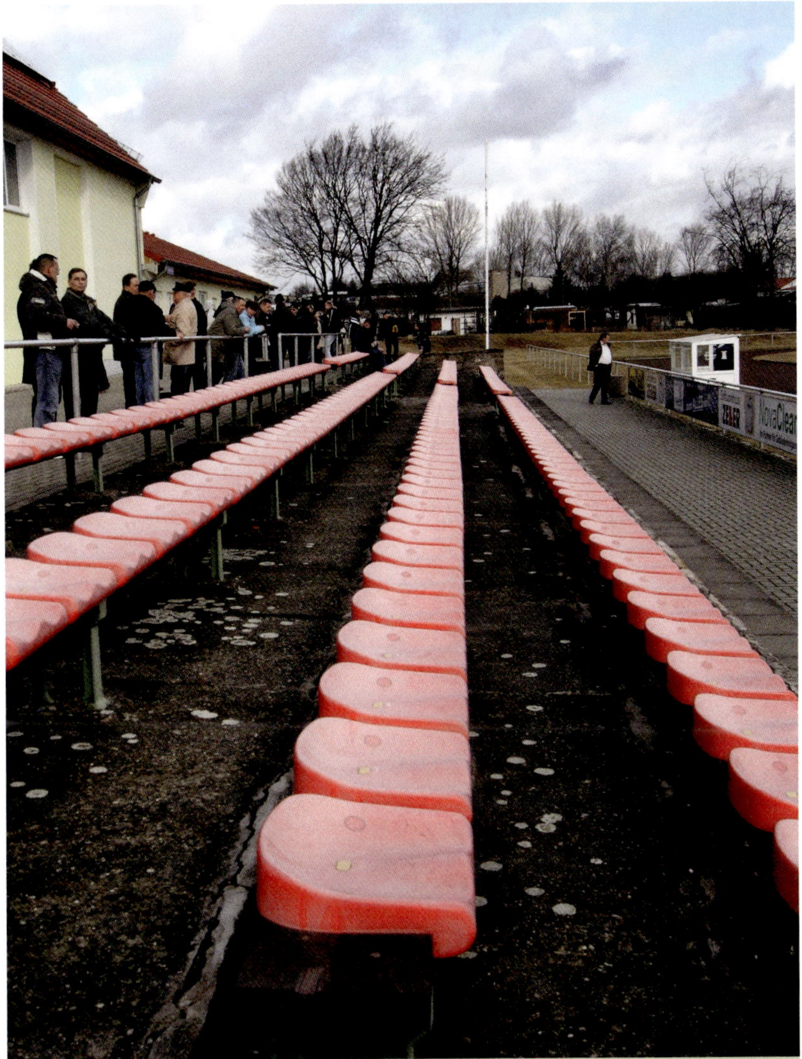

HARTE 4 FAKTEN

Landkreis: Börde

Adresse: Schermcker Straße 35, 39387 Oschersleben

Fassungsvermögen: 5.000

Webseite: www.osc1990.de

Friedrich-Ludwig-Jahn-Stadion

Der Osterburger FC und die Landessportschule

Eine Sportschule in der Hansestadt Osterburg gibt es seit 1961, als die ehemalige Ausflugsgaststätte „Fuchsbau" als Objekt übernommen wurde. Nach der „Wende" erwarb der Landessportbund diese Liegenschaft von der Stadt Osterburg und nach Investitionen von rund 40 Millionen DM wurde die Landessportschule Sachsen-Anhalt im Jahre 2001 als „perfekter Ort für Sport, Bildung und Freizeit" wiedereröffnet – ob für Trainingslager, Wettkämpfe, Schulungen oder Klassenfahrten. Sogar die Handballmannschaften vom THW Kiel und des SC Magdeburg gastierten schon zur Saisonvorbereitung in der modernen Anlage in der Altmark. Im Bereich Fußball finden Sichtungslehrgänge für diverse U-Mannschaften, aber auch Ländervergleiche und Trainerfortbildungen in Osterburg statt. Auf der Sportanlage der Landessportschule gibt es neben zahlreichen anderen Einrichtungen auch ein Leichtathletikstadion und zwei weitere Fußballplätze.

Das Friedrich-Ludwig-Jahn-Stadion ist aber auch die Heimspielstätte des örtlichen Fußballclubs, dem Osterburger FC. Den gibt es erst seit 2001, als sich die Fußballabteilung aus dem SV Eintracht Osterburg herauslöste und einen neuen eigenständigen Verein gründete. Die 1. Herrenmannschaft des OFC tritt in der Saison 2023/24 als Aufsteiger erstmals in der Landesliga Nord an. Mit 80 von 84 möglichen Punkten wurde die Meisterschaft in der Landesklasse 1 in der Saison 2022/23 souverän eingetütet.

Bereits im Jahr 1909 wurde mit dem FC Teutonia 09 der erste Fußballverein in Osterburg gegründet, welcher zeitweise der Gauliga Altmark angehörte. Die größten Erfolge in der DDR unter dem Namen BSG Einheit Osterburg waren die Teilnahme am FDGB-Pokal 1956 sowie vier Spielzeiten in der zu jener Zeit nur viertklassigen Bezirksliga Magdeburg von 1959 bis 1963. Mit dabei war auch der junge Ernst Kurth, der im Sommer 1963 jedoch den Verein verließ und nach dem Ende seiner Spielerkarriere die DDR-Ligisten Stahl Hennigsdorf, Chemie Premnitz und Motor Suhl trainierte. Mit den Thüringern gelang ihm 1984 sensationell der Aufstieg in die DDR-Oberliga.

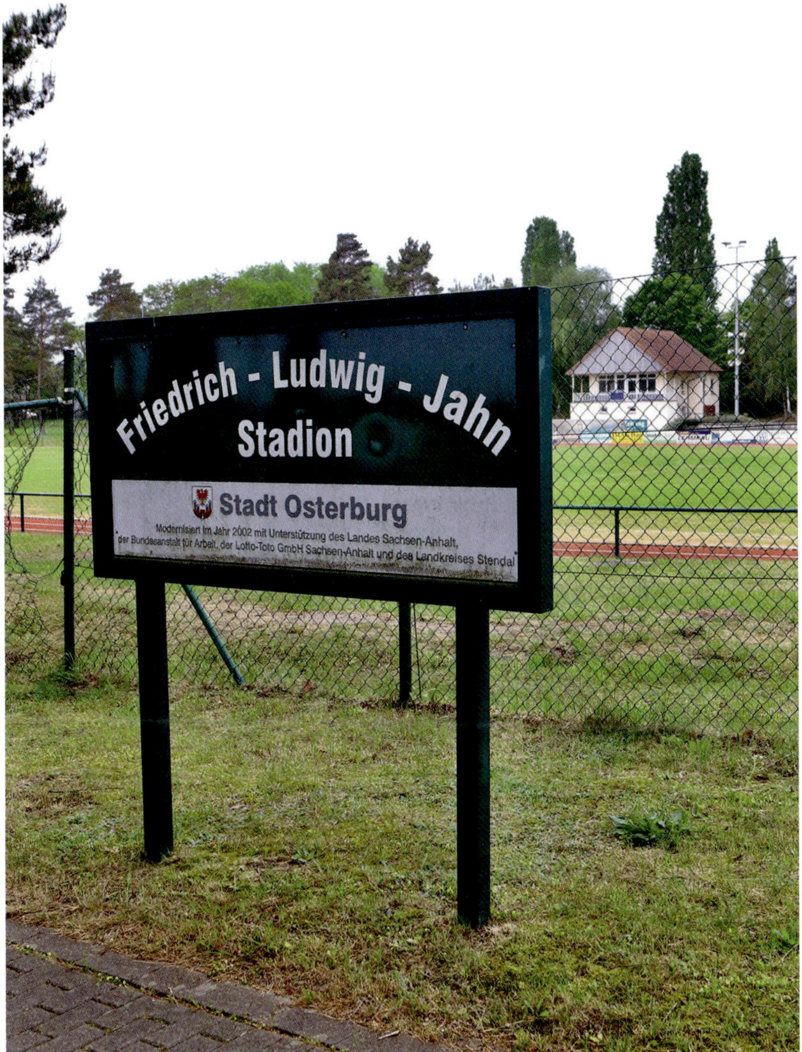

HARTE 4 FAKTEN

Landkreis: Stendal
Adresse: Arendseer Straße 4, 39606 Osterburg
Fassungsvermögen: 4.000
Eingeweiht: 1950

Sportplatz Polleben

SV Rot-Weiß 1923 Polleben

Es ist Sommer 2022 und Nobert Nachtweih, der bekannteste und erfolgreichste Fußball-Sohn Pollebens, ist in seiner alten Heimat zu Gast. Die Friedrich-Ebert-Stiftung hat ihn zu einer Veranstaltung eingeladen, um an ein vergessenes Kapitel deutsch-deutscher Geschichte zu erinnern. Viele sind gekommen, um dem Idol früherer Tage zu lauschen. Auf beiden Seiten des Eisernen Vorhangs ein erfolgreicher Fußballer zu sein, dies ist nicht jedem Spieler gelungen, der aus der DDR in die BRD floh.

In der 1.100 Einwohnergemeinde unweit von Eisleben lebt die Familie Nachtweih und hier kickte Norbert in seiner Kindheit bei Traktor Polleben gegen den Ball. Der heutige SV Rot-Weiß wurde 1923 gegründet. Nach holprigem Start mit vielen Platzwechseln und den Kriegswirren konnte 1947 ein Neuanfang unter dem Namen „Aktivist Polleben" gestartet werden. Aus der Mansfelder Schlacke wurde daraufhin ein neues Sportlerheim gebaut. 1952 dann die Umbenennung in „Stahl Polleben" auf dem Ernst-Thälmann Schacht, als auch die neuen Farben (rote Hosen und weiße Hemden) ins Vereinsleben einflossen. Wenige Jahre später wurde daraus die BSG Motor Polleben. Viele Stunden seiner Jugend verbrachte Norbert hier auf dem Sportplatz zwischen Elternhaus, Schule und Abenteuern in der Umgebung. Der Schock saß tief bei den Einheimischen einen Tag nach dem 17. November 1976, als langsam durchsickert, dass ihr Norbert ein U21-Länderspiel in der Türkei kurzerhand zur Flucht nutzte. Der Rest von Norberts Karriere ist bekannt.

Im Jahr 1990 wird aus Motor der SV Rot-Weiß und Norbert schaut ab da wieder öfters in Polleben vorbei. Übel genommen hat ihm im Ort die Flucht keiner, ganz im Gegenteil, so ist im Dorfmuseum eine ganze Abteilung Norbert Nachtweih gewidmet. Großes Ziel war es, zum 100-jährigen Bestehen 2023 wieder Kreisligist zu sein, was den Rot-Weißen schon 2022 gelang. So konnte der große Geburtstag gebührend gefeiert werden, auch mit Norbert und einer Auswahl von Bundesliga-Oldies. Natürlich waren alle Augen und Kameras auf den berühmtesten Sohn des Ortes gerichtet: SV Rot-Weiß – Bundesliga (Old) 5:7.

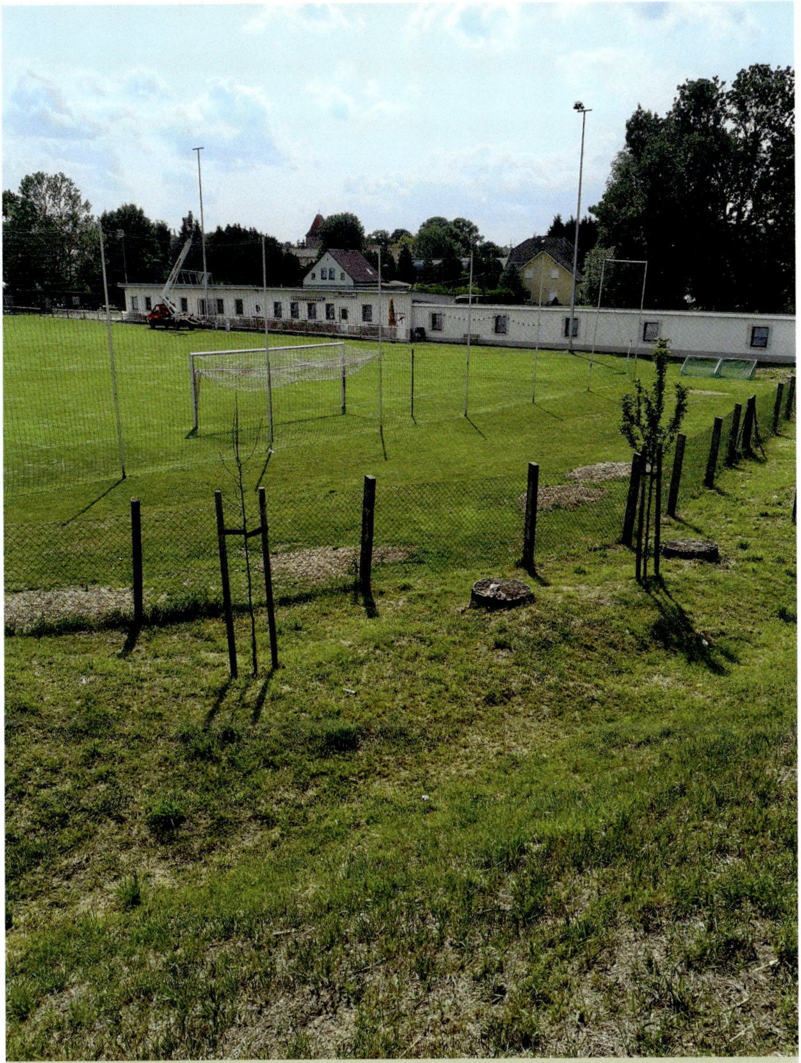

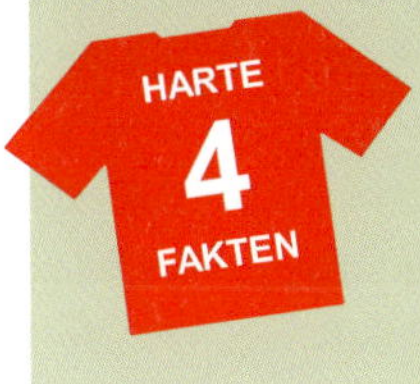

Adresse: Zur Windmühle 3, 06259 Eisleben-Polleben

Kapazität: 1.000

Einwohner: 1.080

Ligazugehörigkeit: Kreisliga Mansfeld-Südharz

Quedlinburg 074

GutsMuths-Stadion

Quedlinburger SV

Die Welterbestadt Quedlinburg ist bekannt durch seine historische Altstadt mit tausenden Fachwerkhäusern und der Stiftskirche auf dem Schlossberg. Der erste Fußballverein wurde im Jahr 1904 als FC Britannia Quedlinburg gegründet und dann 1911 in Quedlinburger Sportvereinigung von 1904 umbenannt. Die Vizemeisterschaft in der Gauliga Harz 1926/27 blieb bis zur kriegsbedingten Einstellung des Spielbetriebs 1944 der größte Erfolg.

In der DDR wurde 1951 die BSG Motor Quedlinburg ins Leben gerufen. Trägerbetrieb war das Meßgerätewerk Quedlinburg, später als VEB Mertik bekannt. Das Unternehmen aus dem Bereich Maschinen- und Fahrzeugbau produzierte u. a. Druck- und Temperaturregler, Ventile und Fahrtenschreiber.

In den Spielzeiten 1958 und 1959 sowie von 1977 bis 1990 war der Verein in der Bezirksliga Halle vertreten und qualifizierte sich nach der „Wende" für die höchste Spielklasse Sachsen-Anhalts, die neu formierte Landesliga. Seine Heimspiele trägt der Verein im GutsMuths-Stadion aus, benannt nach dem in Quedlinburg geborenen Pädagogen Johann Christoph Friedrich GutsMuths, der die allgemeine Einführung von Turnunterricht an den Schulen initiierte und seine Lehren in dem Buch „Gymnastik für die Jugend" veröffentlichte.

In diesem Stadion erlernte auch Petrik Sander ab 1966 das Fußballspielen und lief wie schon sein Vater Kurt für die BSG Motor Quedlinburg in der Bezirksliga Halle auf. Doch 1979 wurde er zur Armee einberufen und spielte während dieser Zeit bei der ASG Vorwärts Cottbus Süd. Im Anschluss wechselte er zu Energie Cottbus. Nach Unstimmigkeiten mit den dortigen Verantwortlichen kehrte er 1984 für zwei Spielzeiten nach Quedlinburg zurück, ehe er über Wacker Nordhausen erneut nach Cottbus ging. Er war dort einer der erfolgreichsten Stürmer der letzten Spielzeiten der DDR-Oberliga. 1988/89 und 1989/90 traf er jeweils 10 Mal. Später arbeitete er als Co-Trainer und Trainer bei Energie Cottbus. Als Nachfolger von Eduard Geyer rettete er die Lausitzer 2005 vor dem Absturz in die Regionalliga und schaffte 2006 sogar den Aufstieg in 1. Bundesliga.

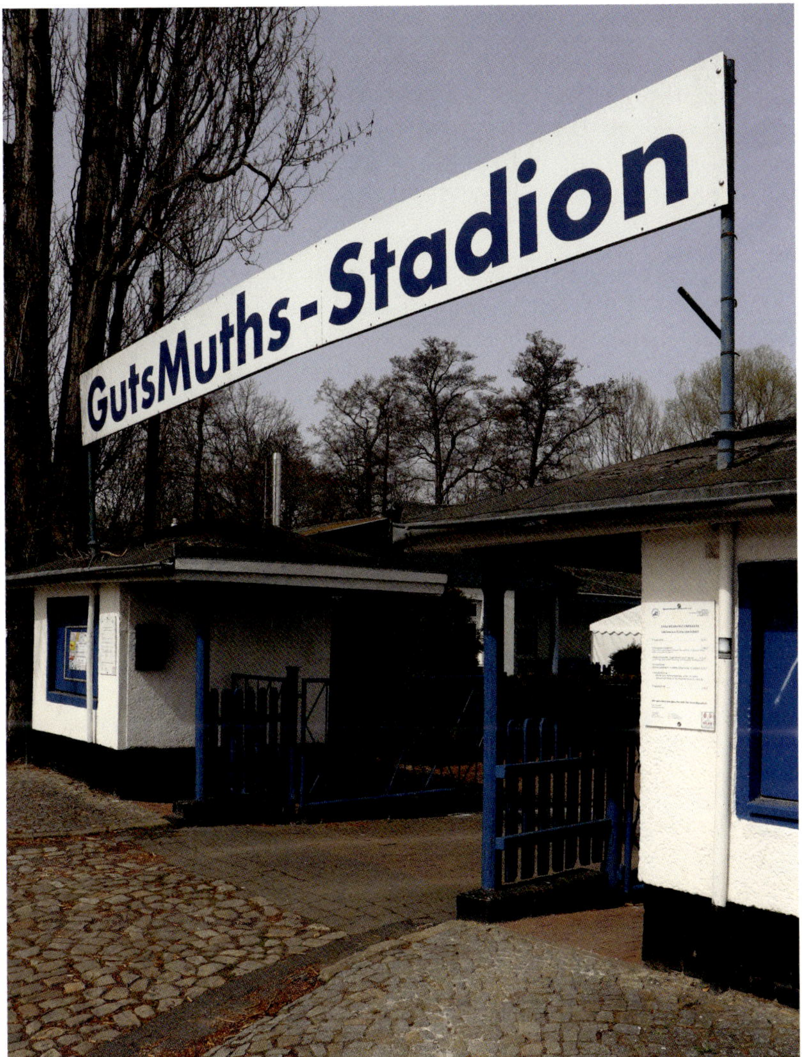

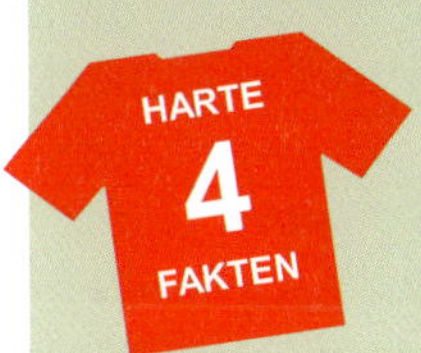

Landkreis: Harz
Adresse: Lindenstraße 11, 06484 Quedlinburg
Zuschauerkapazität: 5.000
Spielklasse 2023/24: Landesklasse

Friedrich-Ludwig-Jahn-Sportpark

Zwischen Komiker und Hollywood

Eins fällt gleich beim ersten Blick auf die pittoreske Altstadt auf: Hier in der rund 10.200 Einwohner zählenden Stadt westlich von Halle / Saale lässt es sich gut aushalten. Das dachte sich wohl auch einer der bekanntesten Komiker Deutschlands, Fips Asmussen, der im richtigen Leben Rainer Pries hieß, als er sich Ende der 1990er-Jahre in der Stadt am Fluss Querne niederließ. Er liebte bis zu seinem Tode seine Querfurter Frau und die beschauliche Ruhe, die von diesem geschichtsträchtigen Ort ausgeht. Selbst Hollywood gab sich auf der wunderbar erhaltenen Burg mehrfach ein Stelldichein. Stars wie Ben Kingsley und John Goodman drehten in dem mittelalterlichen Gemäuer historische Szenen.

Der Fußball spielt in Querfurt kleinere Rollen, wenn auch nicht minder interessante. Momentan kicken die Fußballer des VfL Querfurt 1980 im schmucken Friedrich-Ludwig-Jahn-Stadion in der Kreisliga des Saalekreis 2 und würden gern auch wieder mal in der Kreisoberliga auflaufen. Die Möglichkeiten hierfür sind auf jeden Fall vorhanden. Immerhin 4.000 Zuschauer passen ins großzügige Stadion, wo der VfL seine Heimspiele bestreitet.

Heiße Derbys wie gegen die Ortsnachbarn Obhausen und Ziegelroda ziehen die Menschen aus der Umgebung an, sodass bei diesen Spielen auch schon mal um die 200 Zuschauer ins Stadion pilgern. Aber auch sonst lassen die Zuschauerzahlen von im Schnitt 80 bis 100 manchen Gegner aus der Nachbarschaft neidisch werden.

Vom Sportplatz mit seiner schmucken kleinen Tribüne auf der einen Seite, welche für 250 Fans Platz bietet, hat der Besucher der Sportanlage einen wunderschönen Blick auf die mittelalterliche Skyline der Stadt und kann die alte Burg, den Pariser Turm, das Fürstenhaus und den Marterturm aus der Ferne bewundern. Sodass das Geschehen auf dem Spielfeld, wenn die Kicker des VfL Querfurt um Ligapunkte kämpfen, durchaus mal in den Hintergrund gerät, wenn der Anblick einer Hollywood-Kulisse zu Tagträumen anregt. Nach dem Spiel lockt der Spaziergang durch die Altstadt. Ein Gläschen „Edler von Querfurt", ein Wein von den kommunalen Hängen, sollte auf jeden Fall noch drin sein. „Zum Wohl" und auf ein gutes Spiel.

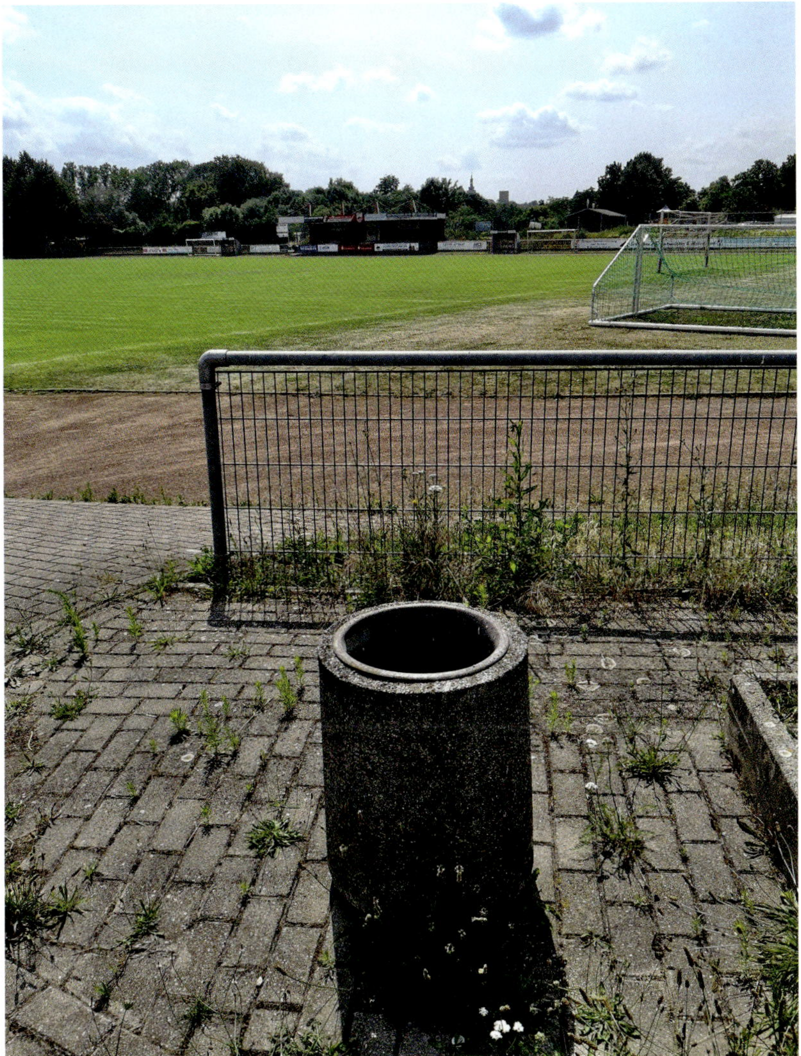

HARTE 4 FAKTEN

Adresse: Obhäuser Weg 8, 06268 Querfurt

Zuschauerrekord: 1.200 bei einem Spiel HFC gegen Carl Zeiss Jena 1988

Derby-Gegner: SC Obhausen und TuS Ziegelroda

Erfolge: Kreismeister 2009/10, Aufsteiger Landesklasse 2010/11

Werner-Seelenbinder-Stadion

Als Uwe Seeler die Massen in seinen Bann zog

Ein Jahr nach der Übergabe der Anlage an die Vereine wurde der städtische Sportplatz am Gerstedter Weg, das heutige Werner-Seelenbinder-Stadion, am 17. Mai 1931 mit einem großen Kreissportfest offiziell eingeweiht. Neben diversen Leichtathletikwettkämpfen fanden auch die Endspiele um die Kreismeisterschaft im Schlagball, Faustball, Handball und Fußball statt. Im letzteren gewann der heimische SV Eintracht Salzwedel gegen den TSV Adler Jahrstedt vor über 2.000 Zuschauern mit 2:1.

In der DDR kämpften mehrere Vereine um die fußballerische Vorherrschaft in Salzwedel. Doch sie spielten alle nur auf Bezirksebene und nie überregional. In den 50er- und 60er-Jahren war zunächst der seit 1951 unter dem Namen BSG Einheit auftretende Verein die unangefochtene Nummer Eins der Stadt. Am 14. Juni 1969 sicherte sich die BSG Lok Salzwedel mit einem 4:2 gegen Fortschritt Magdeburg vor 1.300 Zuschauern in diesem Stadion den Aufstieg in die Bezirksliga und dominierte im Anschluss daran die 70er-Jahre. Die BSG Aktivist unter dem Trägerbetrieb VEB Erdgasförderung Salzwedel übernahm schließlich in den 80er-Jahren das Zepter bis zum Ende der DDR.

Zweimal waren nahezu alle Plätze im Werner-Seelenbinder-Stadion gefüllt. Am 12. Juli 1975 als die BSG Lok Salzwedel die Elf vom Europapokalsieger 1. FC Magdeburg zu einem Testspiel empfing und dieses mit 0:5 verlor. Und knapp zwanzig Jahre später am 4. Mai 1994 bei dem Benefizspiel zwischen dem SV Eintracht Salzwedel und dem Uwe Seeler All-Star-Team. An der Seite des bereits 57-jährigen Fußballidols aus Hamburg spielten Bundesligalegenden wie Uwe Reinders, Horst-Dieter Höttges, Max Lorenz, Bernd Wehmeyer, Marcel Raducanu, Herbert Zimmermann, Wolfgang Overath, Jürgen Glowacz, Peter Nogly und Willi „Ente“ Lippens. Das Spiel bei strömendem Regen endete 3:3 und brachte einen Erlös von 5.000 D-Mark für die Nachwuchsabteilung der Gastgeber. Sowohl nach dem Abpfiff als auch bei der anschließenden Feier im Hotel versuchte Uwe Seeler, jedem Wunsch nach einem Autogramm oder Foto nachzukommen, und hinterließ viele glückliche Menschen in Salzwedel.

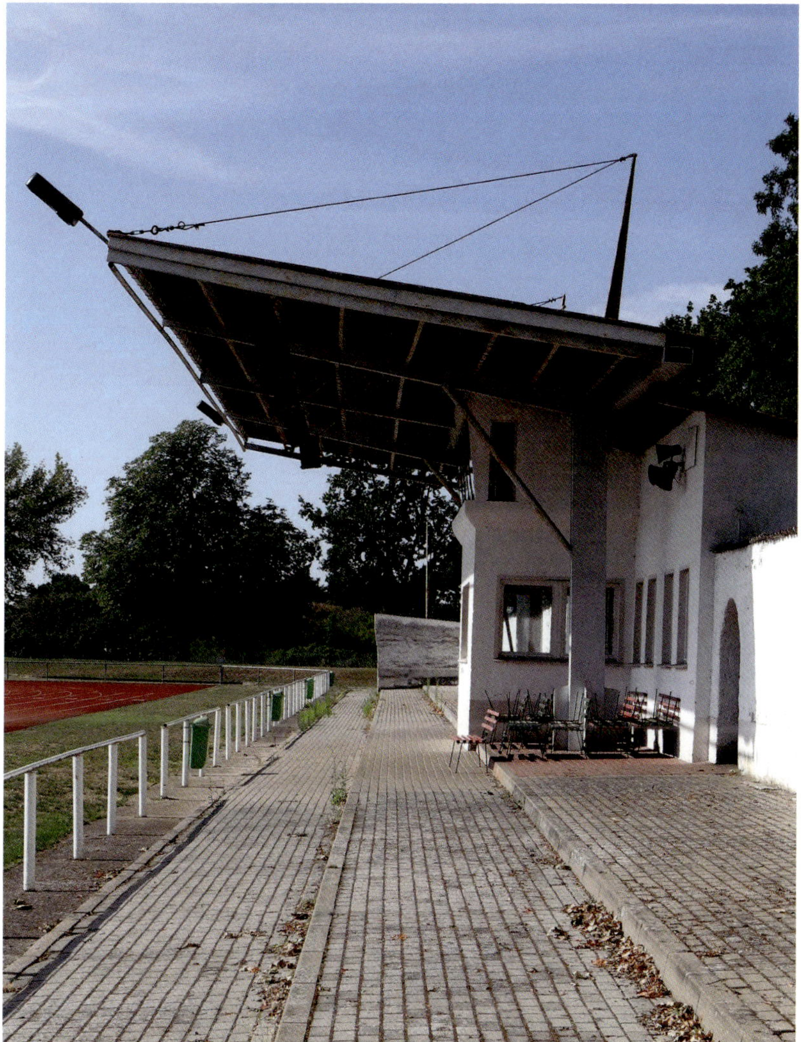

HARTE 4 FAKTEN

Adresse: Böddenstedter Weg 12a, 29410 Salzwedel
Fassungsvermögen: 4.000
Eröffnet: 1930
Heimatverein: ESV Lokomotive Salzwedel

Sport- und Freizeitzentrum Sandersdorf

SG Union Sandersdorf

Nach der Gründung als BC Union Sandersdorf 1911 gehörte der Club dem Verband Mitteldeutscher Ballspiel-Vereine an und spielte von 1923 bis 1933 ununterbrochen in der Gauliga Mulde. Der Verein zählte 1948 zu den Gründungsmitgliedern der Landesklasse Sachsen-Anhalt und spielte dort bis zu deren Auflösung 1952. Nach dreijähriger Bauzeit wurde die Glück-Auf-Kampfbahn „Hermann-Fahlke" am 25. Juni 1954 mit dem Freundschaftsspiel der BSG Aktivist Sandersdorf gegen den DDR-Ligisten BSG Motor Eisenach (Endstand 2:6) eröffnet. Nach dem Abstieg aus der Bezirksliga Halle 1957 spielt die BSG nur noch eine untergeordnete Rolle, da andere Vereine im Landkreis wie Wolfen und Bitterfeld größere finanzielle Zuwendungen ihrer Trägerbetriebe erhielten.

Nach der „Wende" konnte man wieder an alte Erfolge anknüpfen und stieg mit einheimischen Spielern erst in die Bezirksliga und dann 1997 erstmals in die Verbandsliga Sachsen-Anhalt auf. Auch der Abstieg 1999 war nur für kurze Zeit, denn 2001 war Union wieder zurück in der Verbandsliga. Zu dieser Zeit wurde das Stadion mit einer überdachten Tribüne, einer elektronischen Anzeigetafel sowie Flutlicht ausgestattet. So oft wie möglich spielten die Sandersdorfer ihre Heimspiele am Freitagabend, sehr zur Freude der Fußballfans aus nah und fern. Das Flutlicht erstrahlte dann weit über die Gemeindegrenzen, Nina Hagens Hymne „Eisern Union" ertönte über die Lautsprecheranlage, Stadionsprecher und Vereinslegende Holger Bär verlas die Aufstellungen, Auswechslungen, Torschützen und die Falschparker.

Die Derbys gegen Grün-Weiß Wolfen zählten zu den Höhepunkten jeder Saison und lockten bis zu 1.000 Zuschauer und mehr an. Nach zwölf weiteren Spielzeiten reichte am Ende der Saison 2012/13 der zweite Platz zum ersehnten Aufstieg in die Oberliga Nordost Süd, da der Staffelsieger Haldensleber SC auf sein Aufstiegsrecht verzichtete. Seit zehn Jahren spielt der Verein nun in der Oberliga, was auch ein Verdienst von Langzeitpräsident Uwe Störzner ist, der immer wieder gute Spieler und Trainer nach Sandersdorf lotst.

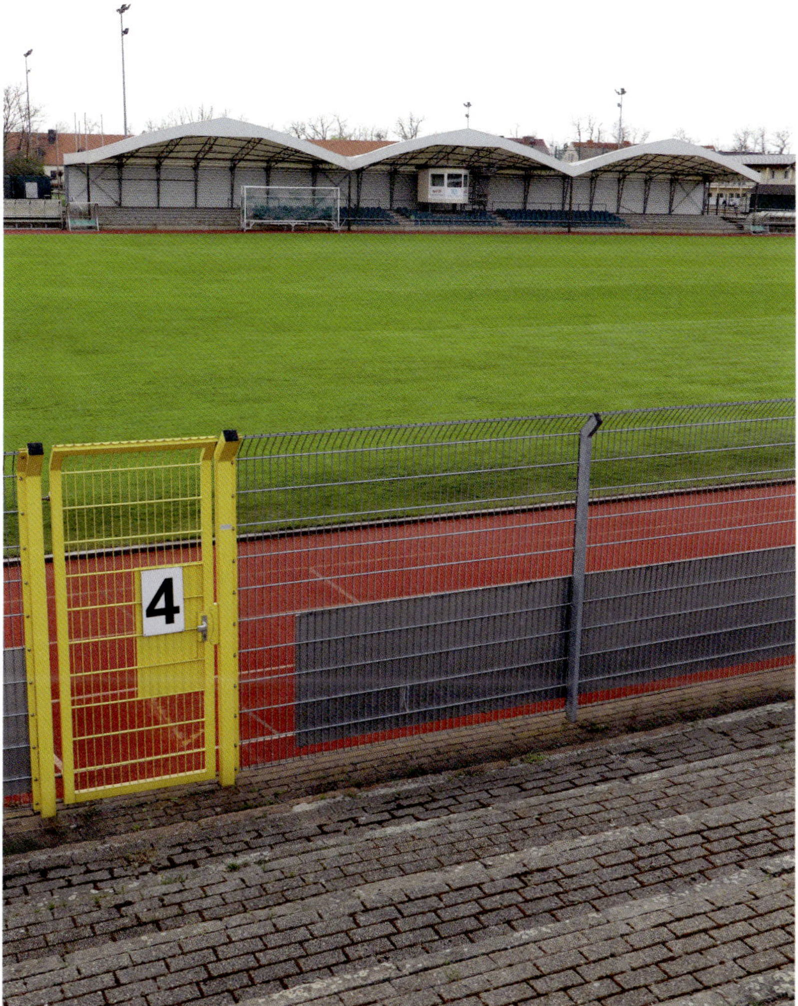

HARTE 4 FAKTEN

Adresse: Am Sportzentrum 17, 06792 Sandersdorf-Brehna

Fassungsvermögen: 7.000

Besondere Ereignisse: Austragungsort der U-17-EM 2009

Bekannter Spieler: Dieter Engelhardt (DDR-Olympiaauswahl 1964)

Sangerhausen 078

Friesenstadion

Keine Friesen zu sehen, nur die Halde

Sangerhausen, die Berg- und Rosenstadt im Tal zwischen Harz und Kyffhäusergebirge, hat nie großen Fußball beheimatet, doch war das Interesse am Fußball hier immer groß. Dafür spricht der Schnitt von 2.100 Zuschauern in der einzigen Liga-Saison 1980/81. Gegründet 1906 als VfB Sangerhausen reißt der Verein sportlich lange Zeit keine Bäume aus. Nach Auflösung des VfB nach Ende des II. Weltkriegs nimmt 1948 die SG Wacker 48 den Spielbetrieb als Nachfolgerin auf. Als dann ab 1949 mehrere Betriebssportgemeinschaften gegründet werden, stellt sich die BSG Stahl als eine der stärksten heraus. Mit dem Anschluss der BSG Einheit 1956 wächst die BSG zu einem bedeutenden Sportverein in der Region. Wirtschaftlich ist die BSG dem Trägerbetrieb aus dem Kupferabbau, dem Thomas-Münzer-Schacht, zugeordnet. In den 1970er-Jahren wird die BSG vom Mansfeld-Kombinat übernommen, was sich im neuen Vereinsnamen BSG Mansfeld-Kombinat niederschlägt.

Nach vielen Jahren dritter und vierter Liga gelingt es der BSG 1980, die Bezirksligameisterschaft zu holen und in die DDR-Liga aufzusteigen. Dem Aufstieg folgt zwar der sofortige Abstieg, dennoch stammt aus dieser Saison der ewige Zuschauerrekord, als vor 5.000 Fans gegen Chemie Buna Schkopau gespielt wird. 1981 und 1984 finden FDGB-Pokalspiele gegen höherklassige Gegner im Rund statt.

Nach der „Wende“ wird die BSG zum SSV Blau-Weiß 1990, spielt in der Verbandsliga und muss nach zwei Spielzeiten absteigen. In dieser Zeit spaltet sich die Sparte Fußball ab und nimmt wieder den Ursprungsnamen VfB an. 2002 gelingt der Aufstieg in die Verbandsliga. 2007 wird der Landesmeistertitel errungen, der zum Aufstieg in die Oberliga Nordost führt. Doch dieses Projekt ist zu groß und so folgt der sofortige Abstieg in die Verbandsliga.

Das 1950 erbaute Friesenstadion erhielt über die Jahre eine kleine Tribüne und zuletzt Flutlicht. Ein Gästeblock wird 2007 zur Oberliga errichtet, um den Anhängern der großen Traditionsklubs gerecht zu werden. Namensgeber des Stadions ist Karl-Friedrich Friesen (1784–1814), welcher sich zu Lebzeiten als Freiheitskämpfer, Turner und Pädagoge profiliert hat.

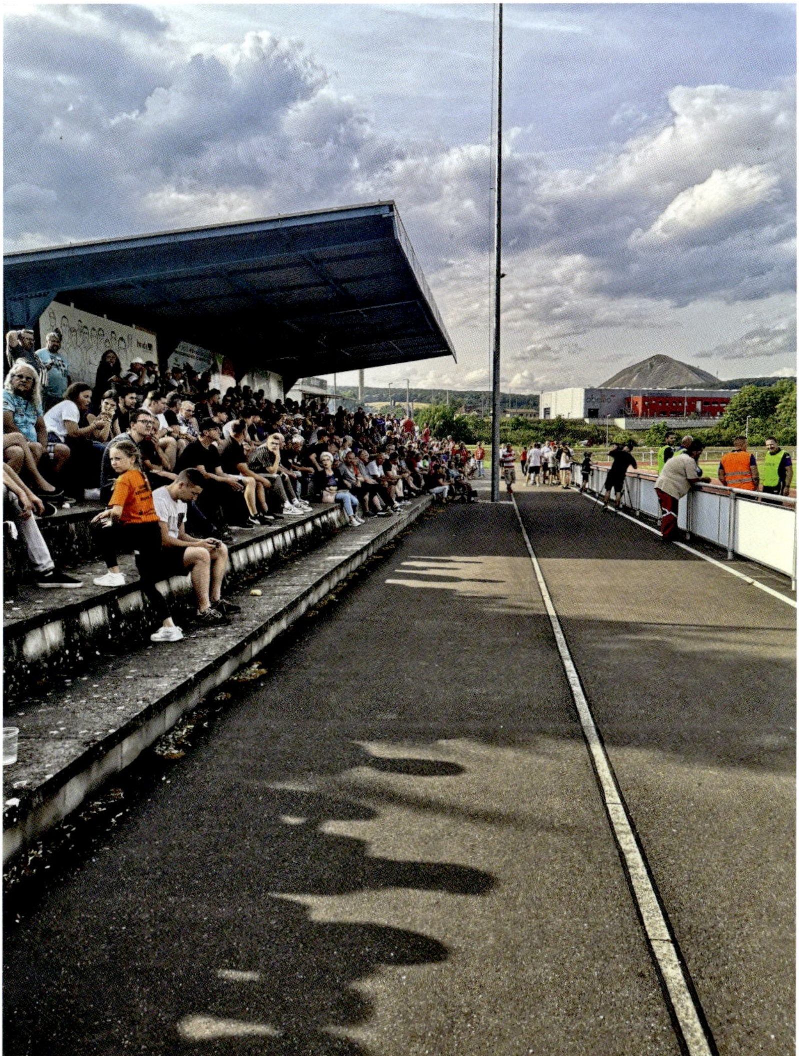

HARTE 4 FAKTEN

Adresse: Kyffhäuser Straße 14, 06526 Sangerhausen

Kapazität: 8.000

Bekanntester Spieler: Christian Fährmann (vorher BL-Spieler bei Hertha BSC)

Friesenfernblick: Halde Hohe Linde (400 m ü. NHN)

Sportforum Barbarastraße

Die Geschichte vom Schwarzen Peter

Nach dem Ende des Zweiten Weltkrieges strandeten viele Heimatvertriebene in der Elbstadt, so auch die Familie Ducke, die mit einem Flüchtlingsdampfer aus dem Sudentenland kam. Ihre fußballbegeisterten Söhne spielten bei der SG Altstadt bzw. der BSG Motor Schönebeck. Roland Ducke wurde bereits als 17-Jähriger in der ersten Mannschaft eingesetzt und stieg mit ihr 1954 in die zweithöchste Spielklasse, die DDR-Liga, auf. In den Aufeinandertreffen mit den Staffelkontrahenten blieb das Talent des Linksaußens nicht verborgen und der SC Motor Jena sicherte sich ab 1956/57 seine Dienste. 1959 wechselte sein jüngerer Bruder Peter nach guten Leistungen in der DDR-Juniorenauswahl ebenfalls von Schönebeck nach Jena. Dort bildeten die Brüder ein geniales Sturmduo. Unter Trainerlegende Georg Buschner wurden sie nicht nur DDR-Meister, FDGB-Pokalsieger und Nationalspieler sondern auch beide nacheinander zum besten Fußballer der DDR gewählt. Roland Ducke 1970 im Alter von 36 Jahren und 1971 dann Peter Ducke. Dabei war Peter Ducke noch talentierter als sein Bruder, jedoch stand ihm sein aufbrausendes Temperament oftmals im Weg. 1965 wurde er sogar als „Sportler des Jahres" in der DDR ausgezeichnet, und das obwohl er nach dem Spielende des FDGB-Pokalfinales den Schiedsrichter beleidigte und dafür eine zehnwöchige Sperre vom Fußballverband kassierte. Der „Schwarze Peter", auch Pelé des Ostens genannt, war ein Fußballer von Weltformat.

Im Sportforum der Deutsch-Sowjetischen Freundschaft an der Barbarastraße wurde am erfolgreichsten in den 80er-Jahren gespielt, als die BSG Motor in der DDR-Liga gegen Energie Cottbus, Chemie Leipzig, Sachsenring Zwickau und den HFC Chemie zuhause bis zu 5.000 Zuschauer begrüßen konnte. Ein Höhepunkt war das FDGB-Pokal-Achtelfinale am 29.10.1988 gegen den BFC Dynamo vor der Rekordkulisse von 7.000 Zuschauern. Unter der Leitung von FIFA-Schiedsrichter Siegfried Kirschen konnten die Berliner diese Partie auf dem Weg zum Pokalsieg erst in der Verlängerung durch die Tore von Andreas Thom, Thomas Doll, Eike Küttner und Hendrik Herzog mit 6:2 für sich entscheiden.

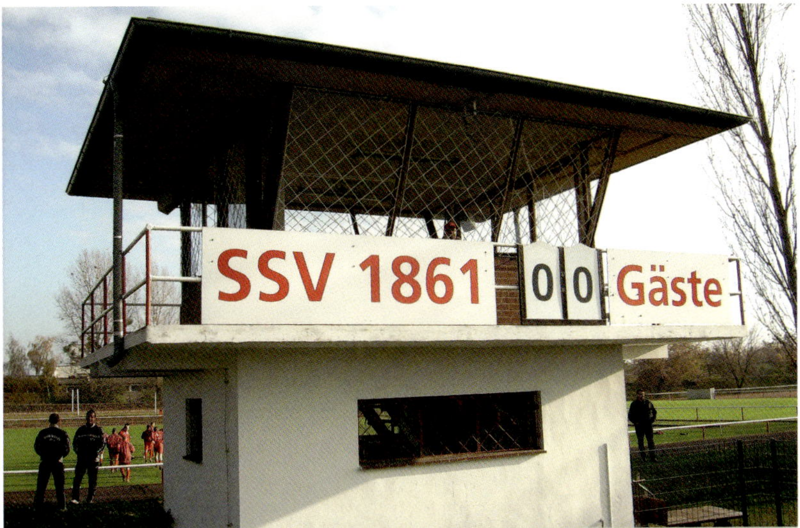

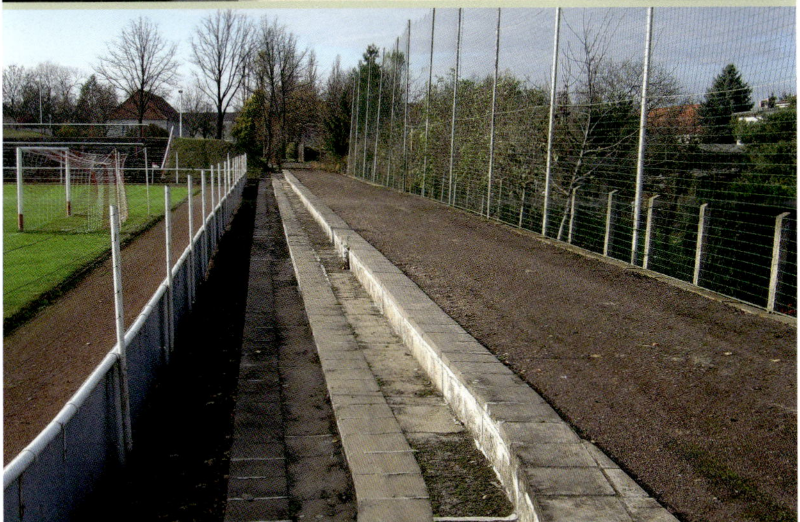

HARTE 4 FAKTEN

Landkreis: Salzlandkreis
Adresse: Barbarastraße 21, 39218 Schönebeck
Fassungsvermögen: 7.000
Heimverein: Union 1861 Schönebeck

Stadion Magdeburger Straße

Schönebecker SC – Von Salz und Sprengstoff

Der Schönebecker SC 1861 ist im Stadtteil Bad Salzelmen beheimatet, der erst seit 1932 zu Schönebeck gehört. Die dortige Sole bzw. Salzgewinnung war jahrhundertelang ein wichtiger Wirtschaftszweig. Hier wurde auch 1802 das erste Soleheilbad Deutschlands eröffnet und das größte jemals erbaute Gradierwerk errichtet, welches heute noch auf 300 Metern Länge existiert. Etwas nördlich davon befindet sich die Sportanlage des Schönebecker SC.

Das Areal an der Magdeburger Straße wurde als Hermann-Matern-Stadion am 21. September 1952 mit dem Freundschaftsspiel gegen den Absteiger aus der DDR-Oberliga, die BSG Einheit Pankow, eingeweiht. 1998/99 wurde das Stadion grundlegend rekonstruiert und bietet neben den Fußballern auch den Leichtathleten hervorragende Bedingungen. So findet seit 2005 jährlich das renommierte Wurfmeeting SoleCup statt.

Unter dem Namen BSG Chemie Schönebeck war der Verein im Jahr 1952 Gründungsmitglied der Bezirksliga Magdeburg. Trägerbetrieb war der VEB Sprengstoffwerk Schönebeck, der Zündhütchen sowie Munition herstellte, wie etwa die bekannten Diabolo-Bleikugeln für Luftgewehre. 1960 spielte die Mannschaft gemeinsam mit dem Lokalrivalen BSG Motor Schönebeck in der drittklassigen II. DDR-Liga. Erst 17 Jahre später stieg man wieder aus der Bezirksliga Magdeburg auf und trat 1977/78 in der DDR-Liga Staffel C an. Doch in den 22 Spielen gelang lediglich ein Sieg, dieser jedoch sensationell gegen den Staffelsieger BSG Chemie Leipzig mit 4:2 vor 1.800 Zuschauern. Die Tore für die Gastgeber erzielten Hosenthien, Komor und zweimal Thiele. Auch im zweiten Anlauf in der DDR-Liga 1980/81 stieg Chemie Schönebeck als Tabellenletzter sofort wieder ab. Diesmal gelangen nur zwei Siege gegen die Mitabsteiger BSG Mansfeld-Kombinat Sangerhausen und BSG Chemie Wolfen. Die Liga-Heimspiele besuchten durchschnittlich 1.227 Zuschauer.

Nach der „Wende“ spielte der SSC nur von 2013 bis 2016 in der Verbandsliga. Direkt nach dem Abstieg und 125-jähriger Vereinsgeschichte fusionierte der SSC am 1. Juli 2016 mit dem Schönebecker SV zu Union 1861 Schönebeck.

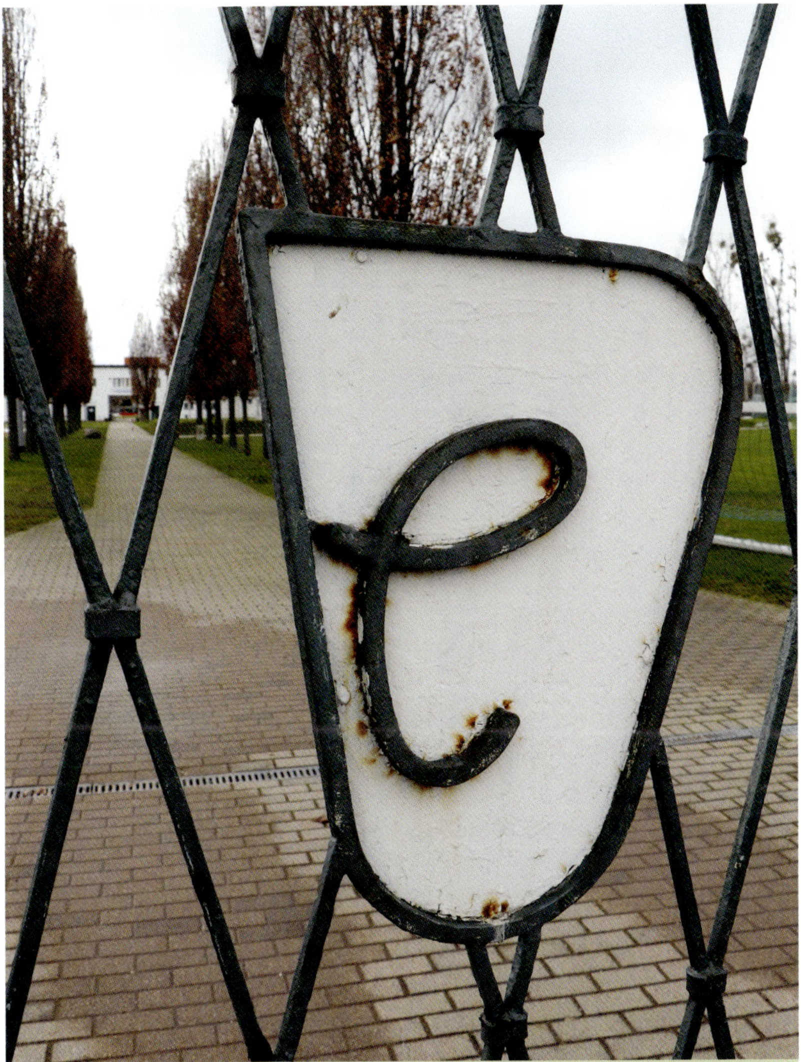

HARTE 4 FAKTEN

Landkreis: Salzlandkreis

Adresse: Magdeburger Straße 176, 39128 Schönebeck

Zuschauerkapazität: 5.000

DDR-Bezirksmeister: 1953, 1956, 1959, 1963, 1977, 1980

Staßfurt 081

Stadion der Einheit

SV 09 Staßfurt

Mit der Gestaltung des Sportgeländes wurde 1910 begonnen. Noch heute befinden sich die Umkleidekabinen und eine Turnhalle in dem imposanten historischen Gebäude, für dessen Errichtung der ortsansässige Maschinenfabrikant Richard Sauerbrey 80.000 Reichsmark gestiftet hatte. Der erste Fußballverein, der hier seine Heimstätte fand, war der FC Hohenzollern.

Nach der Umbenennung in SV 09 Staßfurt-Leopoldshall gewann der Verein von 1924 bis 1926 dreimal in Folge die Meisterschaft der Gauliga Elbe Bode. Bis zur Auflösung des Vereins 1945 kamen keine weiteren Erfolge dazu. Der Nachfolgeverein war die 1951 gegründete BSG Aktivist Staßfurt mit dem örtlichen VEB Kali- und Steinsalzbetrieb Saale als Trägerbetrieb. Schließlich gilt Staßfurt auch als Wiege des Kalibergbaus. Der erst 19-jährige Edgar Stein war Kapitän jener Mannschaft, der 1952 der Aufstieg in die Bezirksliga Magdeburg gelang. Insgesamt absolvierte er über 800 Spiele für den Verein und war auch am größten Erfolg, dem Gewinn des FDGB-Bezirkspokals 1958, beteiligt. Im Finale bezwang Staßfurt die BSG Empor Tangermünde mit 5:0. Bis 1969 spielte er in der Ersten, danach noch in der Zweiten und bei den Alten Herren. Auch als Trainer und Funktionär leistete er wertvolle Arbeit. Als er 2009 im Alter von 77 Jahren verstarb, wurde der Platz 1 im Stadion in Edgar-Stein-Spielfeld umbenannt. Die Sportanlage besteht zudem aus einem Kunstrasenplatz sowie einem Leichtathletikstadion samt einer überdachten Tribüne mit 158 Sitzschalen.

Nach 23 Spielzeiten in der Bezirksliga Magdeburg konnte der Abstieg 1978 nicht verhindert werden. Die Rückkehr gelang erst nach zehn Jahren. Als Tabellenachter in der Saison 1989/90 sicherte man sich den letzten freien Startplatz in der neugeschaffenen Landesliga Sachsen-Anhalt, aber die Liga erwies sich als zu stark und der SV Staßfurt stieg nach der ersten Saison ab. 2006 erreichte der Sechstligist Staßfurt überraschend das Landespokalfinale. Auf dem Weg dahin wurden drei Verbandsligisten ausgeschaltet, darunter auch Titelverteidiger MSV Preussen. Das Endspiel in Schönebeck vor 4.500 Zuschauern gegen den 1. FC Magdeburg wurde nur knapp mit 0:1 verloren.

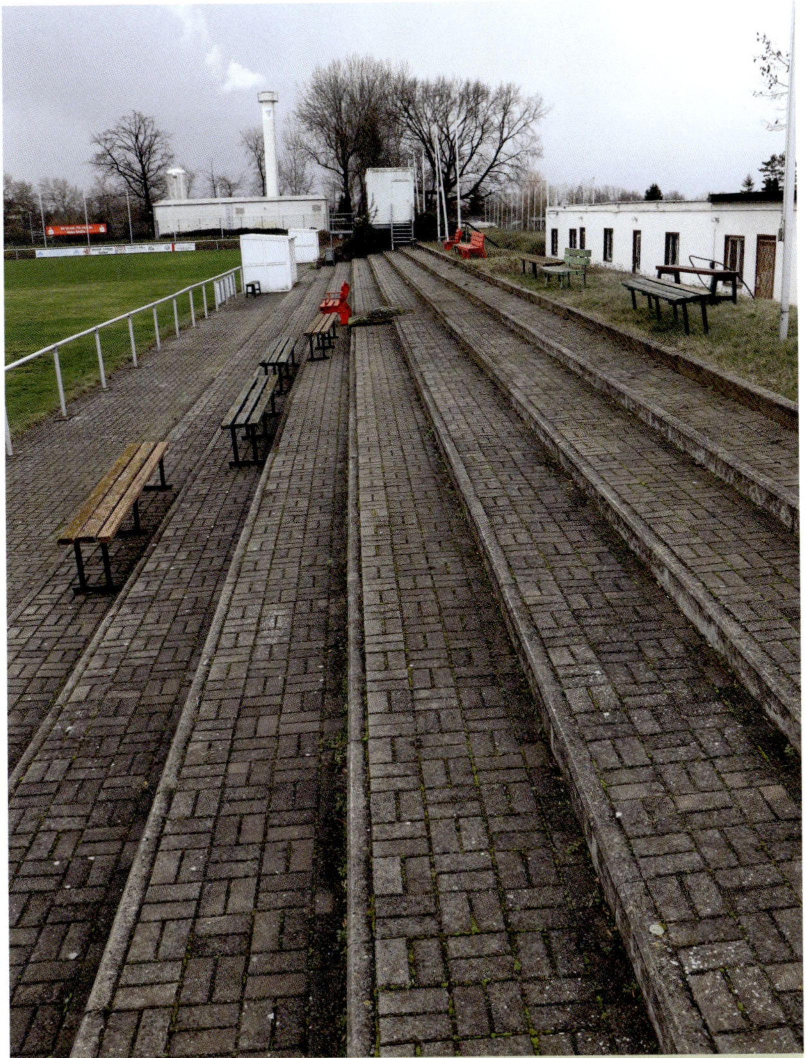

HARTE 4 FAKTEN

Landkreis: Salzlandkreis
Adresse: Am Sportplatz, 39418 Staßfurt
Fassungsvermögen: 4.500
Eröffnung: 23. Juni 1912

Stadion am Hölzchen

1. FC Lok Stendal – Der Pokalschreck

Wer das Stadion am Hölzchen betritt, findet ein kleines, zweckmäßiges, reines Fußballstadion vor. Die ovale Form mit einer Laufbahn, die Stehtraversen und die Sitzbänke auf der Haupttribüne – all das verschwand beim Rückbau der altehrwürdigen Anlage vor ca. 20 Jahren.

Seit 1909 wird in Stendal organisiert Fußball gespielt. Der FC Viktoria war der älteste und erfolgreichste Stendaler Fußballverein der damaligen Zeit. Zwischen 1910 und 1933 konnte die Gauliga Altmark neunmal gewonnen werden. Dagegen scheiterte Viktoria Stendal in den Endrunden zu Mitteldeutschen Meisterschaften immer in den ersten beiden K.o.-Runden. Für die neugeschaffene überregionale Gauliga Mitte mit den besten Mannschaften aus Sachsen-Anhalt und Thüringen qualifizierte man sich nie.

Als Vizemeister Sachsen-Anhalts schaffte es die SG Eintracht Stendal in die erste Ausgabe der Oberliga 1949/50, der höchsten Liga in der DDR. Bis 1968 schlugen für den in BSG Lokomotive Stendal umbenannten Verein insgesamt 14 Spielzeiten in der Oberliga zu Buche. In der Ewigen Tabelle dieser Liga belegt Stendal den 16. Platz. Das Stadion am Hölzchen hieß seit 1951 Wilhelm-Helfers-Kampfbahn und wurde Ende der 60er-Jahre ausgebaut, um die Kapazität von 10.000 auf 15.000 Plätze zu erhöhen.

Große Erfolge feierten die Stendaler in den Pokalwettbewerben. In der Saison 1965/66 erreichte man nach Siegen über Brand-Langenau, Carl-Zeiss Jena, den BFC Dynamo und Hansa Rostock das Finale des FDGB-Pokals, unterlag jedoch mit 0:1 gegen die BSG Chemie Leipzig.

Nach der „Wende" gewann der FSV Lok / Altmark Stendal drei Mal den Pokal des Fußballverbandes Sachsen-Anhalts und sorgte auch im DFB-Pokal 1995/96 für Furore, als die Altmärker nach den Heimsiegen gegen die Zweitligisten VfL Wolfsburg, Hertha BSC und Waldhof Mannheim bis ins Viertelfinale kamen und dort dem Bundesligisten Bayer Leverkusen mit Bernd Schuster und Rudi Völler vor 12.000 Zuschauern nach torlosen 120 Minuten erst im Elfmeterschießen mit 4:5 unterlagen.

Der letzte Auftritt auf großer Bühne war die 1. Hauptrunde im DFB-Pokal 2018/19 gegen Arminia Bielefeld vor 3.000 Zuschauern. Endstand war 0:5.

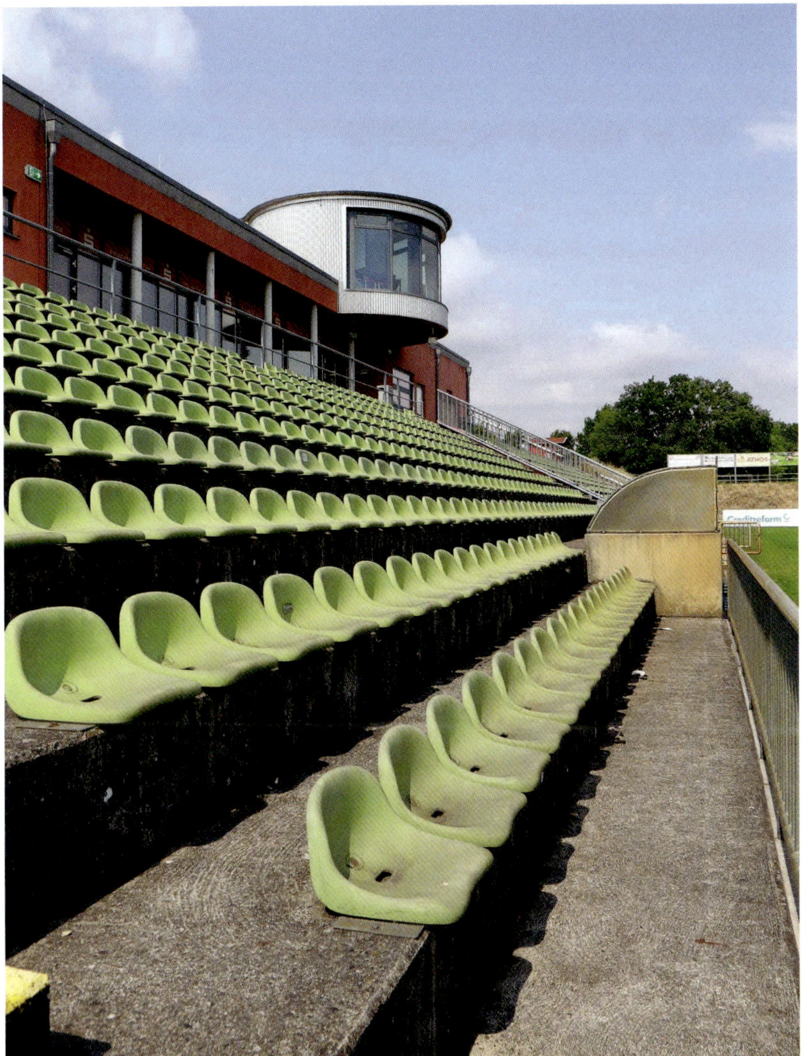

HARTE 4 FAKTEN

Adresse: Arneburger Straße 83, 39576 Stendal
Fassungsvermögen: 6.000
Erbaut: 1909
Neueröffnung: 2005

Stadion am Wäldchen

FSV Saxonia Tangermünde

Die Kaiser- und Hansestadt liegt an der Mündung des Flusses Tanger in die Elbe. Das Rathaus in norddeutscher Backsteingotik, die St.-Stephans-Kirche sowie die zahlreichen prächtigen Fachwerkhäuser, die Stadtmauer mit ihren Wehrtürmen und Stadttoren zeugen noch von der ehemaligen Bedeutung.

1907 gründeten sieben Mitglieder um den Lehrer Christian Reinecke den 1. FC Saxonia 07 Tangermünde. Der erste große Erfolg war die Meisterschaft im Gau Altmark in der Saison 1927/28, als man ungeschlagen erstmals die großen Konkurrenten aus Stendal und Wittenberge hinter sich lassen konnte. In der Endrunde zur Mitteldeutschen Meisterschaft unterlag Tangermünde allerdings schon in der 1. Runde bei Cricket-Victoria Magdeburg mit 2:6.

Zehn Jahre später am 13. Mai 1938 sollte das Freundschaftsspiel gegen Fortuna Düsseldorf, immerhin Deutscher Fußballmeister von 1933, der letzte Höhepunkt für die nächsten zwanzig Jahre sein. Vor über 3.000 Zuschauern verlor Saxonia mit 1:7 gegen eine der stärksten deutschen Mannschaften der damaligen Zeit mit mehreren Nationalspielern in ihren Reihen.

Nach dem Krieg spielte man unter den Namen SG Roter Adler und BSG Volkswerft, ehe Ende 1951 die BSG Empor Tangermünde gegründet wurde. Überregional machte man erst 1983 wieder auf sich aufmerksam. Als Meister der Bezirksliga Magdeburg stand Empor als Aufsteiger zur DDR-Liga fest. Am ersten Spieltag der neuen Zweitliga-Saison wurde der Staffelfavorit und Absteiger aus der DDR-Oberliga, die BSG Chemie Böhlen, sensationell mit 3:2 bezwungen. Doch es kamen in den restlichen 21 Spielen nur noch drei weitere Siege dazu und Tangermünde stieg als Tabellenletzter wieder ab.

Umbenannt in FSV Saxonia Tangermünde konnte man sich nach der „Wende“ für die höchste Spielklasse Sachsen-Anhalts, die Verbandsliga, qualifizieren und spielte dort von 1991 bis 1999 gegen Mannschaften wie Anhalt Dessau, VfL Halle 96, den Halleschen FC und Grün-Weiß Wolfen. 1998 wurde das Stadion für ca. 6 Millionen Euro umgebaut und modernisiert und hat nun ein Fassungsvermögen von 4.000 Plätzen, darunter 800 überdachte Sitzplätze.

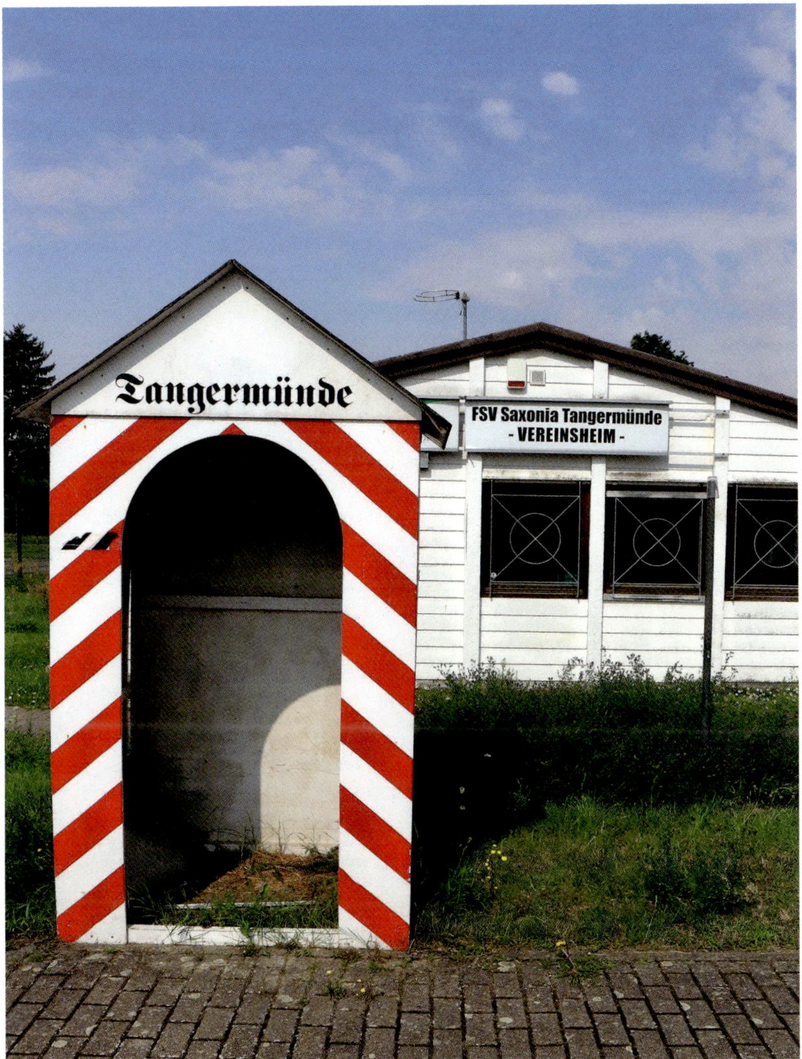

HARTE 4 FAKTEN

Adresse: Tannenstraße, 39590 Tangermünde
Erbaut: 1950
Vereinsfarben: Rot-Weiß
Ewige Tabelle der DDR-Liga: 187. Platz

Teutschenthal 084

Sportplatz am Bahnhof

Schnee am Kalimandscharo

Schnee am Kilimandscharo, Fußball am „Kalimandscharo“, wie passt das zusammen? Im ersten Augenblick vielleicht nicht, doch sieht man bekanntermaßen mit dem zweiten Auge besser. Hoch oben in der unmittelbaren Nachbarschaft über dem Eintracht-Sportplatz am Bahnhof zu Teutschenthal thront der wie schneebedeckt aussehende weiße Kalisalzberg. Im sprachlichen Volksmund wegen einer gewissen Ähnlichkeit auch Kalimandscharo genannt, ist er ein Überbleibsel vom VEB Kombinat Kaliwerk Teutschenthal. Zur „Wende“ über die Treuhand abgewickelt finden heute hier noch Versatzarbeiten statt. Eindrucksvoll ragt der Berg über dem Sportplatz der Eintracht und beim Spaziergang um den Berg fallen so manche Parallelen zum großen Bruder in Afrika auf.

Der Sportplatz am Bahnhof ist genau wie die Halde in die Jahre gekommen und kann nur mühsam gepflegt werden. Am Eingangstor prangt noch der alte Name, als es der Industrie hier noch besser ging und der Trägerbetrieb der damaligen BSG Aktivist die nötige Unterstützung gab. Im Jahr 1920 wurde der Verein gegründet. Er spielte aber zu keiner Zeit eine allzu große sportliche Rolle. Auch in den letzten Jahren war die Kreisliga für den Nachfolgeverein SV Eintracht 90 das höchste der Gefühle. Da wurde es höchstens mal unruhig, wenn im Kreispokal die alten Ortsrivalen aus Eisdorf oder vom SV Teutschenthal zugelost wurden. Hier kochte die über Jahrzehnte gewachsene Rivalität aus Zeiten, als bei Derbys Zuschauerzahlen von weit über 2.000 keine Seltenheit waren, schon mal hoch. Da flogen gelegentlich Zaunlatten und die Fäuste am Kaliberg. Diese Brisanz in der längsten Gemeinde der DDR hatte sich über die Jahre gehalten. Nun bilden Eintracht und die zweite Mannschaft der SG Eisdorf notgedrungen eine Spielgemeinschaft.

Die altehrwürdige Anlage bietet Platz für 2.500 Zuschauer. Bei der Aktion „Geisterspielticket“ während Corona kostete die Internetbratwurst 1,50 Euro – wo hat man das heutzutage noch? Leckere imaginäre Bratwurst zu diesem konkurrenzlosen Preis. Mahlzeit!

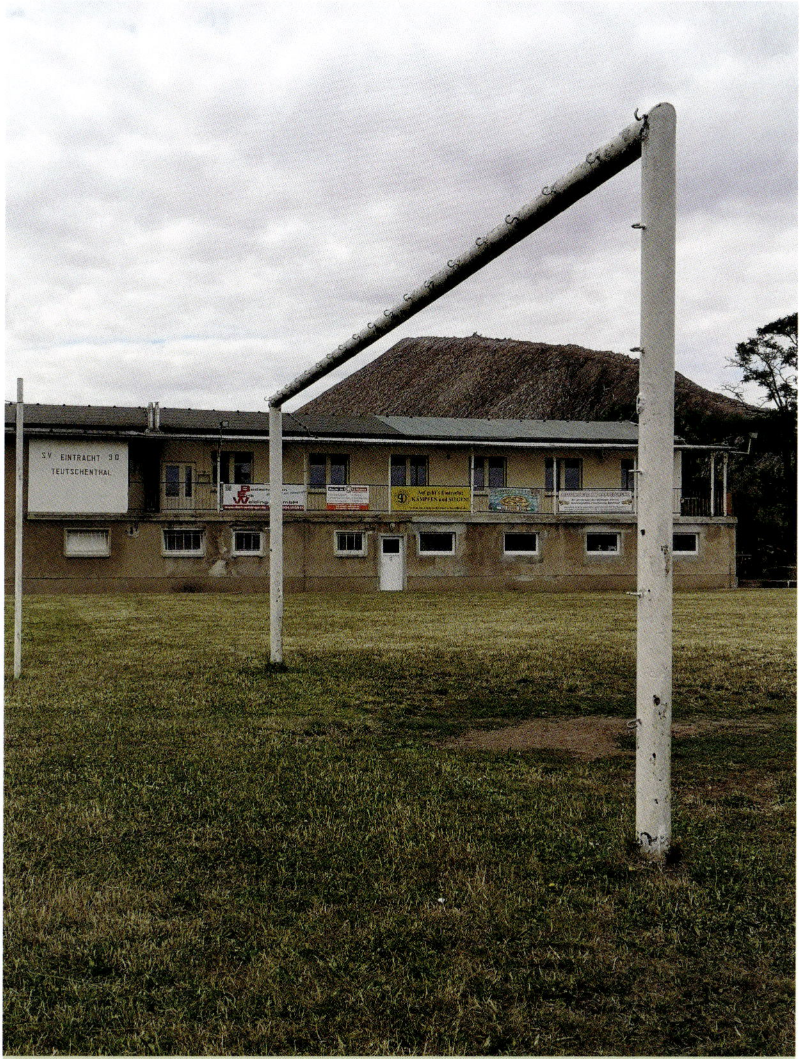

HARTE 4 FAKTEN

Anschrift: Dömikenweg 20, 06179 Teutschenthal
Persönlichkeit: Henry Weißkopf, Spieler bei Lok Stendal
Kapazität: 2.500
Spielorte: abwechselnd Eisdorf und Teutschenthal

Sportpark Neinstedter Straße

Fußballwunder im Harz

Während oben in der Walpurgisnacht auf dem Hexentanzplatz die Hexen ihr Unwesen treiben, ist in Thale unten auf dem Fußballplatz überschaubare Ruhe eingekehrt. Das war nicht immer so. Nachdem am „Tag der Arbeit" 1946 der Fußball mit der BSG EHW Thale in der beschaulichen Kleinstadt von den Verantwortlichen des örtlichen Eisen- und Hüttenwerkes wiederbelebt wird, beginnt ein beispielloser Aufstieg vom Kreismeister 1948 bis zum Oberligaaufstieg 1950. Beim entscheidenden Aufstiegsspiel gegen den sächsischen Meister SG Dresden-Mickten säumen 12.000 Zuschauer den Sportpark und feiern nach dem 5:2-Sieg die Erstklassigkeit. Unvorstellbares ein paar Wochen später, als das FDGB-Pokalfinale erreicht wird, wo 5.000 Schlachtenbummler aus Thale die Mannschaft in Berlin unterstützen und der Pokal in die Harz-Stadt geholt wird. Ein Triumphzug danach, als nahezu jeder Einwohner auf den Beinen ist, um die Thaler Helden zu feiern. Ein paar Tage später sind 16.000(!) Zuschauer zugegen, als Turbine Halle mit 7:2 aus dem Stadion gefegt wird. Mit diesem Schwung schafft man es, bis 1954 die Klasse zu halten, auch mit der Umbenennung 1951 zur BSG Stahl Thale im Rücken. Beste Platzierung in der Oberliga war 1953 ein 5. Platz.

Zahlreiche Abgänge besiegeln dann den sportlichen Niedergang bis in die II. DDR-Liga, bevor man sich 1963 nach Abschaffung dieser Liga in der Bezirksliga Halle wiederfindet. Erst 1976 gelingt die Rückkehr in die DDR-Liga, wo es nun wieder heiße Harzderbys gegen Halberstadt, Wernigerode und Blankenburg zu sehen gibt. 1984 werden aus den fünf Ligen zwei Staffeln und Stahl landet in der Bezirksliga. Mit dem „legendären" 3-W-Sturm (Wiermann, Weiß, Weber) ist Thale zwei Jahre später wieder da, spielt in der Liga Staffel B, wo als Aufsteiger ein starker 2. Platz herausspringt. Als die drei Ws gehen, versinkt der Verein im Mittelmaß der Liga.

Nach der „Wende" wird die Unterstützung des Trägerbetriebes EHW Thale AG immer weniger. Nach dem Abstieg 1993 aus der NOFV-Oberliga kommt es zum Neuanfang unter dem Namen SpVgg Thale 04. Seit 2001 spielen die Fußballer als SV Stahl. Die beschauliche Ruhe in Thale wird nur noch einmal gestört, als die Bayern 1997 mit Trapattoni im Sportpark gastieren.

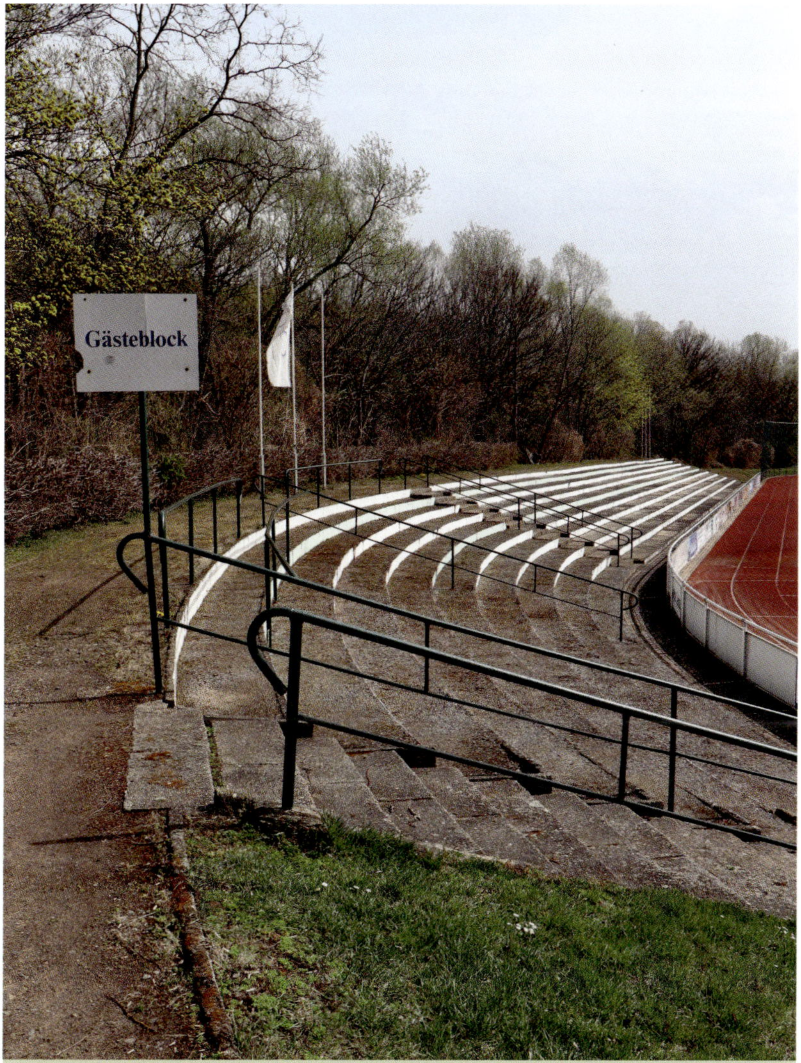

HARTE 4 FAKTEN

Adresse: Sportpark Neinstedter Straße 1–2, 06502 Thale

Kapazität: 8.000

Ewige DDR-Oberliga-Tabelle: 24. Platz

Idole: Werner Oberländer (1951 populärster Sportler der DDR), Hans-Georg Grützemann und Otto Trolldenier (beide Pokalsieger 1950)

Sportplatz an der Teufelsmauer

SV 56 Timmenrode

Der Parkplatz am Gelände des SV 56 Timmenrode ist voller Autos, doch nur wenige Parkende interessieren sich für das Fußballspiel, was auf dem „schrägen" Sportplatz am Ortsrand stattfindet. Dabei hat gerade dieser Sportplatz Außergewöhnliches zu erzählen. Während die Wochenendausflügler zielgerichtet auf die nahe Teufelsmauer aus Sandstein zulaufen, um das markante Felsgebilde, was auch „Hamburger Wappen" genannt wird, zu bestaunen oder gar zu beklettern, kickt die Männerspielgemeinschaft aus Timmenrode und dem VfB 67 Blankenburg hier auf dem Sportgelände um Kreisligapunkte.

Abseits des großen Fußballs und im Schatten des Touristenmagneten Teufelsmauer spielt sich für Fußball-Kenner Erstaunliches ab und das geschulte Auge erkennt es auf den ersten Blick. Hier ist etwas sonderbar und dieses Sonderbare bringt dem Verein den Titel ein, auf dem „schrägsten Sportplatz in Sachsen-Anhalt" zu spielen. Hier im beschaulichen Vorland des Harzes liegt der Platz, der im Land den größten gemessenen Höhenunterschied zwischen dem niedrigsten und höchsten Punkt besitzt. Die genauen Vermessungen haben einen Höhenunterschied von exakt 3,77 m ergeben, der zwar in Sachsen-Anhalt zum „Außenseiter-Spitzenreiter-Platz" genügt, bundesweit allerdings nach der SG Kleinolbersdorf-Altenhain (6,70 m) nahe Chemnitz „nur" für den zweiten Platz in der Höhenunterschiedstabelle langt.

Diese Champions League-reife Platzierung im Bundesmaßstab hilft aber auch nichts gegen den demografischen Wandel. Zwar stemmt man sich tapfer gegen den überall zu verzeichnenden Mitgliederschwund im Vereinswesen, aber gänzlich aufhalten kann man ihn nicht. Immerhin war der MDR auch schon mit einem Filmteam da und hat für Aufmerksamkeit über die Grenzen des Ortes gesorgt. So hofft man am Fuße der spektakulären Standsteinformation, dass der ein oder andere Wanderer auch mal länger am Sportplatz verweilt, um die fußballerischen Mühen Land auf- und Land abwärts zu würdigen und sein Bierchen samt Bratwurst im hübschen Sportlerheim sowie die Aussicht auf den Harz zu genießen.

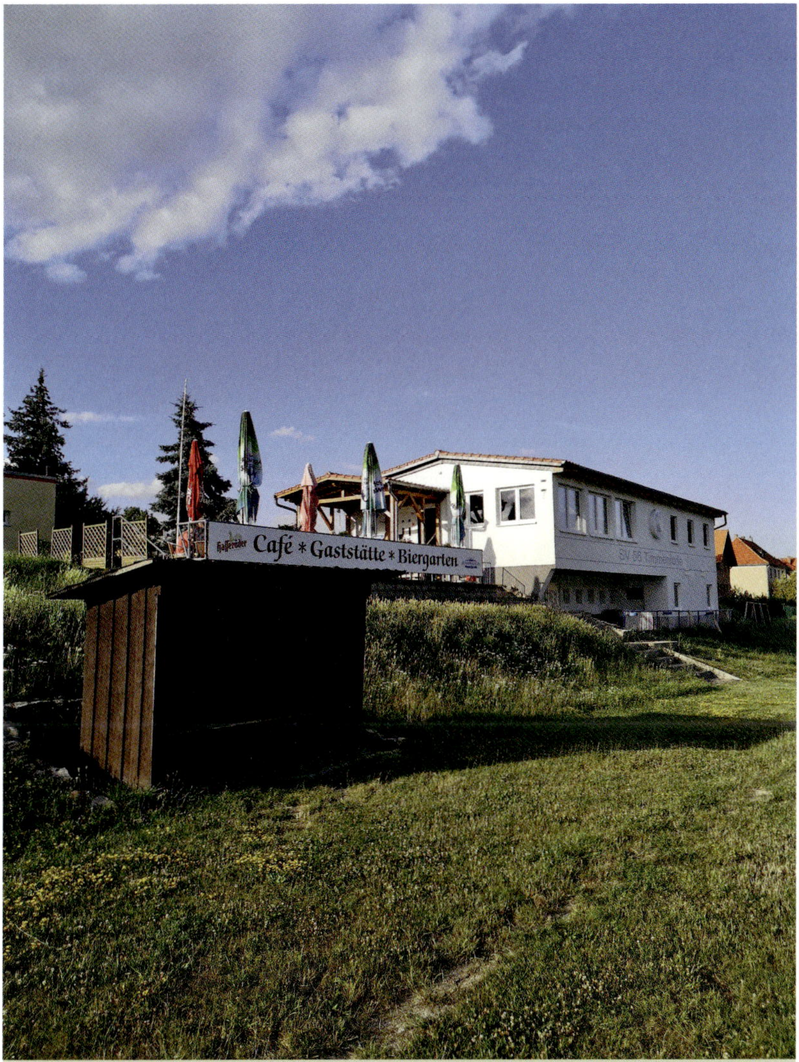

HARTE 4 FAKTEN

Anschrift: Lindenstraße, 06502 Blankenburg / Timmenrode
Gründungsjahr: 1956
Vereinsfarben: Blau-Weiß
Kapazität: 1.000

Sportanlage Bahnhofstraße

Wie ein Bördedorf den FC Bayern herausforderte

Mit dem Zusammenbruch der DDR endete auch der Braunkohleabbau auf dem ostdeutschen Teil des Helmstedter Reviers. In Folge dessen wurden das Kraftwerk Harbke und die Brikettfabrik Völpke geschlossen. Die eigens dafür errichteten Bahnstrecken wurden stillgelegt und die Gleise demontiert. Deswegen gibt es zwar eine Bahnhofstraße, an der sich auch die Sportanlage des TSV Völpke befindet, aber man benötigt Auto oder Bus, um dorthin zu gelangen. Eine der wenigen Betriebe, die weiter produzierten, war die Völpker Montanwachs GmbH, die den örtlichen Fußballverein seit Mitte der 1990er-Jahre als Hauptsponsor unterstützte. Die sportlichen Erfolge stellten sich schnell ein und nach drei Aufstiegen in nur vier Jahren fand man sich 1999 in der höchsten Spielklasse Sachsen-Anhalts wieder, der Verbandsliga. Im Jahr 2000 wechselten mit Thoralf Bennert aus Kiel und Torhüter Frank Pietruska aus Stendal zwei ehemalige Profis in das beschauliche Dorf, die den Verein über Jahre prägen sollten. Mit ihnen gelangen 2003 und 2004 der zweite Platz in der Verbandsliga und 2004 der Landespokalsieg.

Und dann geschah das, was sich fast alle Amateurvereine wünschen. Bei der Auslosung zur 1. Hauptrunde des DFB-Pokals wurde Völpke Bayern München zugelost. Als geeigneter Spielort wurde das Dessauer Paul-Greifzu-Stadion ausgewählt. Zum Spiel am 21. August 2004 wurden die Fans aus Völpke und Umgebung mit 30 Bussen dorthin gebracht. 20.728 Zuschauer sahen, wie sich die Amateure beim 0:6 gut gegen den späteren DFB-Pokal-Gewinner behaupteten. Doch der Zenit war noch nicht erreicht. Am letzten Spieltag der Verbandsliga 2004/05 wurde der Favorit aus Stendal noch abgefangen und der Dorfverein stieg sensationell in die Oberliga Nordost auf. Den Auftakt gegen Halberstadt sahen 1.161 Zuschauer. Doch der Klassenerhalt wurde knapp verpasst. Aufgrund des schlechteren Torverhältnisses musste man in der Relegation gegen den TSV Neustrelitz antreten und verlor beide Spiele.

Nach dem Saisonende 2014/15 zog sich der TSV Völpke aus der Verbandsliga zurück und meldete seine Mannschaft vom Spielbetrieb ab. Ein Neustart fand in der Saison 2018/19 in der 2. Bördekreisklasse statt.

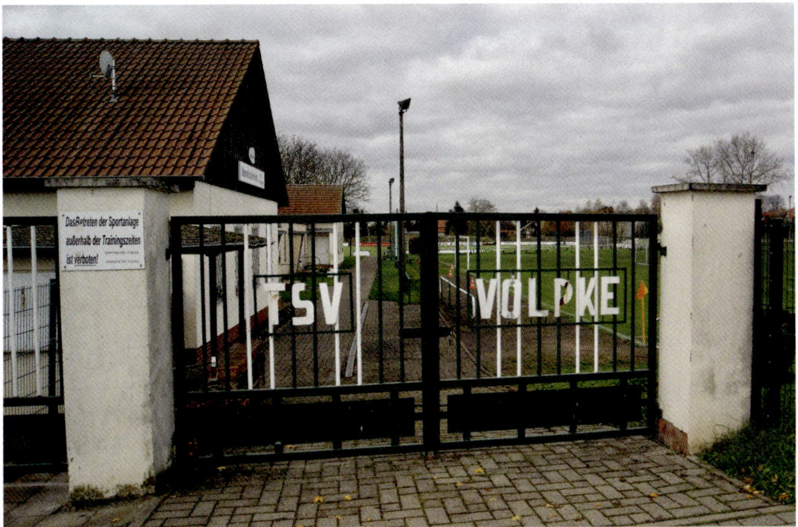

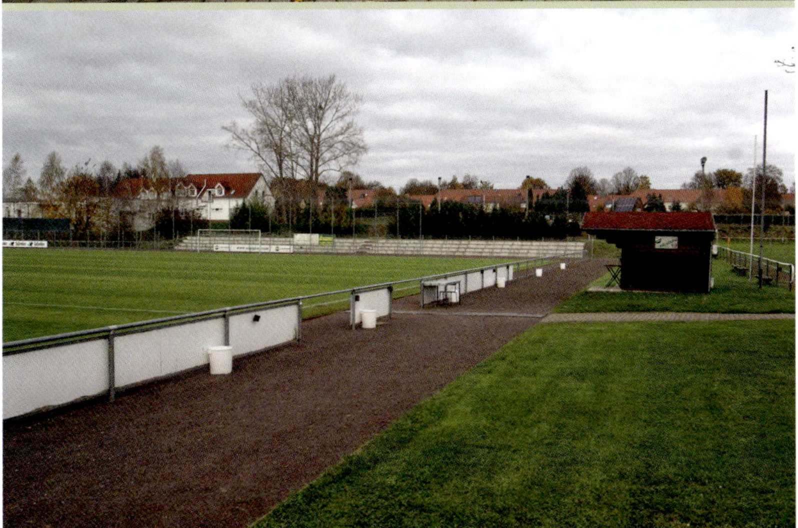

HARTE 4 FAKTEN

Landkreis: Börde

Adresse: Bahnhofstraße, 39393 Völpke

Fassungsvermögen: 2.500

Zuschauerrekord: 2.173 (7.5.2006 gegen 1. FC Magdeburg)

Sportstätte Andreas Hajek

FC Markwerben 1926 e.V.

In der Regel werden Stadien und Sportstätten erst posthum nach berühmten Sportlern oder bedeutenden Persönlichkeiten benannt. Nur ganz selten geschieht dies vor deren Tode, wie beispielsweise beim Steffi-Graf-Stadion 2004 in Berlin oder bei Fritz Walter beim 1. FCK im Jahre 1985.

Umso erstaunlicher ist es, dass im kleinen Ort Markwerben, nahe Weißenfels, der Sportplatz seit mehreren Jahren nach Andreas Hajek, dem berühmtesten Sohn der Gemeinde, dem zweifachen Olympiasieger und sechsfachen Weltmeister im Rudern benannt ist. Hier in Markwerben ist Hajek aufgewachsen. Er ist tief verwurzelt in der Region und war bereits ein Jahr vor der Umbenennung der Sportstätte Ehrenbürger des Ortes, der ihn persönlich unheimlich prägte.

Im Jahr 2001 wurde der Sportplatz offiziell in Andreas Hajek Sportstätte umbenannt. Zu diesem Anlass forderte ein Prominententeam, vornehmlich mit erfolgreichen Weltklasse-Ruderern bestückt, den damaligen Landesklassevertreter aus Sachsen-Anhalt in einem unterhaltsamen Spiel heraus. Es endete vor 200 Zuschauern 7:3 für die gelernten Fußballer gegen die Ruderer und Hobbyfußballer. Ein unvergessliches Erlebnis für alle Beteiligten und natürlich für den Hauptakteur Andreas Hajek selbst, welcher heute noch davon schwärmt.

Den Fußballern des 1926 gegründeten Vereins erging es in den letzten Jahren hingegen nicht so gut. Erst musste mangels Personals eine Spielgemeinschaft mit der LSG 1923 Goseck gebildet werden und seit der Saison 2023/24 spielen die Jungs aus Markwerben mit der LSV Rot-Weiß Reichardtswerben zusammen um Kreisligapunkte. Ein komplett eigenständiger Spielbetrieb ist momentan einfach nicht möglich – eine Folge des demografischen Wandels wie vielerorts in Sachsen-Anhalt. Zu DDR-Zeiten hieß der Verein BSG „Aufbau", was heute auch als Aufforderung gelten kann. Auch der prominente Name auf dem Schild am Eingang des Sportplatzes kann an diesen Problemen wenig ändern.

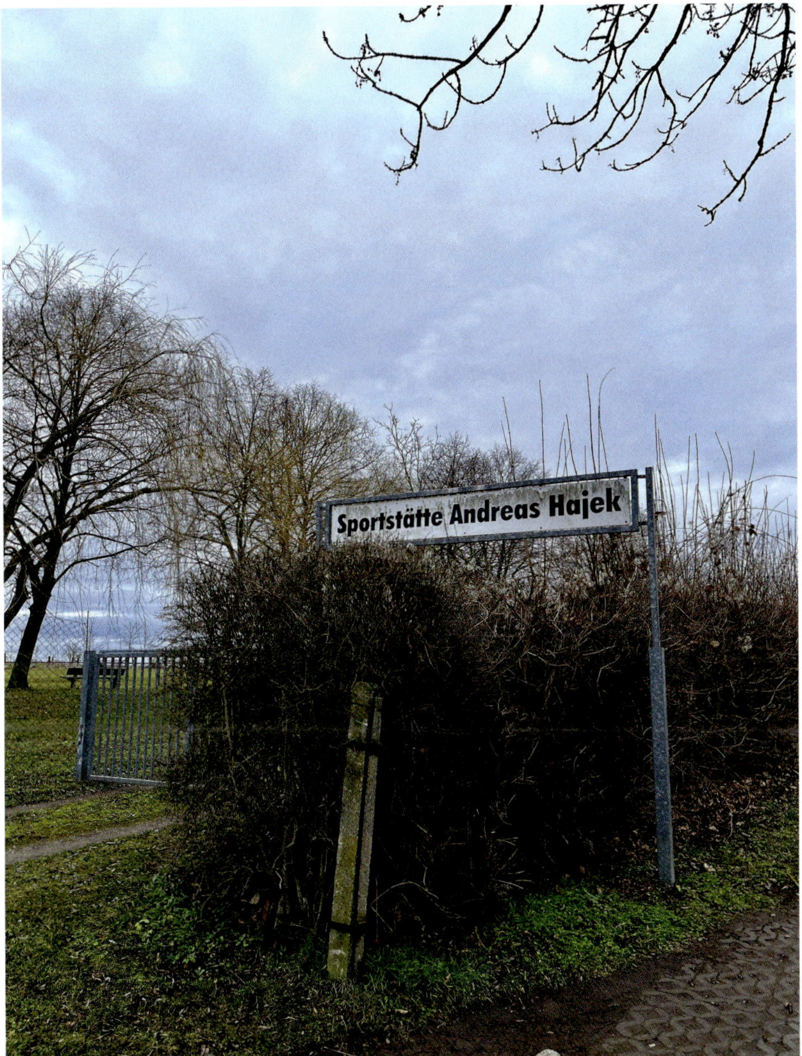

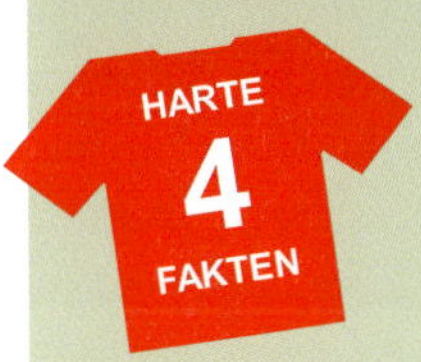

Adresse: Rodelbahn 14, 06667 Weißenfels OT Markwerben
Kapazität: 1.500
Vereinsfarben: Blau-Rot
Höchste Spielklasse: Landesliga Süd

Sportplatz am Röntgen

SV Rot-Weiß Weißenfels 1951 – „Uns“ Lothar

Queen Elisabeth II. war 1952 kaum ein halbes Jahr auf dem Thron, da trat ein junger Weißenfelser in den gerade von der BSG Stahl zu BSG Motor Weißenfels umbenannten Verein aus dem Norden der alten Residenz- und Industriestadt ein. Und so feierte der rüstige Rentner und Trainer der Altherren-Mannschaft Lothar Hanke im Jahr 2022 sein 70-jähriges Vereinsjubiläum. Unermüdlich stand Lothar da noch am Röntgenweg an der Seitenline und gab seiner Altherrenmannschaft Anweisungen und Motivationsschübe.

Dabei hatte „Uns“ Lothar knapp die Vereinsgründung 1951 verpasst, war aber rechtzeitig dabei, um 1955 die Einweihung des neuerbauten „Stadion der Metallarbeiter“ mitzuerleben. Über Jahre entwickelten sich die „Motoristen“ zum zweiterfolgreichsten Verein in Weißenfels, wo noch heute das frühbarocke Schloss Neu-Augustusburg als einer der Hauptsehenswürdigkeiten gilt.

Der Fußball am Röntgenweg stand zumeist im Schatten vom großen Rivalen BSG Fortschritt, doch der Aufstieg 1964 in die Bezirksklasse sorgte für regionales Aufsehen. Auch daran war Lothar Hanke als Spieler aktiv beteiligt. Viele Geschichten konnte der Sammler alter Zinnkrüge aus dem Vereinsleben, aber auch vom gesellschaftlichen Wandel erzählen. Zu DDR-Zeiten galt Weißenfels als die „Schuhstadt“ im Land der Werktätigen. 75 % aller in der DDR hergestellten Schuhe kamen hierher. Selbst Fußballschuhe wurden in der VEB „Kristiana“ in Weißenfels hergestellt. Mit oder ohne diese Schuhe erreichte der Bezirksklasse-Vertreter BSG Motor im Jahr 1987 das FDGB-Bezirkspokalendspiel gegen Liga-Aufsteiger Stahl Thale. Beim 0:8 war man jedoch chancenlos. Nach der „Wende“ wurde 1990 aus der BSG Motor der SV Rot-Weiß Weißenfels. Keine einfache Zeit für die Stadt und für den Verein. Der Verein hat heute 11 Mannschaften im Ligabetrieb. Lothar hat mit seiner Leidenschaft für die Rot-Weißen die Queen überlebt und ist erst vor kurzem verstorben. Ruhe im rot-weißen Frieden, Lothar. Ein Kronjuwel, stellvertretend für viele im Ehrenamt Fußball.

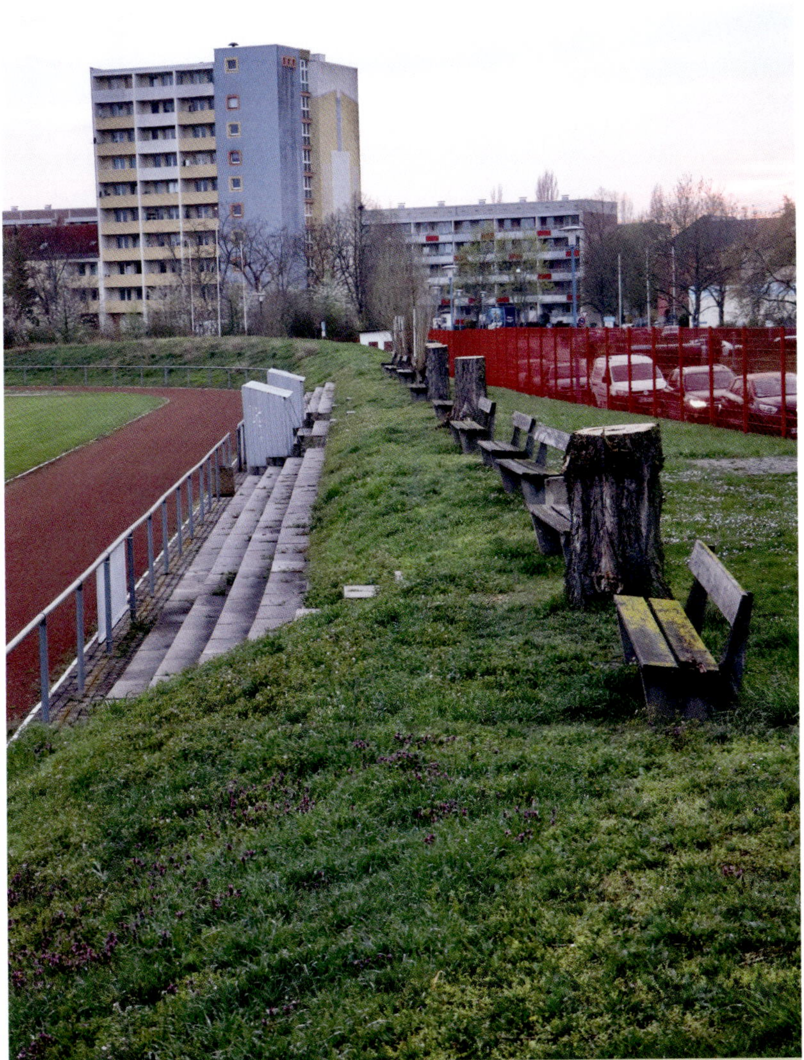

HARTE 4 FAKTEN

Adresse: Sportplatz Röntgenweg 9, 0667 Weißenfels
Bekannteste Spieler: Marcel Schied und Rolf-Dieter Kahnt
Erfolge: Landesligaaufstieg 2019
Stadtsportrivale: MBC (1. Basketball-Bundesliga)

Stadtstadion

Oberligaspiele in der ehemaligen Radrennbahn

Der Vorgängerverein, die Turn- und Rasensportvereinigung 1861, die 1920 durch den Zusammenschluss vom FC Preußen und dem TV Lion entstand, spielte erfolgreich in der Gauliga Saale-Elster bis zu deren Auflösung 1933. Die beiden Meisterschaften 1925/26 und 1932/33 berechtigten zur Teilnahme an den Endrunden zur Mitteldeutschen Fußballmeisterschaft.

Gespielt wurde seit 1929 in der Karl-Göring-Kampfbahn, einer umgebauten Radrennbahn, die 20.000 Zuschauer fasste. Während die Fußballer nach dem II. Weltkrieg in der Landesklasse Sachsen-Anhalt kickten, konnten die Feldhandballer des Vereins 1948 im Finale vor 40.000 Zuschauern im Probstheidaer Stadion die Ostzonenmeisterschaft erringen. Es war das Vorspiel für das Endspiel der Fußballer zwischen Freiimfelde und Planitz unter der Leitung des Weißenfelser Schiedsrichters Kurt Liebschner.

Mit der finanzstarken Schuhindustrie im Rücken gelang es dem mittlerweile in BSG Schuhmetro Weißenfels umbenannten Verein, sich für die DDR-Liga 1950/51 zu qualifizieren, dem Unterbau zur DDR-Oberliga. Nach erstklassigen Platzierungen in den folgenden Spielzeiten glückte fünf Jahre später als SC Fortschritt Weißenfels der Aufstieg ins Oberhaus. Von 1955 bis 1960 konnte die Liga gehalten werden. Einen großen Anteil daran hatte auch der einzige Fußballnationalspieler Weißenfels‘ Alfred Reinhardt, der in 117 Spielen 28 Tore erzielte. Bis zu 15.000 Zuschauer pilgerten zu den Spielen in das in Otto-Müller-Kampfbahn umbenannte Fußballstadion. Die Höhepunkte zu jener Zeit waren das Freundschaftsspiel am Karfreitag 1956 gegen Borussia Neunkirchen, welches vor 15.000 Zuschauern 0:1 verloren wurde und das Viertelfinale des FDGB-Pokals 1959, als man Motor Zwickau vor 5.000 Zuschauern ebenfalls 0:1 unterlag.

Trotz der Rückstufung vom Sportclub zur Betriebssportgemeinschaft nach dem Abstieg spielte Fortschritt insgesamt noch 8 Spielzeiten in der zweitklassigen DDR-Liga. Als SC bzw. 1. FC Weißenfels trat man von 1990 bis 1998 in der Verbandsliga Sachsen-Anhalt an. Ein Jahr nach der Fusion mit dem SC Uichteritz-Markwerben Weißenfels zum SSC Weißenfels stiegen die Schuhstädter 2019 erneut in die Verbandsliga auf.

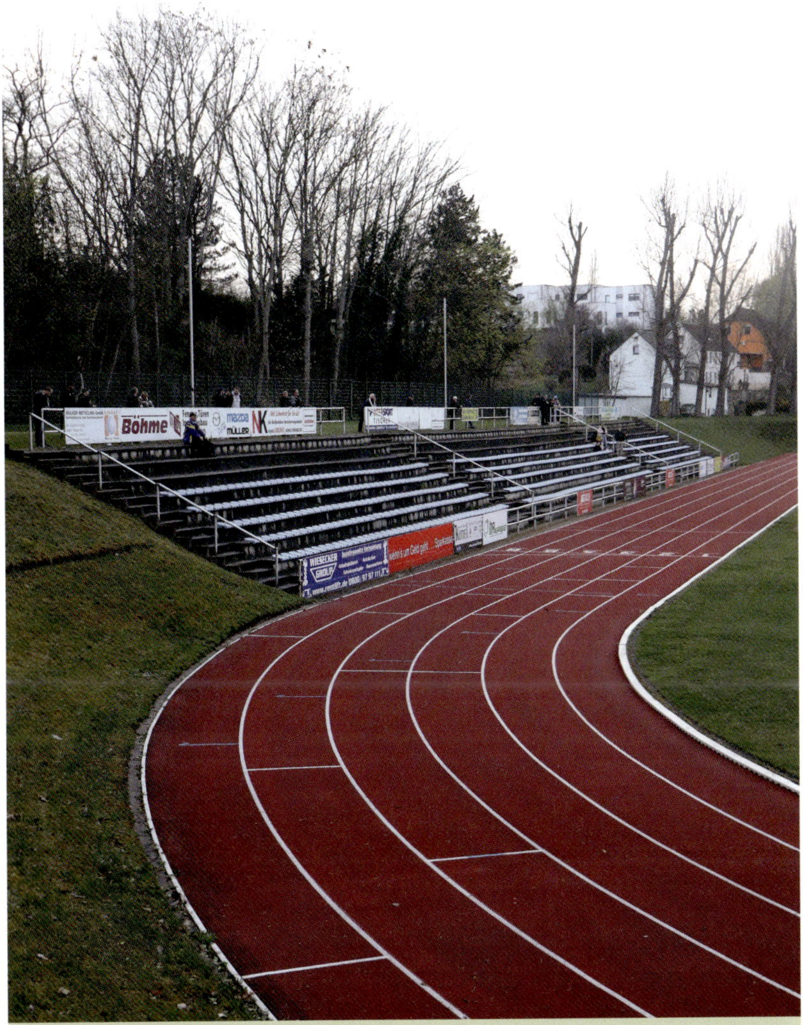

HARTE 4 FAKTEN

Landkreis: Burgenlandkreis
Adresse: Beuditzstraße 69, 06667 Weißenfels
Ewige Tabelle DDR-Oberliga: 26. Platz
Ewige Tabelle DDR-Liga: 39. Platz

Mannsberg-Stadion

FC Einheit Wernigerode

Hasserode, der Stadtteil von Wernigerode, ist nicht nur die Geburtsstätte der Hasseröder Brauerei, eine der beliebtesten Biermarken Ostdeutschlands, sondern auch die Heimat der Fußballer vom FC Einheit Wernigerode. Eine Haltestelle der hauptsächlich dampfbetriebenen Harzer Schmalspurbahn auf ihrem Weg zum Brocken liegt in unmittelbarer Nähe der Sportstätte.

Erst 1975 begann die überregionale Erfolgsgeschichte der BSG Einheit mit dem Aufstieg in die zweitklassige DDR-Liga, die zur damaligen Zeit aus fünf Staffeln bestand. Die erste Saison 1975/76 wurde mit einem hervorragenden 6. Platz beendet. Nach dem Saisonende wurden alle Zweitvertretungen der Oberligamannschaften in der DDR-Liga aufgelöst und der neugegründeten Nachwuchsoberliga zugeordnet. Vom HFC II wechselten drei Spieler nach Wernigerode, unter ihnen auch der ehemalige Juniorennationalspieler Ulrich Deparade. Der prominenteste Neuzugang war jedoch Hans-Bert Matoul, ein ehemaliger Nationalspieler, der in der Nachbargemeinde bei der BSG Traktor Langeln kickte, weil er die dortige elterliche Bäckerei übernommen hatte. Am Ende der Saison 1976/77 wurde Einheit Dritter in der Staffel C. Nach dem Abstieg 1980 beendete Matoul zwar seine Spielerkarriere, doch als Trainer führte er Wernigerode nur ein Jahr später zurück in die DDR-Liga.

Nach der Wiedervereinigung wurde der FC Einheit in die höchste Spielklasse Sachsen-Anhalts eingegliedert und feierte 1991/92 den Landesmeistertitel. In der Oberliga Nordost war der Club von 1992 bis 1996 vertreten.

Ab 2015 wurde das in die Jahre gekommene Stadion saniert. Erst bekam der Trainingsplatz einen Kunstrasen. Auch der Rasenplatz und die Stehtraversen bekamen eine Verjüngungskur. Die alte Tribüne musste aber leider weichen. Das Schmuckstück der Anlage ist nun das moderne Funktionsgebäude.

2021 folgte die Rückkehr in die Oberliga Nordost. Einer Sensation glich der 2:1-Sieg im Landespokal-Halbfinale am 26. März 2022 über den favorisierten Drittligisten HFC vor 2.000 Zuschauern. Trotz des verlorenen Finals gegen den 1. FC Magdeburg qualifizierte sich der FCE für den DFB-Pokal 2022/23. Dieses Kunststück gelang auch 2023/24.

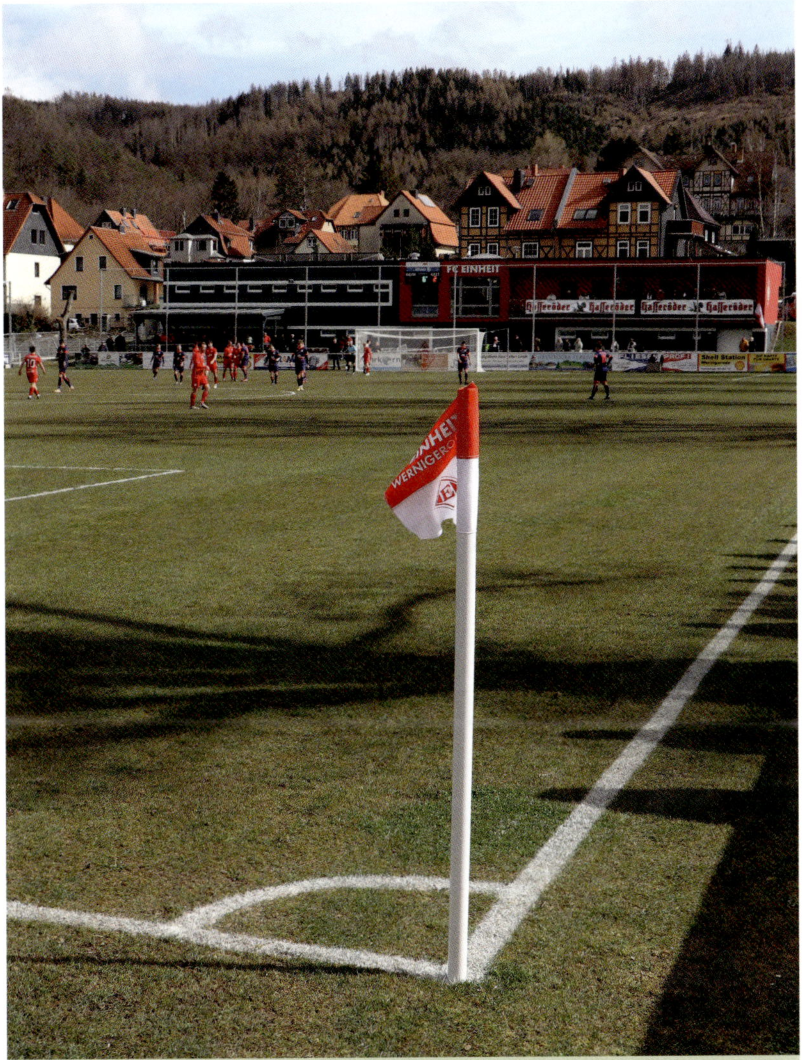

HARTE 4 FAKTEN

Landkreis: Harz
Adresse: Amtsfeldstraße 21, 38855 Wernigerode
Fassungsvermögen: 2.000
Ehemaliger Jugendspieler: Nils Petersen (zuletzt SC Freiburg)

Stadion im Sportforum Kohlgarten

Germania Wernigerode – Wir sind wieder da!

Der Fußballverein wurde im Jahr 1916 als FC Germania 1916 Wernigerode gegründet und fusionierte 1933 mit dem ältesten Fußballverein der Stadt, dem FC Viktoria 1910 Wernigerode, zum VfL Germania 1910 Wernigerode. Auf dem Sportgelände am Kohlgarten ist der Verein seit 1926 heimisch. Ende der 1960er-Jahre war der Verein, der mittlerweile den Namen BSG Motor Wernigerode trug, nur noch die Nummer zwei in der Stadt hinter der BSG Einheit und stellte sogar von 1975 bis 1979 keine Herrenmannschaften. In der Saison 1989/90 wurde man Vizemeister der Bezirksliga Magdeburg und qualifizierte sich für die neu geschaffene Landesliga Sachsen-Anhalt. Auch dort wurde der in Wernigeröder SV Rot-Weiß umbenannte Verein in den ersten beiden Spielzeiten jeweils Zweiter und verpasste somit den Aufstieg in die Oberliga. In den Pokalwettbewerben war die Mannschaft erfolgreicher.

Die zwei Erfolge im Bezirkspokal Magdeburg 1989 und 1990 sicherten die Teilnahme am FDGB-Pokal und Duelle gegen den Chemnitzer FC, Wismut Aue und den BFC Dynamo. Zum Spiel gegen den DDR-Rekordmeister am 30. September 1989 fanden sich 7.100 Zuschauer am Kohlgarten ein. In der ersten Austragung des Landespokals in Sachsen-Anhalt gewann der Wernigeröder SV gegen den SV Merseburg 99 am 1. Juni 1991 vor nur 800 Zuschauern in Bernburg mit 3:2 n.V. Das bedeutete die Qualifikation für den DFB-Pokal 1991/92 und in der zweiten Hauptrunde wurde der Vorjahresfinalist 1. FC Köln zugelost. Am 17. August 1991 verlor man vor 11.300 Zuschauern gegen das Team um Pierre Littbarski achtbar mit 0:4.

Danach sorgten vereinspolitische Entscheidungen für jahrelanges Chaos. Erst lösten sich die Fußballer aus dem Hauptverein heraus und gründeten den SV Germania 1916 Wernigerode, um später mit dem FC Einheit Wernigerode zum 1. FC Wernigerode zu fusionieren. Doch was als Bündelung der Kräfte gedacht war, endete mit Grabenkämpfen und einem finanziellen Desaster, sodass nach Ende der Saison 2001/02 Insolvenz angemeldet werden musste. Der Verein wurde sofort als Germania Wernigerode neu gegründet und hat sich 20 Jahre später von der Kreisliga bis in die Landesliga zurückgekämpft.

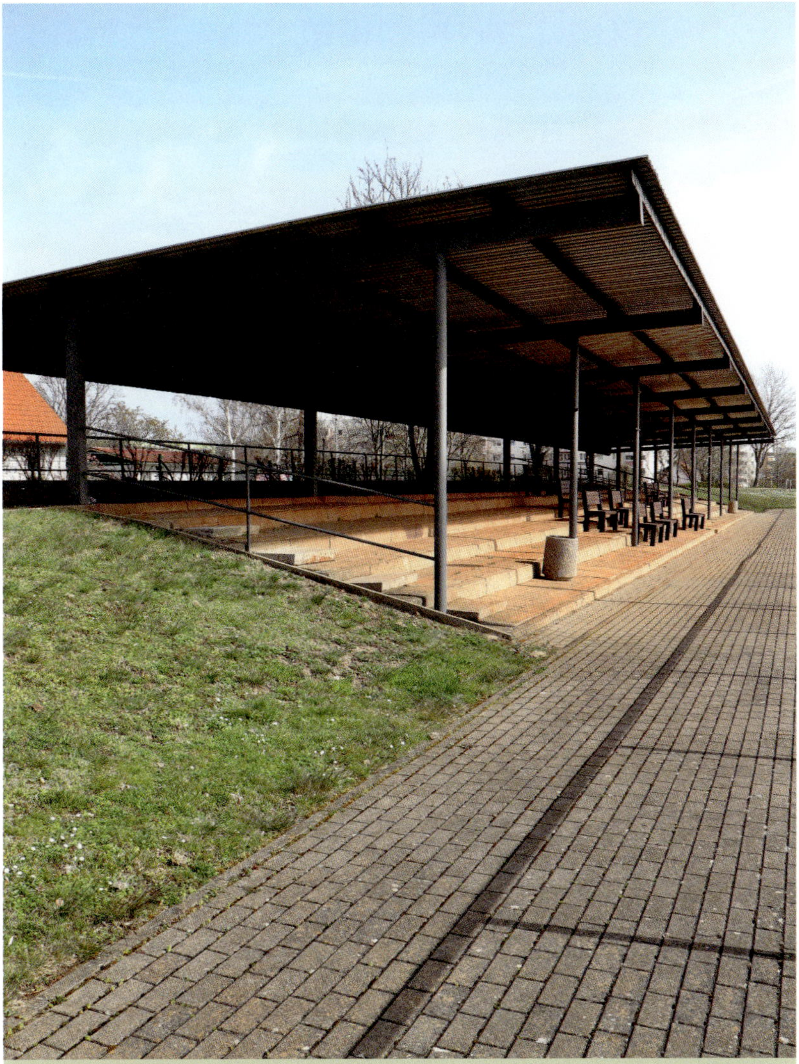

HARTE 4 FAKTEN

Adresse: Kohlgartenstraße 1, 38855 Wernigerode

Zuschauerkapazität: 5.000

Website: www.germania-wernigerode.de

Kurioses: Im Spätsommer 2021 zerstörten Engerlinge, die Larven des Junikäfers, die Rasenfläche.

Arthur-Lambert-Stadion

FC Victoria Wittenberg – Auf Reformkurs

Unweit des historischen Zentrums der Lutherstadt Wittenberg, nahe der einstigen Wirkungsstätte des Reformators und „Thesenschlägers" Martin Luther und seines Begleiters Philipp Melanchthon, liegt das Arthur-Lambert-Stadion. Der Namensgeber dieses offenen Rundes selbst war in den 1930er-Jahren Leichtathletik-Reichstrainer für Mittel- und Langstreckenlauf und somit betreute er auch die deutschen Athleten bei den Olympischen Sommerspielen 1936 in Berlin. Das Stadion wurde erst 1993 nach dem gebürtigen Wittenberger benannt. Es ist die sportliche Heimat der TSG Wittenberg und seit ein paar Jahren auch der Fußballer vom FC Victoria 2014. Der Name Victoria entstand in Anlehnung an den bereits 1907 gegründeten Vorgängerverein Viktoria 07, welcher aber mit „k" geschrieben wurde.

Beispiellos ist die sportliche Entwicklung von Victoria seit 2014 allemal, die den Verein im Männerbereich von der Gründung von unten bis in die Landesklasse führte. Zu erwähnen ist auch die Vereinsarbeit für die Gesellschaft, speziell für die Jugend. 2021 würdigte der Deutschen Fußball-Bund insbesondere die vorbildliche Integrationsarbeit des Vereins mit dem renommierten Julius-Hirsch-Preis. Unter dem Kodex „Respekt-Loyalität-Teamgeist-Disziplin und Leidenschaft" spielen hier am Stadtrand zwischen Elbe und Altstadt acht Mannschaften.

Das ist vom Prinzip her schon „großer Sport", aber es gab auf der gepflegten Anlage auch zusätzliche Weihen „von ganz oben". Im Jahr 2017 weilte eine Auswahl des Vatikans zum Reformationsjubiläum in der Stadt und spielte im Arthur-Lambert-Stadion gegen eine Auswahl Wittenbergs, die von keinem geringeren als dem letzten DDR-Auswahltrainer Eduard Geyer trainiert wurde. Dieses Benefizspiel unter dem Motto „Luther gegen Papst" besuchten 1.000 Zuschauer, die sich für das göttliche Spiel „Fußball" interessierten. Es blieb „Team Luther" vorbehalten, nach den 99 Thesen im Jahr 1517 der katholischen Kirche zwei Tore in der „Nachspielzeit" einzuschenken. Das Endergebnis lautete 2:0 für das Heimteam gegen das Vatikan-Team und so konnte wieder „Team Luther" die Schlagzeilen vom großen Sieg an die Schlosskirche schlagen. Ein ewig junges Duell – Rückspiel garantiert!

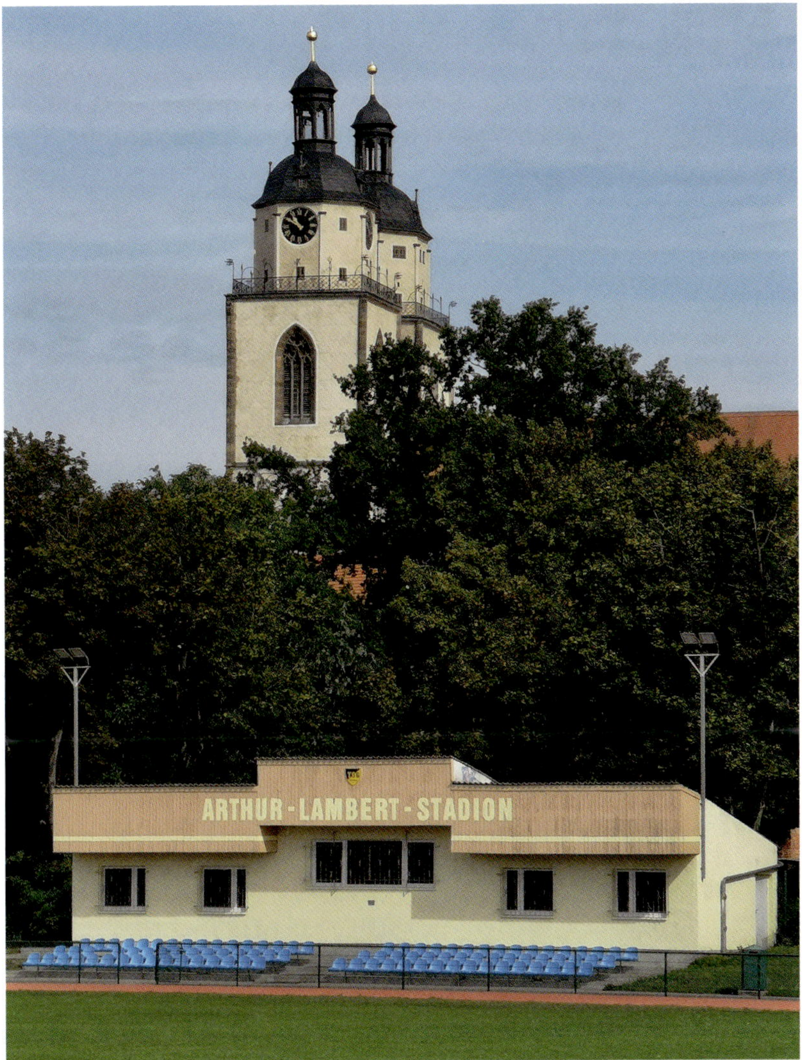

HARTE 4 FAKTEN

Adresse: Wallstraße 20,
06886 Lutherstadt Wittenberg

Kapazität: 5.000, davon 120 Schalensitze

Andere Höhepunkte: Schlosskirche und die 99 Thesen

Feste: Luthers Hochzeit (einmal im Jahr)

Lutherstadt Wittenberg 094

Stadion im Volkspark

Hoch hinauf und tief gefallen

Der Fußball ist im Wittenberger Stadtteil Piesteritz im 4.000 Zuschauer fassenden Volkspark zu Hause, direkt angrenzend an das 1915 gegründete große Stickstoffwerk. Vier Jahre später wird von zugewanderten Arbeitern der 1. FC Wacker Piesteritz ins Leben gerufen. 1924 fusionierte Wacker mit dem TSV Piesteritz unter dem Namen VfR. Die Nationalsozialisten führten mehrere Wittenberger Vereine zur Turn- und Sportbewegung (TSB) zusammen. Sie stieg 1938 in die Bezirksliga auf, immerhin die zweithöchste Spielklasse jener Zeit. 1945 verfügten die Alliierten die Auflösung der TSB.

Mit der Einführung von Betriebssportgemeinschaften gründet das Stickstoffwerk 1949 die BSG Chemie Piesteritz, die 1952 dem Spielbetrieb der Bezirksliga Halle zugeordnet wird. Hier hält man sich sportlich wacker. In der Saison 1979/1980 wird mit einem zweiten Platz die beste Platzierung jener Zeit erreicht. Größter Erfolg war 1976 der Gewinn des Fußballpokals des Bezirkes Halle in Köthen. Damit verbunden war die Qualifikation zum FDGB-Pokal, wo man erst nach großem Kampf dem DDR-Ligisten TSG Gröditz unterliegt.

Nach der Wiedervereinigung erfolgte erst die Umbenennung in SV Grün-Weiß-Piesteritz. 2001 scheidet die Fußballabteilung aus dem Gesamtverein aus und nimmt dann als FC Grün-Weiß Piesteritz am Spielbetrieb teil. Was nach der „Wende“ in der Landesliga begann, mündete 1997 im Aufstieg in die Verbandsliga. Da die Ambitionen in all den Jahren wuchsen, wurden mit dem renommierten Trainer Uwe Ferl höhere Ziele anvisiert und mit dem Aufstieg in die Oberliga Nordost 2011 auch erreicht. Zeitgleich schafften es die Piesteritzer sogar bis ins Landespokalendspiel, wo man dem HFC achtbar unterlag.

Nach drei Jahren war die Klasse sportlich und finanziell nicht mehr zu halten und es erfolgte über Jahre der sportliche Niedergang bis in die Landesliga Mitte. Dort versuchen die Mitstreiter um Präsident Achim Golly, die Bodenbildung nach unten zu bekommen, um auch die vorbildliche Jugendarbeit im Verein zu stützen und wieder an die Erfolge längst vergangener Tage in Piesteritz anzuknüpfen.

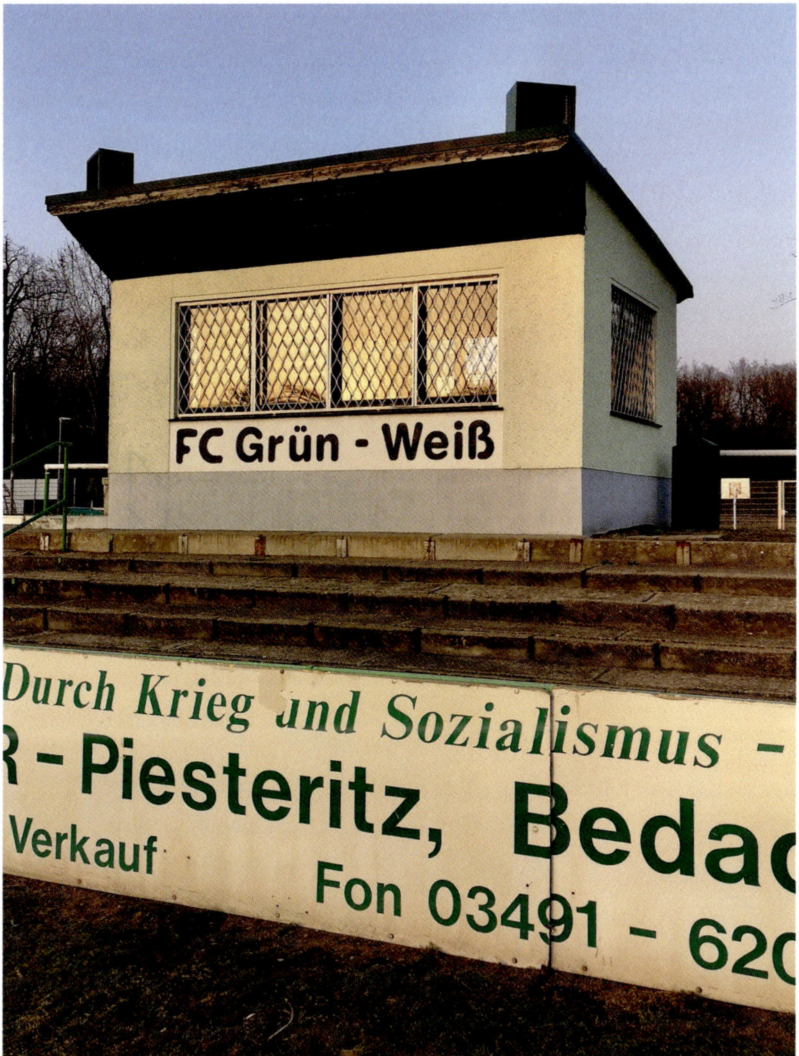

HARTE 4 FAKTEN

Adresse: Stadion im Volkspark,
06886 Lutherstadt Wittenberg OT Piesteritz

„Big" Gegner: Bayern München, Arminia Bielefeld, Hertha BSC, Borussia Mönchengladbach

Bekannteste Spieler und Trainer: Wolfgang Lischke, Uwe Ferl

Zuschauerrekord: 6.100 beim 3:7 gegen Bayern München, 2004

Sportanlage am Eisenhart

SV Grün-Weiß Wörlitz – Idylle am Gartenreich

Neben dem Park, der seinesgleichen in Deutschland sucht, liegt der Fußballplatz in Wörlitz. Der sehenswerte Landschaftsgarten nach englischem Vorbild, heute UNESCO-Welterbestätte, war schon da, als 1863 der neue „Nachbar" MTV Wörlitz gegründet wurde, der 1898 zum „Frisch auf" wurde. Von einer Million Besuchern, die der Park jährlich anzieht, können die Wörlitzer Fußballer heute nur träumen, doch sichert die Infrastruktur der Parkanlage dem Verein SV Grün-Weiß Wörlitz ein gutes Miteinander.

Zu DDR-Zeiten liefen die Mannschaften unter dem Namen SG Traktor Wörlitz auf, bevor nach der „Wende" die Umbenennung in SV Grün-Weiß Wörlitz erfolgte. 21 Jahre später im Jahr 2011 machten personelle und wirtschaftliche Zwänge einen Zusammenschluss der Fußballabteilungen mit Hellas 09 Oranienbaum nötig. Doch irgendwie wurden die Partner nicht glücklich miteinander, sodass es 2015 wieder zur Trennung kam. Bemerkenswertes am Rande: Wer bei YouTube „Meistersong Grün Weiß ..." eingibt, wird belohnt mit den Ohrwürmern aus dem Jahr 2004 und 2016 zu den Aufstiegen bis in die Landesklasse.

Medial ist der Verein sehr aktiv. 2016 und 2018 gewann der Verein auf der Ebene Sachsen-Anhalt den Sky-Wettbewerb „Spiel deines Lebens" und 2017 zeichnete Fupa.net das Team zur „Mannschaft des Jahres" in Sachsen-Anhalt aus. Selbst der MDR übertrug das Derby gegen Gräfenhainichen vor mehreren hundert Zuschauern als „Spiel der Woche" 2018 live.

Im selben Jahr erhielt der Klub von der EU Gelder, um in die Sanierung der Sportanlange, neue Barrieren und die Installierung einer neuen Flutlichtanlage zu investieren. Gut angelegtes Geld, wie die Besucher des Sportplatzes, aber auch des Parks von außen sehen können. Da lässt es sich verschmerzen, dass man nach dem Zwischenhoch in der Landesklasse wieder in der Kreisoberliga Wittenberg gegen den Ball kickt. Und als auswärtiger Zuschauer sollte man ohnehin unbedingt ausreichend Zeit zur Besichtigung der großartigen Parkanlage mitbringen, welche zu jeder Jahreszeit reizvoll ist.

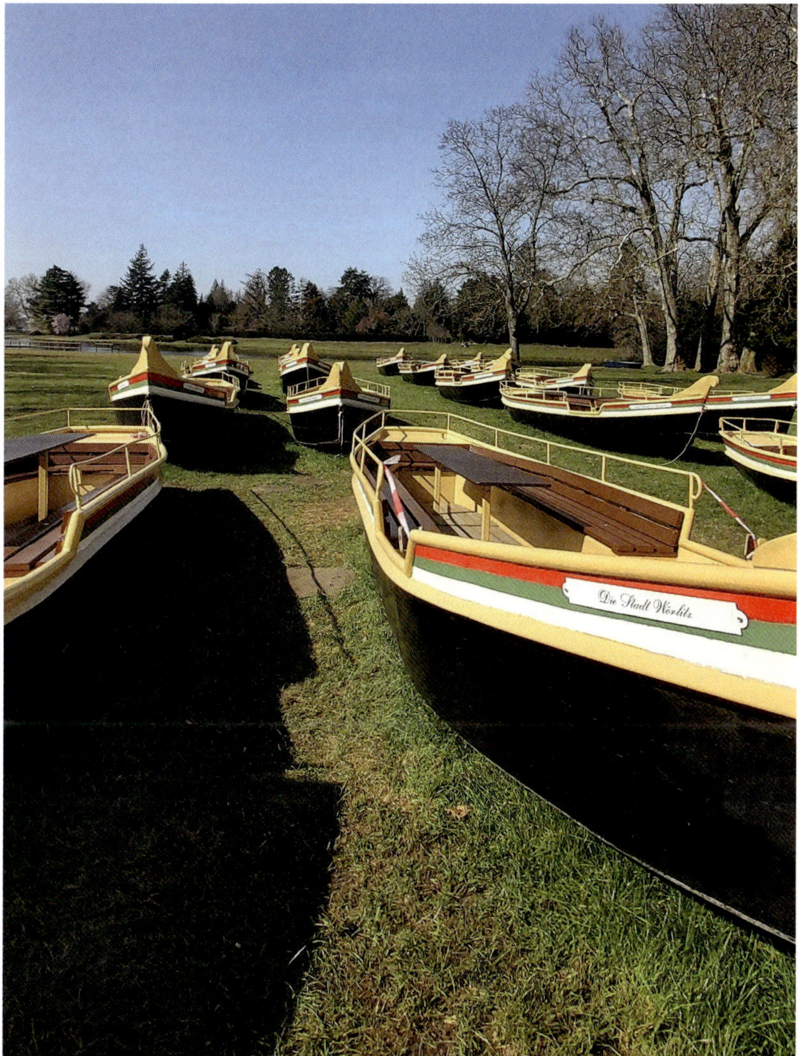

HARTE 4 FAKTEN

Adresse: Neuer Wall 11, 06785 Oranienbaum-Wörlitz
Kapazität: ca. 1.000
Einwohner Wörlitz: ca. 1.430
Besucherzahlen UNESCO-Welterbe: jährlich rund eine Million

Ernst-Thälmann-Stadion

Auferstanden aus den (Flut-)Ruinen

Platz 33 in der ewigen DDR-Oberligatabelle sagt wenig aus über die Zeitzer Fußballgeschichte. Der 1. FC Zeitz wird 1910 unter dem Namen Sportvereinigung Zeitz gegründet und spielt sportlich zunächst keine große Rolle. 1940 gelingt der Aufstieg in die höchste Klasse „Gauliga Mitte" und 1941 erreichen die Zeitzer überraschend die vierte Runde im Tschammer-Pokal, wo man bei Werder Bremen verliert. Kriegsbedingt endet der Spielbetrieb 1943.

Nach dem II. Weltkrieg erfolgt die Neugründung als SG Zeitz bzw. ab 1950 als BSG Chemie Zeitz. Nach vielen Jahren in der DDR-Liga steigen die Zeitzer „Chemiker" 1958 in die Oberliga auf, wo sie sich zwei Jahre tummeln und mit Bernd Bauchspieß jeweils den Torschützenkönig stellen. Unbestrittener Höhepunkt ist das Erreichen des FDGB-Pokalendspieles 1963, das im benachbarten Altenburg gegen Motor Zwickau vor 20.000 Zuschauern mit 0:3 verloren wird. Unzählige Busse säumen die Straßen von Zeitz in die alte Skatstadt Altenburg, um Zeitzer Fans ans Ziel der Pokalträume zu bringen. Am Ende nützt die starke Unterstützung zwar nichts, doch es bleibt die große Anerkennung.

Gespielt wird seit 1962 im Ernst-Thälmann-Stadion, dem ersten sozialistischen Sportforum im Bezirk Halle. Mit dem Oberligaaufstieg war der bisherige Platz Tiergarten zu klein geworden. Die Umbauarbeiten verzögerten sich, so erlebt das Stadion bei der Stadionweihe 1962 schon keinen Oberligafußball mehr. Die „Wendezeit" bringt auch für den Zeitzer Fußball eine Zäsur. Der Verein wird 1994 in den 1. FC Zeitz unbenannt und spielt zunächst in der Landesliga. 1996 gelingt der Truppe der Aufstieg in die Verbandsliga, der höchsten Klasse des Landes. Es scheint aufwärts in Zeitz zu gehen. Doch der Schein trügt, nach vier Jahren mit rassigen Derbys gegen die benachbarten Weißenfelser steigen die Zeitzer ab. 2013 kommt es noch schlimmer. Als die nahe Weiße Elster im Sommer über das Ufer tritt, bleibt vom Vereinsgelände des 1. FC Zeitz nicht viel übrig. Doch die 14 Millionen Euro Flutmittelhilfe kommen in Zeitz gut an, retten den Verein und „Auferstanden aus (Flut-)Ruinen" kann hier jeder mitsingen.

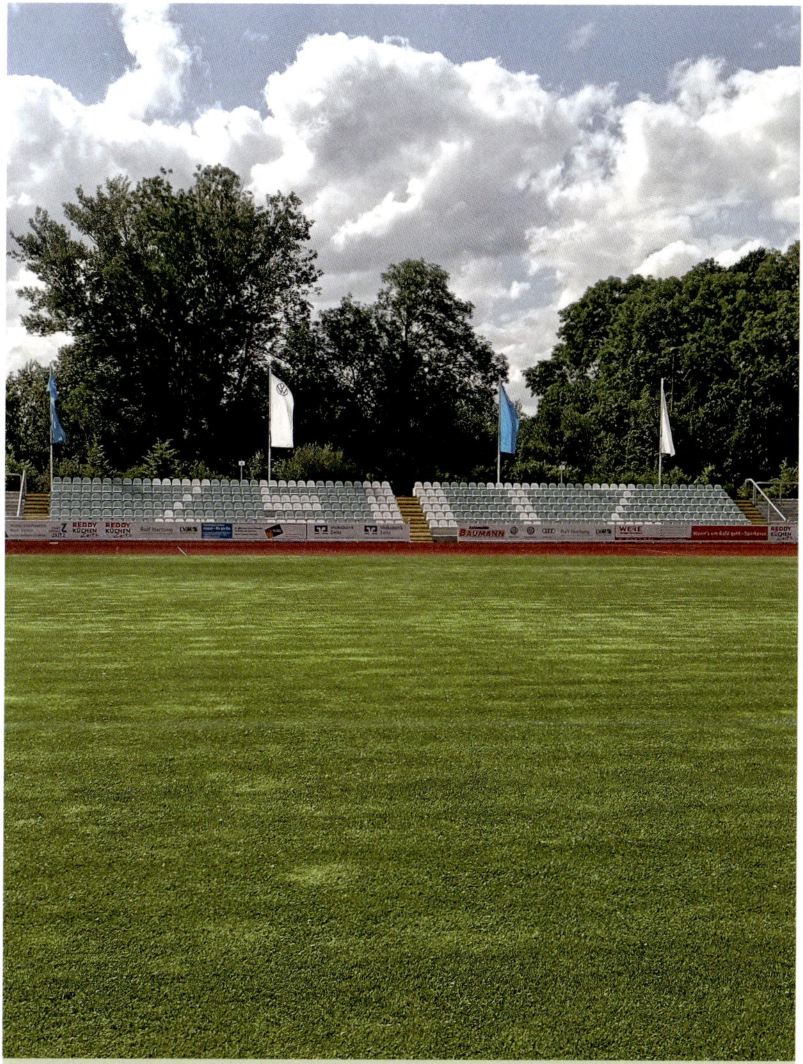

HARTE 4 FAKTEN

Adresse: Tiergartenstraße 1, 06723 Zeitz

Kapazität: 20.000 (alt); 5.000 (neu)

Eröffnung und Neueröffnung: Dozsa-Auswahl (1962), Dynamo Dresden (2019)

Vereinslegende: Bernd Bauchspieß (1 A-Länderspiel und Bronzemedaille in Tokio 1964)

Zeitzer Fußballmuseum

Grün-Weißes Fußballwunder in Persona

Zeitz, die knapp 39.000 Einwohner zählende Stadt, beherbergt ein kleines Fußball-Juwel mit ganz viel Tradition und grün-weißem Herz. In der 4-Zimmer-Wohnung von Oliver Tille türmen sich bis unter die Decke Zeugnisse der Zeitzer Fußballgeschichte. Von Trikots, Anstecknadeln über Programme und Bilder bis hin zu Vereinsausweisen ist hier alles zu finden, was den Traum vom eigenen Fußballmuseum auf dem Gelände des Ernst-Thälmann-Stadions fortleben lässt. Dieser Traum soll bald in die Tat umgesetzt werden. Was fehlt, ist noch die passende Örtlichkeit, aber „Oli", der Zeitzer Archivar und grandiose Kenner der Fußballhistorie in der ehemaligen Fußballhochburg, ist sich sicher: „Es wird kommen".

Bis dahin empfängt Oliver die interessierten Gäste in seinen eigenen Wänden, zeigt und erzählt viele Geschichten aus dem über 110-jährigen Zeitzer Fußballgeschehen. Darunter dürfen Höhepunkte wie zwei Spielzeiten im Fußballoberhaus der DDR oder die Teilnahme am DDR-Pokalfinale nicht fehlen. Magische Momente für Zeitz. Oliver Tille ist aber nicht nur Archivar und Museologe des Vereins, sondern übt als Ehrenrat darüber hinaus noch andere wichtige Funktionen beim 1. FC Zeitz aus. Ein positiv Verrückter, der alle Fragen um die Grün-Weißen beantworten kann. Vor Jahren dufte Oliver sein Museumsprojekt für zwei Wochen der breiten Öffentlichkeit in Zeitz präsentieren und stieß auf reges Interesse in der Bevölkerung. 700 Gäste zählte er am Ende und etliche ehemalige Spieler waren beim Anblick der mit viel Hingabe gepflegten Zeitdokumentation den Tränen nah, blickten sie doch auf ihre eigene Geschichte.

Oliver investiert viel Liebe, Geld und Zeit in sein Spezialgebiet und hofft, so letztendlich auch seinem Verein zur neuen Blüte verhelfen zu können. Denn nur mit gelebter Tradition lässt sich die Brücke von der Vergangenheit zur Gegenwart schließen und dem ist nichts hinzuzufügen.

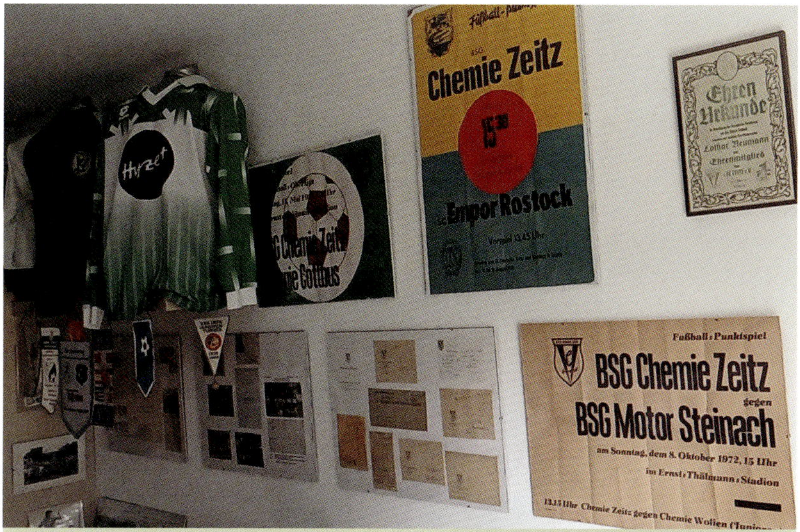

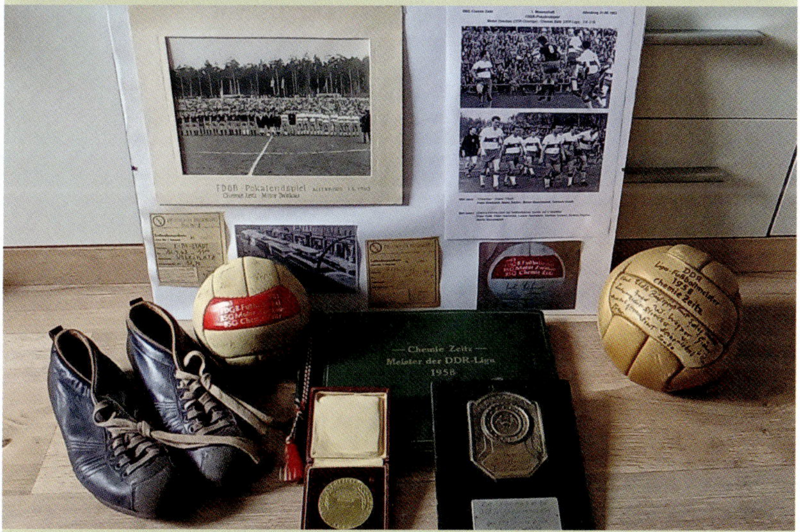

HARTE 4 FAKTEN

Adresse: Oliver Tille, D.-Bonhoeffer Straße 72, 06712 Zeitz

Kontakt: 01 73 - 3 71 39 26 oder oliver-tille@web.de

Webseite: www.facebook.com/zzfussballmuseum

Schätze: Original Trikot Oberliga 1960, Ausweise aus den 1930ern u.v.m.

Friedrich-Ludwig-Jahn-Stadion

120 Jahre Fußball im anhaltischen Zerbst

Zu Beginn des letzten Jahrhunderts duellierten sich der SV Viktoria 03 Zerbst und der 1. Zerbster Fußballclub 1900 um die Vorherrschaft in der ehemaligen Residenzstadt des Fürstentums Anhalt-Zerbst. Einmal im Jahr fand auf dem Heidetorplatz ein Vergleichswettkampf zwischen diesen beiden Vereinen statt. In der Gauliga Anhalt waren die Rollen dagegen klar verteilt: Der 1. ZFC fand sich zumeist am Tabellenende wieder, während der SV Viktoria 03 mit Köthen und Bernburg um den Titel spielte und diesen zwischen 1909 und 1933 insgesamt vier Mal gewinnen konnte. In der letzten Ausgabe der Mitteldeutschen Fußballmeisterschaft 1932/33 traf die Viktoria im Stadion am Ostragehege vor 6.000 Zuschauern auf den gastgebenden Dresdner SC um den 25-fachen Nationalspieler Richard Hofmann und verlor das Achtelfinale mit 1:8 gegen den späteren Titelträger.

Jahrzehntelang war der SV Viktoria 03 auf der Suche nach einem eigenen Sportplatz. Seit dem Jahr 1912 hatte der Verein immer wieder Anteilsscheine im Wert von 5 bis zu 25 Mark an Mitglieder und Förderer ausgegeben, um Eigenkapital zu generieren. 1926 konnte dann das heutige Sportgelände am Anger ausschließlich mit eigenen finanziellen Mitteln erworben werden.

1933 bis 1934 wurden im Rahmen von staatlichen Arbeitsprogrammen das Stadion und das benachbarte Loeperbad als Ausweichwettkampfstätten für die Olympischen Spiele 1936 in Berlin errichtet. Die beiden konkurrierenden Zerbster Vereine schlossen sich aus Mangel an Spielern 1944 zu einer Kriegsspielgemeinschaft zusammen, bevor der Spielbetrieb gänzlich zum Erliegen kam und beide Clubs aufgelöst wurden.

Die neugegründete BSG Einheit Zerbst wurde 1950/51 Bezirksmeister und stieg in die Landesklasse Sachsen-Anhalt auf. Wegen der Verwaltungsreform wurde 1952 die Landesklasse aufgelöst und die Bezirksligen Halle und Magdeburg geschaffen, was den Abstieg für Zerbst bedeutete. Bis zur „Wende" spielte der Verein nur auf Bezirksebene und danach unter dem neuen Namen TSV Rot-Weiß Zerbst niemals höher als in der Landesliga. Dagegen sammelten die 1999 aus dem Verein ausgegliederten Kegler vom SKV Rot-Weiß bisher 17 Deutsche Meisterschaften und 11 Weltpokalsiege!

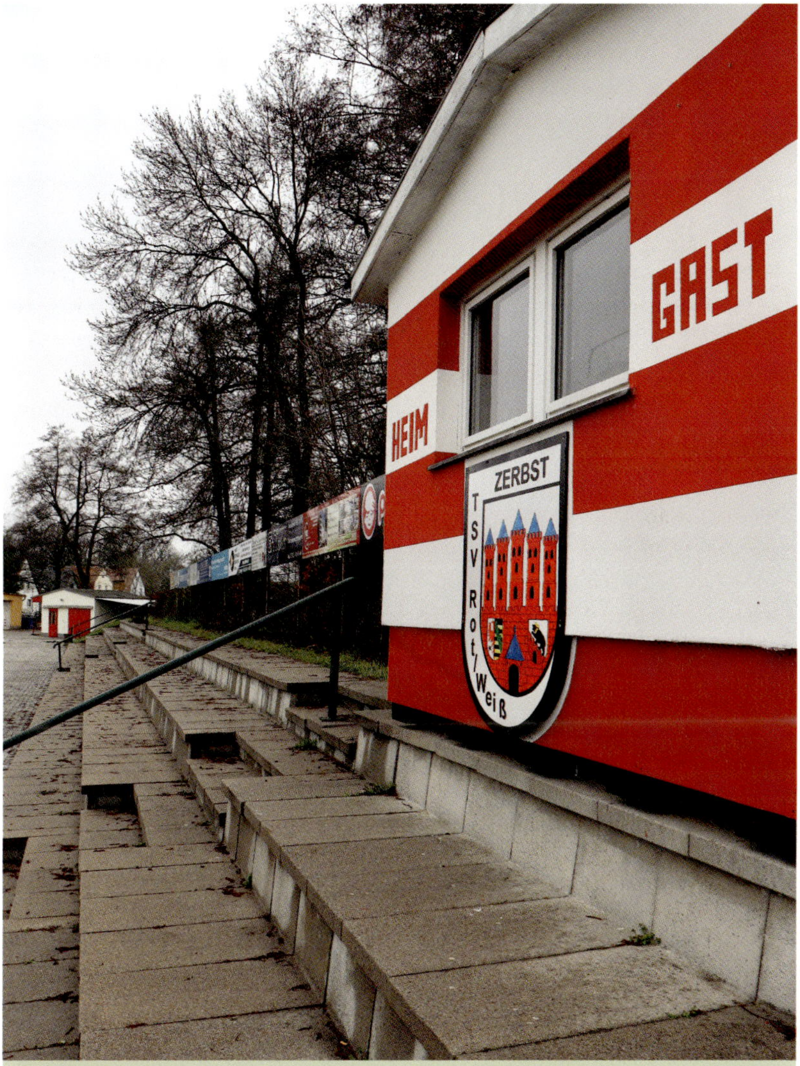

HARTE 4 FAKTEN

Landkreis: Anhalt-Bitterfeld

Adresse: Am Anger 2, 39261 Zerbst / Anhalt

Zuschauerkapazität: 4.000

Wiedereröffnung nach Sanierung: 12. 9. 2021

Sportplatz Zorbau

SV Blau-Weiß Zorbau

Durch die Autobahn A9 von Weißenfels getrennt, gehört der Ortsteil Zorbau bereits zur Stadt Lützen. Lützen ist wiederum bekannt, weil im Ortsteil Röcken der deutsche Philosoph Friedrich Nietzsche geboren wurde und begraben liegt. Als Nietzsche im Jahr 1900 starb, war der Turn- und Sportverein in Zorbau bereits sechs Jahre alt, allerdings noch ohne jeden Fußballbezug. Das Turnen stand da noch im Mittelpunkt des sportlichen Geschehens. Erst in den 1930er-Jahren hielt auch der Fußball Einzug ins Burgenland nach Zorbau. Da jedoch noch keine geeignete Heimstätte vorhanden war, musste der Verein auf Nachbargemeinden ausweichen.

Nach dem II. Weltkrieg spielte der Verein in einer Spielgemeinschaft erst unter dem Namen Dynamo Hohenmölsen, um dann ab 1954 den Namen BSG Traktor Zorbau anzunehmen. Als Trägerbetrieb ist unschwer die Nähe zur Landwirtschaft zu erkennen. Eine Kreisgebietsreform führt dazu, dass 1956 ein neuer Sportplatz gebaut werden kann, der fortan die sportliche Heimstätte der Zorbauer ist. Hier findet man in DDR-Zeiten zumeist in den „Tiefebenen" der Kreis- und Bezirksklasse Halle ein sportliches Zuhause. Richtig wachsen wird man erst Jahre nach der „Wende", mittlerweile in SV Blau-Weiß Zorbau umbenannt. Nachdem man 1995 die Kreisliga Weißenfels gepackt hat, startet Blau-Weiß von 1999 an in nur 10 Jahren von der Landesklasse bis in die NOFV-Oberliga Süd durch.

Zu den vielen sportlichen Höhenflügen zählt auch das Erreichen des Landespokal-Halbfinales 2018, wo die Blau-Weißen knapp dem 1. FC Lok Stendal unterliegen. Ein Gewächshaus von der Größe von elf Fußballfeldern steht seit ein paar Jahren in der Nachbarschaft des Sportplatzes, und wenn leckere Tomaten beim Einkauf in der Region im Wagen landen, ist die Wahrscheinlichkeit hoch, dass sie aus Zorbau und damit aus einem der größten Gewächshäuser Deutschlands kommen. Zudem wird im Ort seit 1988 der Zorbauer Festanger gefeiert und die Gelegenheit dabei mit einem der Spieler von Blau-Weiß Zorbau ins Gespräch zu kommen, ist günstig, weil hier die ganze Region zusammen feiert.

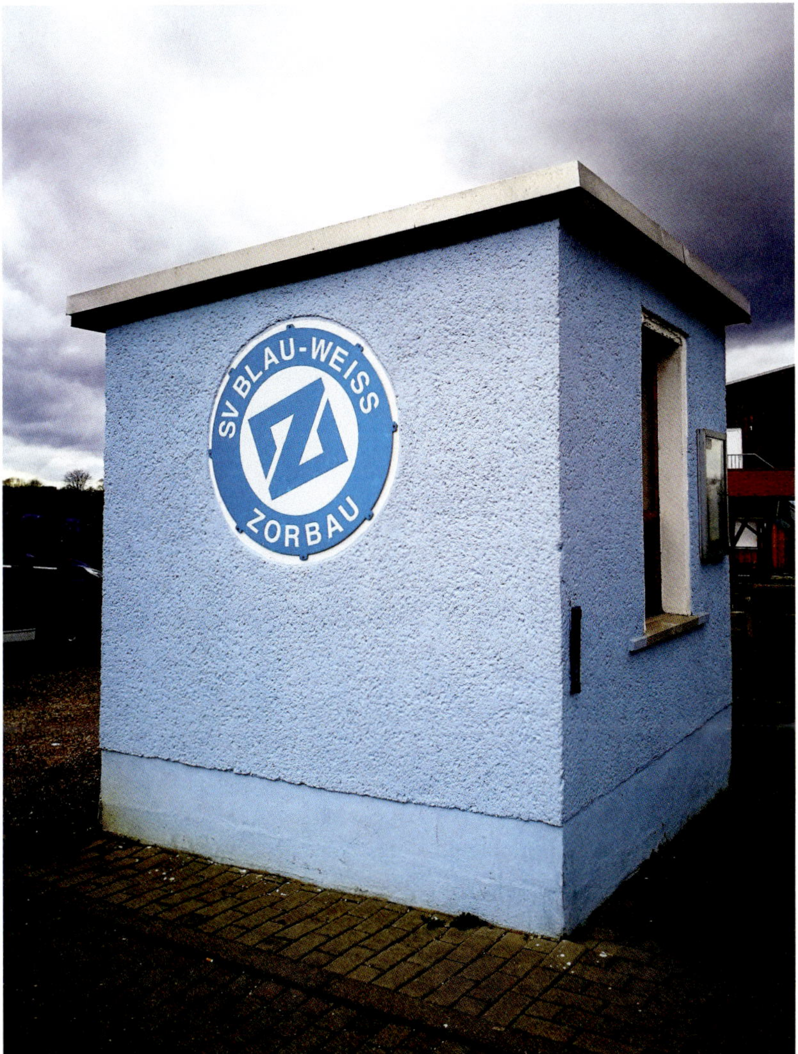

HARTE 4 FAKTEN

Adresse: Am Sportplatz, 06679 Lützen-Zorbau

Kapazität: 2.000

Bekannte Spieler und Trainer: Hartmut Pelka (DDR-OL), Maik Kunze (2. BL)

Rivale: 1. FC Weißenfels

Sportanlage Birkenallee

Zörbiger FC 1907 – Mehr als ein Saftladen!

Schon seit 1904 rollt der Ball in Zörbig. Vereine wie der Sportklub, Germania und Wacker spielten zunächst auf dem Schützenplatz, der Teichwiese oder der Bullenwiese. In den 1920er-Jahren wurde mit der Quetzer Wiese endlich ein geeigneter Standort gefunden, auf dem sich bis heute der Sportplatz der Kleinstadt befindet. Damals war der Zörbiger FC Wacker von 1911 der erfolgreichste Verein. Der berühmteste Spieler in dessen Reihen war der in Brachstedt geborene Herbert Rappsilber. Bereits als Siebenjähriger schloss er sich der Fußballabteilung an und spielte aufgrund seines herausragenden Talents schon im Alter von 15 Jahren gemeinsam mit seinem Vater Hermann in der ersten Männermannschaft. 1942 wechselte er zum FC Wacker Halle.

Im II. Weltkrieg geriet er in Belgien als Fallschirmjäger in amerikanische Gefangenschaft. Den US-Militärärzten, die sein verwundetes Bein im Lazarett behandelten, war er sein Leben lang dankbar, denn dadurch konnte er seine Karriere nach der Gefangenschaft fortsetzen. So wurde er mit ZSG Union Halle Deutscher Ostzonenmeister 1948/49. Beim 4:1-Sieg im Finale gegen Fortuna Erfurt erzielte er zwei Treffer. In der Saison 1951/52 errang er mit der BSG Turbine Halle die DDR-Fußballmeisterschaft. 1955 siedelte er wie viele seiner Mitspieler zuvor in die Bundesrepublik über und spielte beim FSV Frankfurt, dem VfR Heilbronn und Amicitia Viernheim.

Unterdessen wurde in Zörbig anno 1950 die BSG Empor Zörbig gegründet. Empor bedeutete, dass der Trägerbetrieb des Vereins, die Finkenheerder Obstwerke AG (der Eigentümer der Zörbiger Marmeladen- und Saftfabrik), zum Gewerkschaftsbereich Handel und Nahrungsgüterwirtschaft zählte. Der bis dato größte Erfolg war der Aufstieg in die Bezirksklasse 1958. Mit dem Wechsel des Trägerbetriebs zum VEB Starkstromanlagenbau Halle änderte sich ab 1975 auch der Vereinsname in BSG VEM Zörbig. Die erfolgreichsten Jahre waren die von 1974 bis 1979, als die Zörbiger Fußballer in der drittklassigen Bezirksliga Halle kickten. Am 12. Juli 1978 gastierte der 1. FC Magdeburg mit DDR-Nationalspieler Achim Streich zu einem freundschaftlichen Vergleich an der Birkenallee.

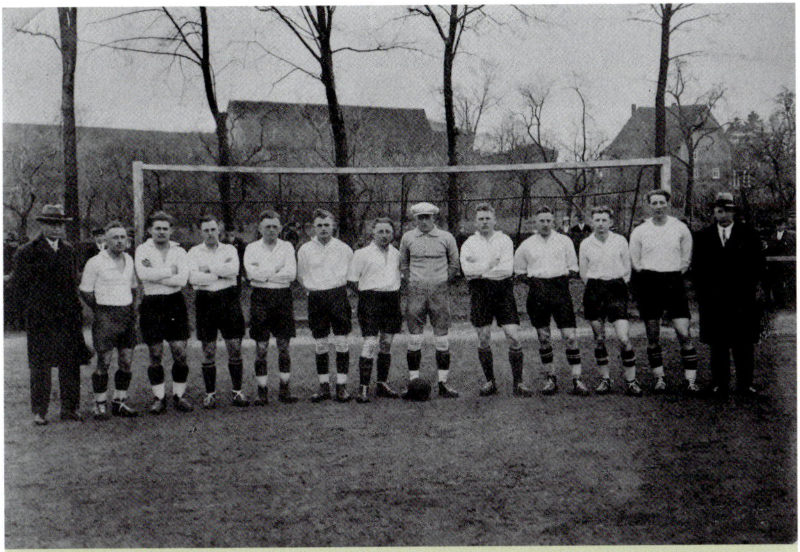

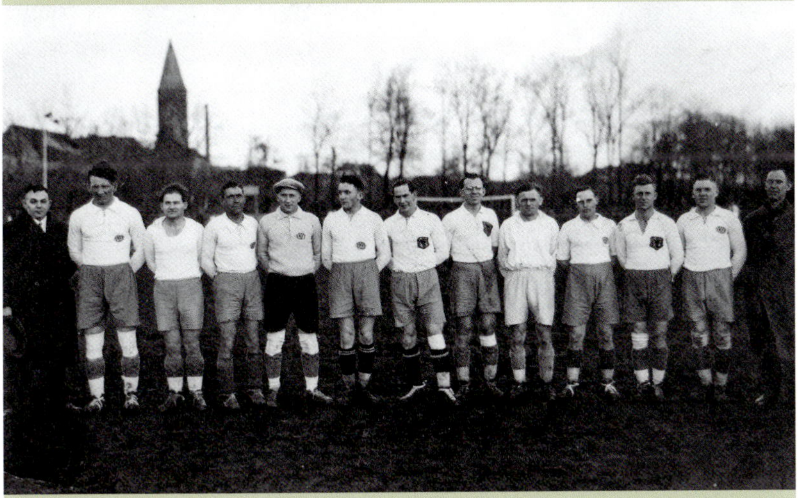

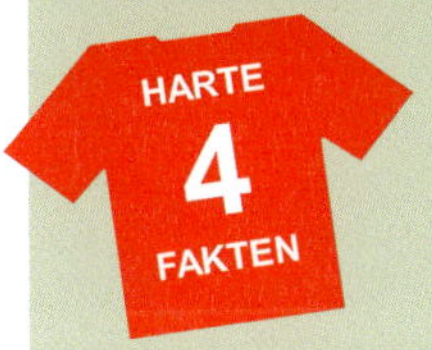

Landkreis: Anhalt-Bitterfeld
Adresse: Birkenallee 1, 06780 Zörbig
Fassungsvermögen: 1.500
Spielklasse 2023/24: Landesklasse Staffel 6

Einer geht noch,
einer geht noch rein ...

Dieser Ort hätte unbedingt noch reingehört?

Verzeihung. Bitte hier eintragen

HARTE 4 FAKTEN

Literatur- / Quellenverzeichnis

Gelesen

11 Freunde müsst ihr sein … (Torsten Jerchel)
Chronik des Landsberger Sports (Kurt Müller)
Das große Buch der deutschen Fußball-Stadien (Werner Skrentny)
Die Geschichte des Brachstedter Fußballs (Sirko Dahlmann & Rüdiger Bergmann)
Enzyklopädie des DDR-Fußballs (Hans Leske)
Festschrift 100 Jahre SV Braunsbedra
Fest-Zeitung zum 50-jährigen Bestehen des Fußballsportes in Zörbig
Osterburg im 20. Jahrhundert: Beiträge zur Stadtgeschichte Teil 1 (Heimatverein Osterburg)
Programmheft Traditionstreffen VfB Merseburg 2022
Salzwedeler Wochenblatt vom 30. Juni 1930 und 18. Mai 1931

Geknipst

Cover: Peer Pawelczyk (Stadion des Friedens – Braunsbedra)
Klappen: Michael Fuhrmann und Peer Pawelczyk
Fotos 7, 33, 72, 76, 82, 83: Michael Fuhrmann
Fotos 26 und 60: Dirk Schulz
Foto 31: Patrick Pysall
Foto 52: Christian Sauer
Foto 88: Mike Sachse
Foto 95: Petra Pawelczyk
Fotos 96 und 97: Oliver Tille
Fotos 100: Stadtarchiv Zörbig
Alle anderen Fotos: Autoren

Geklickt

www.alt-zerbst.de
www.fceintrachtkoethen.de
www.fupa.net
www.fussballdaten.de
www.fussball-ddr.de
www.freiepresse.de
www.fsa-online.de
www.lvz.de
www.mz.de
www.volksstimme.de
www.wikipedia.org
www.fortuna-magdeburg.de
www.sg-einheit-halle.de
www.1fc-romonta-amsdorf.de
www.esv-merseburg.de
www.fc-gruen-weiss-piesteritz.de
www.blau-weiss-farnstaedt.de
www.eintracht-elster.de
www.victoria-wittenberg.de
www.bsv-ammendorf1910.de
www.vorwaerts-dessau.de
www.vfl-querfurt.de
www.fsv-bennstedt.de
www.svdessau05.de
www.fc-hettstedt.de
www.vfb-sangerhausen.de
www.fussball-abtsdorf.de
www.blau-weiss-bad-koesen.de
www.fsv-bennstedt.de
www.sv-braunsbedra.de
www.svwoerlitz.de
www.fc-anhalt-dessau.de
www.verwaltung.dessau-rosslau.de
www.msveisleben.de
www.fc-rsk-freyburg.de
www.halberstadt.de
www.vfbgermaniahalberstadt.de
www.maik-franz.de
www.svl1932.de
www.gwg-halle.de
www.sportinhalle.de
www.vflhalle96.de
www.leunachemiestadion.de
www.hallescherfc.de
www.halle-entdecken.de
www.hallanzeiger.de
www.fchalle-neustadt.de
www.turbine-halle.de
www.sanktgeorghecklingen.de
www.heinz-kruegel-denkmal.de
www.1fc-magdeburg.de
www.tus-1860-magdeburg.de
www.vfb-merseburg.com
www.sv-merseburg99.de
www.sportring-muecheln.de
www.ddr-fussball-museum.de.tl
www.fczwknebra.de
www.polleben.eu
www.svstahlthale.homepage.t-online.de
www.sv56timmenrode.de
www.rww-aktuell.de
www.fczeitz.de
www.sv-blau-weiss-zorbau.de/

Gesprochen / Geschrieben / Getroffen

Horst Anders
Chris Bastian
Anika Becker
Friedrich Blödtner
Christian Brenk
Günter Brötzmann
Juliane Bruder
Ulrich Deparade
Ingo Drechsel
Steffen Langusch
Sirko Dahlmann
Sebastian Dähne
Volker Dietrich
Manuela Dietz
Roland Gärtner
René Gommert
Joachim Golly
Friedhelm Hahn
Matthias Hauke
Jürgen Haupt
Steffen Hechler
Jana Henning
Rainer „Mecke" Hoyer
Roy Kern
Dagmar Kolodziej
Kevin Krohn
Hans-Bert Matoul
Klaus Noack
Thorsten Orban
Lutz Pawelczyk
Udo Pawelczyk
Christian Ratzka
Annett Raute
Mike Sachse
Olaf Schaller
Steve Schaller
Horst Scheibel
Jens Schramm
Lutz Schülbe
Uwe Sturm
Mario Thiele
Oliver Tille
Angela Voigt
Günther Waßmuth
Tom Weiß

Danksagung
Ein besonderer Dank an Herrn Becker und den Arete Verlag für das entgegengebrachte Vertrauen sowie an Alle, die dieses Buch möglich gemacht haben. Vom Platzwart bis zum Mitarbeiter im Stadtarchiv.

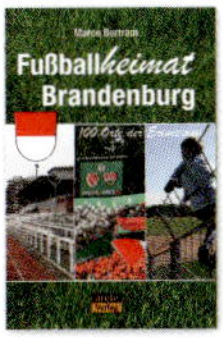

Marco Bertram
Fußballheimat Brandenburg
100 Orte der Erinnerung
216 S., 18,00 €
978-3-96423-032-4

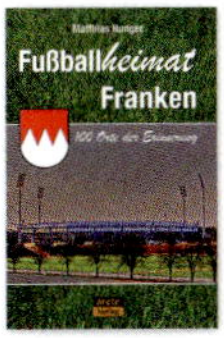

Matthias Hunger
Fußballheimat Franken
100 Orte der Erinnerung
213 S., 18,00 €
978-3-942468-91-6

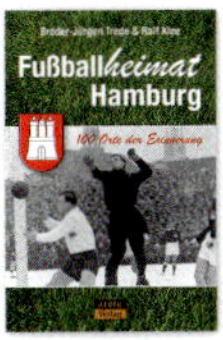

Broder-Jürgen Trede & Ralf Klee
Fußballheimat Hamburg
100 Orte der Erinnerung
216 S., 18,00 €
978-3-96423-038-6

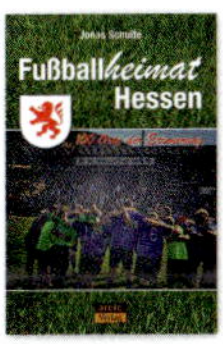

Jonas Schulte
Fußballheimat Hessen
100 Orte der Erinnerung
216 S., 18,00 €
978-3-96423-063-8

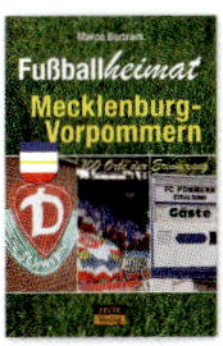

Marco Bertram
Fußballheimat Mecklenburg-Vorpommern
100 Orte der Erinnerung
216 S., 18,00 €
978-3-96423-025-6

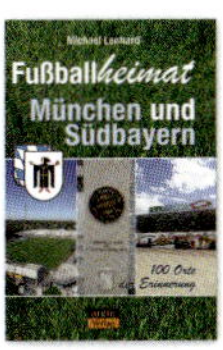

Michael Lenhard
Fußballheimat München und Südbayern
100 Orte der Erinnerung
216 S., 18,00 €
978-3-942468-96-1

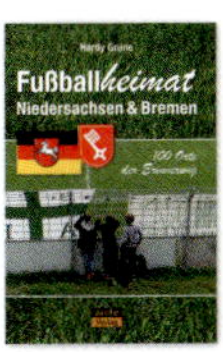

Hardy Grüne
Fußballheimat Niedersachsen & Bremen
100 Orte der Erinnerung
216 S., 18,00 €
978-3-96423-015-7

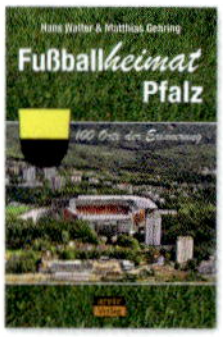

Hans Walter & Matthias Gehring

Fußballheimat Pfalz

100 Orte der Erinnerung

216 S., 18,00 €

978-3-96423-014-0

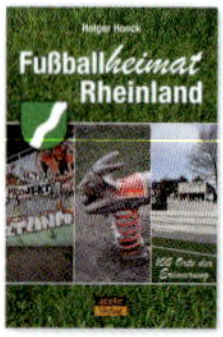

Holger Hoeck

Fußballheimat Rheinland

100 Orte der Erinnerung

216 S., 18,00 €

978-3-96423-071-3

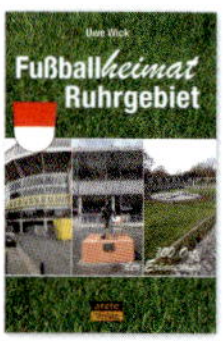

Uwe Wick

Fußballheimat Ruhrgebiet

100 Orte der Erinnerung

216 S., 18,00 €

ISBN 978-3-96423-054-6

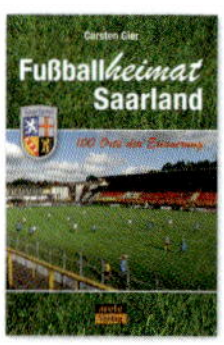

Carsten Gier

Fußballheimat Saarland

100 Orte der Erinnerung

216 S., 18,00 €

978-3-96423-066-9

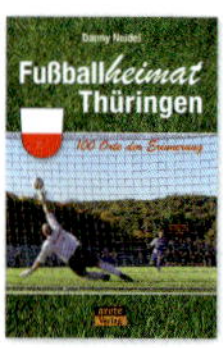

Danny Neidel

Fußballheimat Thüringen

100 Orte der Erinnerung

216 S., 18,00 €

978-3-96423-062-1

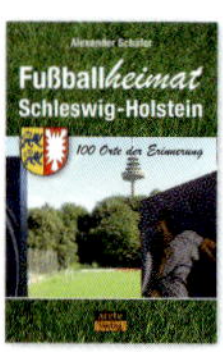

Alexander Schäfer

Fußballheimat Schleswig-Holstein

100 Orte der Erinnerung

216 S., 18,00 €

978-3-96423-041-6

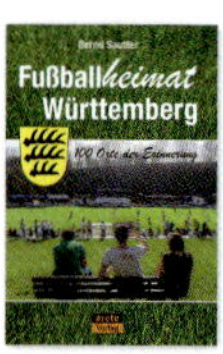

Bernd Sautter

Fußballheimat Württemberg

100 Orte der Erinnerung

216 S., 18,00 €

978-3-96423-013-3